云南省传承发展中华优秀传统文化丛书

大家文丛

大家文丛

中共云南省委宣传部 编

滇海虞衡志

［清］檀 萃◎辑

宋文熙 李东平◎校注

云南人民出版社

图书在版编目（CIP）数据

滇海虞衡志 /（清）檀萃辑；宋文熙，李东平校注
— 昆明：云南人民出版社，2023.12
（云南文库．大家文丛）
ISBN 978-7-222-22384-4

Ⅰ．①滇… Ⅱ．①檀… ②宋… ③李… Ⅲ．①云南—
地方志—清代 Ⅳ．① K297.4

中国国家版本馆 CIP 数据核字（2024）第 006450 号

项目指导：殷筱钊　尚　语
统筹编辑：马维聪
责任编辑：陶汝昌
责任校对：梁　爽　欧　燕　董　毅
责任印制：代隆参
装帧设计：陶汝昌　刘　雨

滇海虞衡志
DIANHAI YUHENG ZHI

［清］檀萃　辑　　宋文熙　李东平　校注

出　版　云南人民出版社
发　行　云南人民出版社
社　址　昆明市环城西路 609 号
邮　编　650034
网　址　www.ynpph.com.cn
E-mail　ynrms@sina.com
开　本　720mm×1010mm　1/16
印　张　21
字　数　290 千
版　次　2023 年 12 月第 1 版
印　次　2023 年 12 月第 1 次印刷
印　刷　云南出版印刷集团有限责任公司华印分公司
书　号　ISBN 978-7-222-22384-4
定　价　95.00 元

如需购买图书、反馈意见，请与我社联系

总编室：0871-64109126　发行部：0871-64108507
审校部：0871-64164626　印制部：0871-64191534

版权所有　侵权必究　印装差错　负责调换

云南人民出版社微信公众号

前　言

习近平总书记指出："文化是一个国家、一个民族的灵魂。""只有全面深入了解中华文明的历史，才能更有效地推动中华优秀传统文化创造性转化、创新性发展，更有力地推进中国特色社会主义文化建设，建设中华民族现代文明。"习近平文化思想，明体达用，体用贯通，博大精深，为我们在新的起点上继续推进文化繁荣、建设文化强国、建设中华民族现代文明指明了前进方向。

中华文明延续着我们国家和民族的精神血脉。在中华文化版图上，地方文化各具特色，丰富多彩。云南是人类最早的发祥地之一，历史悠久，文化富集。千百年来，云南人民用自己的辛劳和智慧，守护祖国边疆，建设美丽家园，创造了丰富多样的地方文化。历经社会变迁、民族融合、文化认同，云岭大地钟灵毓秀，星光灿烂，诞生了无数杰出人物，涌现了诸多名家大师，产出了大批传世经典，为云南文化发展做出了卓越贡献。

云南有优良的学术文化传统。中原文化很早就在这里传播，大量的汉文典籍源源不断传入并积淀，成为云南文化的根基与传统。而地方、民族与边疆文化的诸多特色亦在云南文献中得以彰显。就地方特色而言，编史修志从来都是文化盛业，成绩斐然。文献、专著、文集不断被创制和保存，民国时期辑刻的《云南丛书》，"初编""二编"即达205种1631卷及不分卷的50册。其后更有数以万计的图书文献问世。从民族特色来说，云南民族众多，"三交"历史悠久，民族文化丰富多彩，傣族的贝叶文献、彝族的毕摩文献、纳西族的东巴文献、藏族文献、白族文献等，早已产生了广泛影响，是中华民族共同的文化财富。就边疆特色来看，记载或论述边地、边境、边界、边民、边防及边贸等内容丰富的边疆文献，种类多、价值高，历来都受到重视。

文化关乎国本、国运。盛世兴文，赓续文脉。习近平总书记两次考察云南，都对文化建设作出重要指示。云南省组织编辑出版一套具有文化保存与传承价值的大型学术文献丛书——《云南文库》，旨在传承中华典籍，弘扬滇云文化，砥砺三迤后人，昌明云岭学术。《云南文库》分为三个系列：一是《当代云南社会科学百人百部优秀学术著作丛书》，收录中华人民共和国成立后出生的年轻一代云南学者的优秀作品。二是《学术名家文丛》，收录辛亥革命至中华人民共和国成立前出生的云南学术名家的代表之作。三是《大家文丛》，收录辛亥革命以前出生的云南学术大家的传世著作。前面两个系列业已出版发行。

当前，在新的历史起点上，以习近平文化思想和习近平总书记关于铸牢中华民族共同体意识等重要论述为根本遵循，组织实施《传承发展中华优秀传统文化 云南文库·大家文丛》编纂出版，是站位中华现代文明、践行新时代文化使命、推进文化强省建设、深入实施"文化兴滇"行动的积极探索，对于坚定文化自信、建设中华民族现代文明，具有重大现实意义。

编纂《传承发展中华优秀传统文化 云南文库·大家文

丛》，是承传云南学术文化，保存云南记忆的基础性文化工程。从古至今，云岭大地孕育了诸多硕学鸿儒、名家大师、文化先贤，可谓星光灿烂。长久以来，红土高原产生了大批思想深邃、智慧非凡的传世经典，蔚为大观，逐渐形成了具有云南自身特点的学术特色与知识谱系。今天，我们拾起历史长河中的明珠，拂去历史典籍的蒙尘，重新整理和展示云南学术史上的高峰之作，就是为了重构云南地方知识与文化，增强传统文化区域性叙事中存在的精神感召力，传承和弘扬地方优秀民族文化，以滇云文化和云南记忆，填充中华民族共同体的文化版图。

编纂《传承发展中华优秀传统文化　云南文库·大家文丛》，是打造云南文化品牌、增强文化自信的重要举措。云南悠久的历史文化、光荣的红色文化、多彩的民族文化、独特的生态文化，是中华文化百花园的重要组成部分。以云南学术大家及其皇皇巨著为承载的云南文化，是云南社会发展的文化源泉，是云南人民的智慧结晶。编纂本丛书，是为了回归滇云文化的本源，筑牢文化自信的根基，为更多的人了解云南搭建平台，为研究云南构筑载体，为发展云南提供借鉴，在更高层次和更宽领域传扬云南文化精神，打造云南文化品牌。

编纂《传承发展中华优秀传统文化　云南文库·大家文丛》，是弘扬优秀传统文化，促进文化繁荣兴盛的根本保证。2023年6月，习近平总书记在中国国家版本馆考察调研时叮嘱大家："我最关心的就是中华民族历尽沧桑留下的最宝贵的东西。中华民族的一些典籍在岁月侵蚀中已经失去了不少，留下来的这些瑰宝一定要千方百计呵护好、珍惜好，把我们这个世界上唯一没有中断的文明继续传承下去。"这是全体中华儿女光荣而神圣的责任。我们将努力以编纂《传承发展中华优秀传统文化 云南文库·大家文丛》等文化精品为契机，继承中华优秀文化传统，发挥地域优势，突出地方特色，提高格局站位，积极推动学术创新，努力创造更多优秀学术成果和文化精品，整理出版经典文献，让典籍里的文字活起来，用优秀传统文化及滇云文化涵养各族人民，助力云南跨越式发展。

《传承发展中华优秀传统文化 云南文库·大家文丛》的编纂出版，凝聚着先哲大家的心血和智慧，离不开今贤同仁的奉献与付出。省委宣传部精心组织，省社科联、省文史馆、云南大学、省图书馆、云南人民出版社等相关单位和参与整理编校的专家学者不辞辛劳，通力协作，玉成丛书。翰墨流芳，文化永续。在此，向所有的参与者表示崇高的敬意和衷心的感谢。《传承发展中华优秀传统文化 云南文库·大家文丛》是《云南文库》的压轴之作，从构思到付梓，离不开广大读者和社会各界人士的支持，在此谨致谢忱。

文化建设没有终点。希望社会各界继续支持《传承发展中华优秀传统文化 云南文库·大家文丛》的编纂出版工作，欢迎各方有识之士积极参与到云南文化建设的伟业中来。

《传承发展中华优秀传统文化
云南文库·大家文丛》编委会
2023年12月

云南文库·大家文丛

校注说明

《滇海虞衡志》十三卷，清檀萃辑。

檀萃（公元1724—1801年），字岂田，一字默斋，晚号废翁。安徽望江人。清乾隆二十六年（公元1761年）进士，选贵州青溪县知县。乾隆四十三年（公元1778年），以补云南禄劝县知县到云南，曾两度任禄劝县知县、一度代理元谋县知县，所在均有政声。乾隆四十九年（公元1784年），奉命运解滇铜赴京，中途失事，沉铜六万余斤，并以管理铜厂亏缺铜斤一万余斤，为巡抚谭尚忠请旨革审，遂被参罢。后受聘主讲昆明育材书院及黑盐井万春书院，在滇凡二十年。学识渊博，蜚声士林，著有《楚庭稗珠录》《黔囊》《粤囊》《五溪考》《大戴礼注疏》《穆天子传注》《逸周诗注》《俪藻外集》《滇南草堂诗话》《法书》《滇南山水纲目考》《滇海虞衡志》和《续修禄劝县志》（又题名《农部琐录》）、《元谋县志》（又题名《华竹新编》），以及蒙自、浪穹（今洱源县）、顺宁（今凤庆县）、广南、腾越（今腾冲市）县志等。

《滇海虞衡志》是檀萃的重要著作之一，檀氏《自序》称其为"土训"之书。所谓"土训"，就是地方土地所宜及其生产品物的记载。南宋时，范成大曾著有《桂海虞衡志》，记载广西风物土宜，自称"以备土训之图"，檀氏即本范氏之意而作此书，故于《自序》中说"以《滇海》配《桂海》，标目悉仍石湖之旧，亦托于续且广之意"。可以认为《滇海虞衡志》是受《桂海虞衡志》的启示，模仿《桂海虞衡志》而作的。

《滇海虞衡志》所记，大都取材于故书，依其性质，分别汇列，因而有"成大多记见闻，而萃则汇录故书，此其异也，亦萃之不及成大也"的评议（方国瑜：《滇海虞衡志概说》，见本书附录）。其实汇列故书，把分散在浩如烟海的各种典籍中的有关资料，集中起来，以类相从，从十三个方面择要地勾画出云南的自然资源、物产品类、工矿开发、手工商业以及边疆民族的概略情况，为读者了解和研究清代中叶以前的云南经济和物产，提供了很大的方便。书中有不少记载，还能提供线索，对发展云南社会主义现代化建设，寻求并开拓更广阔的途径具有一定的参考价值。"书以致用"，《滇海虞衡志》正是一本"致用"的好书。

本书成于清嘉庆四年己未（公元1799年），嘉庆九年甲子（公元1804年），由滇人师范付梓行世，为师氏所辑《二余堂丛书》之一种，为世所重。清代江西新昌胡思敬辑刻《问影楼舆地丛书》，即将本书收入，并于书末跋云："默翁此志，翔实远胜石湖。《金石》《草木》诸篇，尤关实用，非巧弄笔墨，好为藻饰自矜者。"可见此书价值，早有定评。民国初年，云南图书馆据师氏《二余堂丛书》本重校刻印。商务印书馆编印《丛书集成初编》，亦据《问影楼舆地丛书》本辑入印行。此外，清代张潮辑《昭代丛书》第九十六册有《说蛮》一卷，清代王锡祺辑《小方壶斋舆地丛钞》第八帙有《说蛮》一卷，亦即《滇海虞衡志》卷十三《志蛮》的抽印本。秦光玉先生纂《续云南备征志》，全收本书，以为编写地方志书的主要参考资料。可见本书在书成二百余年后，仍为学者所推崇，并不因岁月的流逝而降低其学术性和实用性。

本书取材，主要撷自旧典古籍，广采博收，偶亦参记见闻，考辨同异。书中所涉及云南自然资源、方物品类，无论从广度或深度来说，都不是一般封建社会的学者所可能望其项背的。道光《云南通志稿》的《食货志》所列云南物产，引用《滇海虞衡志》文者达一百五十余条，便是一个最好的说明。书中所记岩洞、金石，提供了云南地质、矿产以及旅游资源的利用开发资料。《志香》《志酒》《志器》等篇，记载了云南著名或特有的物产、轻工产品以及生产地区，为地方乡镇工商企业的发展，提供了线索。《志禽》以下各篇，则广泛记载云南动植物资源的品种和分布情况，虽非全面无遗，而大体具备。《杂志》一篇，则对云南的气象、气候等，作了描述和分析，并注意到地震与煤的形成、山河变化的关系，其解释是具有一定科学性的。最后《志蛮》一篇，则记云南民族的源流、分布、社会组织、风俗习性等，可以认为是一部简要的云南民族志书。本书作者生活在封建社会的清王朝乾嘉时代，一般所谓的文人学者，大都热衷科举，以图利禄，或钻研儒经，以考证训诂隐世，对于实际有关民生日用、经济生产等方面，少有注意及之。独檀氏能为人之所不为，于离滇归途中，写成此书，表示"拳拳于滇，虽去不远，终不相忘"。实则此书不只是作者对云南的留念品，也是一部有实用的经济专书。

由于本书是檀氏在离滇归途中所作，对于所收资料，自难全面，详略之间，亦不一致，转录旧籍，每有出入，又未叙及资料来源，致难征核参证。又由于作者历史的局限，对客观事物也有误解，议论所及，复有迂阔乃至荒诞不经之见，并对各少数民族，每有轻蔑不实之词，表现其民族偏见，是其缺点，也是封建社会相沿成习的错误观点，读者自能有分析地加以明辨。瑕不掩瑜，这些缺点和错误观点，亦不足以降低本书的存在价值。由于上述情况，加上古今文字使用上和解释上的差异，读此书者，必将感到某些困难，有必要作一些适当的校注说明，以减少读者考核译释之劳，使这一不可多得的著作，在云南以及祖国的现代化建设中，发挥更好的作用。

《滇海虞衡志》现存的版本有四：

一、清代师范《二余堂丛书》嘉庆原刻本；

二、民国初年云南图书馆重校刻本；

三、清代胡思敬《问影楼舆地丛书》排印本；

四、商务印书馆《丛书集成初编》排印本。

版本虽有四种，但都同一来源。除了个别单字因抄写转录错讹外，并无其他重大差异。《二余堂丛书》本是师范据所得檀氏手稿刻印，是最原始的版本，檀氏手稿今已不存，自然仅能以此为本主。云南图书馆重刻本是据《二余堂丛书》本重刻，书前有"重校刻"字样，是指校正了《二余堂丛书》本刻错的个别字，而此本也有错刻字。《问影楼舆地丛书》本，胡思敬于书后跋文明言是由其家藏《二余堂丛书》本而来，并说《二余堂丛书》本"编次不尽如法，欲求他本校之不可得，原书疑为师氏所乱，今悉正之"。但比对二本，除个别单字外，并未见有与《二余堂丛书》本不同之处，所谓"今悉正之"者，则未见一例。《丛书集成初编》本是据《问影楼舆地丛书》本排印的，其中也有改正了《问影楼舆地丛书》本的个别错排字，也有本身排印的错字。所以这四种版本，可以说是完全一致，并无差别，只是在个别单字上有刻错排错的地方。这次校注，以《二余堂丛书》嘉庆原刻本为底本，参照其他三本，凡遇单字有疑误处，互相对比，依文义择善而从。虽说是校，其实只是还原而已。

檀氏本书，文字简略，转录故籍，每有节删，或仅取其义，借抒己见，且未写明引用来源，自难以近似某书而以原书正其出入。且古籍所载同一问题，亦各据所见，非必一致，则强求以彼校此者，徒兹纷纭。所以，这次校注，首先尊重本文，不追寻所录来源，但遇本书所叙过于简略，而有须补充解释者，则酌录他书，以资互证。至本书中所涉及的物名、人名、地名以及古语词汇、引用故实等，则酌加解释说明，年代并查注公元，府县则查注今名，俾读者开卷了然，无烦考寻。

本书原未断句，《丛书集成初编》本加有逗点，而亦间有失误。兹用现行标点符号分别句读，以便阅读。

本书对民族称谓，沿用旧名，兹就可查明者注明现时正式名称，个别无确证者暂缺。至旧时习用的"獞""獠"等字的"犭"旁，一律改用"亻"旁代替。

本书系由我室宋文熙、李东平二同志先后负责校注，并经王樵同志复审，付印前又由施之厚同志作了修改。成书仓促，疏略必多，尚希读者不吝赐正。

宋文熙同志于本书出版前去世，附志悼念。

在工作中，承云南省图书馆历史文献部提供参考书籍，并给予工作上的方便，特此致谢。

云南省社会科学院文献研究室
1987年10月

目　录

云南文库·大家文丛

云南文库·大家文丛

云南文库·大家文丛

云南文库·大家文丛

云南文库·大家文丛

云南文库·大家文丛

序 一

〔清〕师　范

　　废翁居滇久①，以傲罢令，且获罪②。滇人士誉之者半，毁之者亦半。毁者之言曰："恃才凌人，自荡于绳尺③，虽如柳子厚④，奚益？"誉者之言曰："宏览博物，慷慨悲歌，有公而杨用修氏可以不孤⑤。"予于誉之说，不敢从同；于毁之说，更无所附和。盖翁敦笃人也，好学励志，喜急朋友之难；其著录固纯驳相间⑥，要皆出自机轴⑦，不肯寄人篱下。

---

　　①　废翁居滇久：《滇海虞衡志》作者檀萃字岂田，又字默斋，别号废翁，安徽省望江县人。卒于清乾隆四十三年（公元1778年），补云南禄劝县知县到滇，居滇共20年。见《新纂云南通志·名宦传·檀萃传》。

　　②　以傲罢令且获罪：以傲慢撤销禄劝县知县职务，并被认为有罪。按《清史列传·檀萃传》："补云南禄劝县知县，兴学劝农，政声大著，以不阿罣吏议，罢官。"不阿，谓不阿谀奉承。罣吏议，谓被官吏议罪参奏。又《清实录》卷一二九三及卷一三一二载：乾隆四十九年（公元1784年），檀氏运解滇铜赴京，中途沉船，沉铜六万五千八百斤有奇，又管理厂铜亏缺铜斤至一万五千余斤，为云南巡抚谭尚忠"请旨革审"。

　　③　荡于绳尺：荡，放荡不拘。绳尺，绳以正曲直，尺以量长短，引申喻为规矩、法度。全句意为对社会礼法等闲视之。

　　④　柳子厚：唐柳宗元，字子厚。顺宗时，王叔文当政，引与共事，叔文败，贬永州司马，移柳州刺史。以文名世，为唐宋八大家之一。

　　⑤　杨用修：明杨慎，字用修，号升庵。世宗时，以议大礼事遣戍云南永昌卫（今保山市）。用修博览群书，著作宏富，对云南文化影响甚大。

　　⑥　纯驳相间：纯，精美。驳，杂糅错乱。相间，交叉出现。全句意为檀萃所著书，好坏都有。

　　⑦　机轴：弩牙与车轴，二者同为机械的枢要，引申比喻重要地位。《通鉴·汉纪》："光武建武元年镇孟津，俱据机轴。"此处借用，意为出自内心。

予既与翁习，曾以所纂《滇南山水纲目考》命校①，删繁正误，为补辑数条，分编上、下卷，翁甚以为然。乙卯入都②，翁曰："有以三百金购刻是书者③，子其许之乎？"予曰："果有三百金，则翁可归矣。"遂并副本检授之。后购书者之父升丞粤东④，旋卒，此事中止。辛酉小除⑤，翁枢返自江宁⑥，予往致吊，向令子吉夫选贡索此册⑦，吉夫答以未知，乃取《滇海虞衡志》相畀。予携置行箧，屡经翻阅，笔势郁纡⑧，文情古厚，出《范志》远甚⑨。今岁夏⑩，刻入丛书中⑪。有曰："其志厂也⑫，琐屑猥杂⑬，引一老砂丁与谈⑭，亦无不知者，是何足刻？"或曰："其志蛮也⑮，风俗嗜好，言过其实，今之滇已非古之滇，是何可刻？"或又曰："其志

---

① 《滇南山水纲目考》：檀萃所著书名，已佚。各《云南通志》及书目均无著录。

② 乙卯入都：清高宗乾隆六十年乙卯（公元1795年），本序作者师范到都城北京。

③ 三百金：白银三百两。

④ 升丞粤东：升任广东省的丞。丞，疑为中丞的简写。明清巡抚，称为中丞。

⑤ 辛酉小除：清仁宗嘉庆六年辛酉（公元1801年）。小除，农历十二月三十日为除夕，除夕前一日为小除。《北京岁华记》："先除夕一日曰小除，人家置酒宴，往来交接，曰别岁。"

⑥ 江宁：旧府名，今南京市。

⑦ 令子吉夫选贡：令子，称人子为令子。吉夫，檀萃子名。选贡，明代选举于每年岁贡生外，有选贡之法。

⑧ 郁纡：山路回曲。此处借喻檀氏文笔曲折有致。

⑨ 《范志》：宋范成大《桂海虞衡志》简称《范志》，后同。檀萃《滇海虞衡志》即仿《范志》而作。

⑩ 今岁：指清仁宗嘉庆九年甲子（公元1804年）。

⑪ 丛书：指师范刻的《二余堂丛书》。

⑫ 志厂：指本书《志金石》"铜出于滇"条中有关铜厂的记述。

⑬ 琐屑猥杂：意为细小纷乱。

⑭ 砂丁：即矿工。

⑮ 志蛮：指本书《志蛮》。

花也①，以山茶、红梅、紫薇为三鼎甲②，继之云：'破荒洗陋'③，大肆轻薄，是何必刻？"夫滇之巨政，惟盐与铜。盐铜理，官民俱利；盐铜坏，官民俱敝。若必以琐屑讥之，是《考工记》④可称匠作簿，《水经注》⑤不敌道理表矣。其以为不足刻者，浅也。周之世，猃狁居于焦获⑥，山戎处于陆浑⑦，夷夏之界已混⑧，若风俗嗜好，以予游历所及，蛮之不如者⑨，往往而有，盖非可以方隅存定论矣⑩。其以为不可刻者，褊也⑪。鼎甲重自明季，然苟无高文伟烈足以自立⑫，未没世而已与草木同腐，转不若三花者之长耀天壤，谁陋谁荒，自有辨之者矣。其以为不必刻者，迂也。然则是志之成，产于滇者当知之，宦于滇者尤当知之。

方翁之掌教成材书院也⑬，趋之者若鹜，无不用师生礼相见，

---

① 志花：指本书《志花》。

② 三鼎甲：科举时代殿试考取第一、二、三名者，称为三鼎甲。一名为状元，二名为榜眼，三名为探花。本书《志花》中，列山茶、红梅、紫薇为滇花之三鼎甲，喻为众花所不及。

③ 破荒洗陋：前所未有而今有之。本书《志花》中云："滇无鼎甲，以三花鼎甲之，足以破荒而洗陋矣。"此盖本书作者游戏之辞。

④ 考工记：《周礼》篇名，专记百工之事。

⑤ 《水经注》：书名，北魏郦道元撰，专记我国水道。

⑥ 猃狁居于焦获：猃狁（读若险允），古种族名，亦称北狄。焦获，古地名，在今陕西省泾阳县西北。

⑦ 山戎处于陆浑：山戎，古种族名，古称西方民族为戎。陆浑，古地名，故城在今河南省嵩县。

⑧ 夷夏：古汉族称他民族为夷或夷狄，自称为夏。

⑨ 蛮之不如者：古称南方民族为蛮，此处泛指汉族外的各少数民族。全句意为汉族也有不及各少数民族的方面。

⑩ 方隅：地区。

⑪ 褊：度量狭小。

⑫ 高文伟烈：高文，有价值的文章。伟烈，丰功伟绩。

⑬ 成材书院：各本均同。按"成材"应是"育材"之误。《新纂云南通志·名宦传·檀萃传》："罢官后，主育材书院讲席，滇人多师之。"

予独以世俗之呼乡大尹者呼之①，竖一义云垂海立②，送一难猊抉骥奔③。翁曰："吾不意滇人中竟有吾子！"予曰："嘻！十步之内，必生芳草④，滇之人谢客闭关⑤，不求闻达⑥，有倍于予者，有数倍于予者。翁矜其所见，而忽其所未见，是以予为辽东之豕也⑦。"翁亦大笑，旋投以句云："同是楚人滇较远⑧，采诗知不薄菰芦⑨。"越岁，予奉檄引见⑩，翁和芦字韵枉饯⑪，亦以予之呼翁者见呼⑫。予曰："殽之役，何相报之速⑬？"翁真不长者哉！翁曰："安知其不选江南⑭？"辛酉五月⑮，铨授望江⑯，严匡山考

①　乡大尹：清代尊称知县为大尹。乡，犹言本乡，指滇省。

②　竖一义云垂海立：竖，直，立起来。竖一义谓能申明一种道理。全句意为檀萃学问文章，为世所崇，每有议论发明，即如云之下垂，海水皆立。唐杜甫《朝献太清宫赋》："九天之云下垂，四海之水皆立。"

③　送一难猊抉骥奔：难，疑难。送一难，谓向其提问质疑。全句意为有人向檀萃提问难题，檀萃就像发怒的狻猊紧抱石头，渴马奔泉求饮，不得解决，决不罢休。

④　十步之内，必生芳草：意为人才处处都有。《隋书·炀帝纪》："十步之内，必有芳草。"

⑤　谢客闭关：谢，辞谢。关，门。谢客闭关意即闭门谢客，不与人交游应酬。

⑥　不求闻达：不要求有名于世，得到显贵高官。

⑦　辽东之豕：《后汉书·朱浮传》，"往时辽东有豕，生子白头，异而献之。行至河东，见群豕皆白，怀惭而还"。意为自以为与众不同，其实普贵皆是，不足为异。

⑧　同是楚人：檀萃为安徽望江人，安徽春秋时为楚国地。师范为云南大理人，云南为楚将庄蹻所开，以其众王滇，故云"同是楚人"。

⑨　采诗知不薄菰芦：采诗，采集民间诗歌。菰（读若孤）芦、水草名。唐许嵩《建康实录》："殷礼与张温使蜀，诸葛亮见而叹曰：'江东菰芦中，生此奇才！'"此处师范借喻自己如菰芦菲材，而竟蒙檀萃所看重赏识。

⑩　奉檄引见：奉檄，奉到上司的命令。引见，谓到京师由吏部引导谒见皇帝。

⑪　翁和芦字韵枉饯：檀萃用师范"采诗知不薄菰芦"的原韵，作诗为师范饯行。

⑫　亦以予之呼翁者见呼：檀萃也以师范称萃为乡大尹者称师范。当时师范奉檄引见，例可得知县官，故檀萃亦戏呼师范为乡大尹。

⑬　殽之役何相报之速：《左传》僖公三十三年，"夏四月辛巳，（晋人）败秦师于殽"。又文公二年："春，秦孟明帅师伐晋，以报殽之役。"此处师范以檀萃亦呼己为乡大尹，有报复之意，故以秦晋殽之役相报之速为比喻。

⑭　选江南：选，选择。清代委任官吏亦称为选。江南，长江以南，此处指安徽省。

⑮　辛酉：清仁宗嘉庆六年辛酉（公元1801年）。

⑯　铨授望江：委任为安徽望江县知县。

工^①、吴晓林庶常^②，皆翁高足，咸以翁言为奇谶^③。抵皖^④，复寄以句云："江南山水寻常事，真与先生作长官。"未得报书而翁已没于旅邸^⑤。呜呼！宝气已潜，元言莫赏^⑥，每抚此册，如与翁对坐一粒斋吃瓜子、炒豆、烧酒也^⑦。邮告滇人士，其以予为从同乎？抑以予为附合乎？

嘉庆甲子中秋前八日^⑧，滇人师范书于武昌湖舟中^⑨。北望翁柩，尚厝浅土^⑩，念之愈觉怅然！

---

① 严匡山考工：清严烺，字存吾，号匡山，云南宜良县人，嘉庆元年进士，官吏部考工司主事，仕至甘肃布政使。著有《红茗山房诗集》十卷。

② 吴晓林庶常：清吴毓宝，字晓林（又作晓舲），云南昆明人，嘉庆六年进士，官翰林院庶吉士（亦称庶常），著有《还云吟草》。

③ 奇谶：巧合的预言。

④ 皖：安徽省简称皖。

⑤ 旅邸：客寓。

⑥ 元言：元即玄。清圣祖康熙名玄烨，清代文书凡遇玄字均避讳改为元，玄言即玄妙之言。

⑦ 一粒斋：檀萃在昆明时，筑室于大东门内如意巷，题名草堂，中有书屋，名一粒斋，见《镇南草堂诗话》。

⑧ 嘉庆甲子：清仁宗嘉庆九年甲子（公元1804年）。

⑨ 师范：字端人，号荔扉，又号金华山樵，云南赵州（今大理白族自治州弥渡县）人，清乾隆三十九年甲午科举人，官安徽省望江县知县。学识渊博，与檀萃交游至厚。著有《滇系》《金华山樵诗文集》等书。武昌湖：湖名，在望江县东北三十里。

⑩ 尚厝浅土：厝（读若错），埋葬。浅土，入土不深。全句意为临时埋葬。

序 二

〔清〕檀萃

　　《虞衡志》者，盖合山虞、泽虞、林衡、川衡以为名①，土训之书也②。范石湖帅广右③，居桂林④，为《桂海虞衡志》⑤。夫桂奚有海⑥？其去大海尚隔安南、广东⑦，而以海名者，矜其陆海

---

　　① 《虞衡志》者，盖合山虞、泽虞、林衡、川衡以为言：虞衡，周官名。《周礼·天官·大宰》疏云："虞衡掌山泽之官，主山泽之民者。"《周礼·地官》注云："虞，度也。度知山之大小及所生者。""衡，平也。平林麓之大小及所生者。竹木生平地曰林，山足曰麓。""川衡者，平知川之远近宽狭及物之所出。"虞亦度也。度知泽之大小及物之所出。"全句说明《虞衡志》是合山虞、泽虞、林衡、川衡四者以为名，其内容是记载山林川泽及其出产品物的书。

　　② 土训：周官名。《周礼·地官·土训》："土训掌道地图，以诏地事。"注云："道，说也。说地图儿州形势，山川所宜，告王以施其事也。"此处土训之书，就是说明《虞衡志》是记载土地所宜及所生产物品的书。

　　③ 范石湖帅广右：宋范成大，字致能，自号石湖居士，江苏吴县人。绍兴间进士，官礼部员外郎，假资政殿大学士充国信使出使金国，初进国书，辞气慷慨，不辱命而还。除中书舍人，旋出知广右静江府。淳熙二年，除敷文阁待制、四川制置使，累擢参知政事。卒赠少师，进封崇国公，谥文穆。著有《石湖集》《揽辔录》《桂海虞衡志》《吴郡志》等书。广右即广西。古以西为右。

　　④ 桂林：今广西壮族自治区桂林市。范成大于宋孝宗乾道二年（公元1166年）知静江府，驻桂林。

　　⑤ 为《桂海虞衡志》：按范成大《桂海虞衡志》自序云，"承诏徙镇全蜀。……道中无事，时念昔游，因追记其登临之处，与风物土宜，凡方志所未载者，萃为一书，蛮陬绝徼见闻可纪者，亦附著之，以备土训之图"。此处谓范"居桂林为《桂海虞衡志》"，有误。

　　⑥ 桂：广西壮族自治区简称桂。

　　⑦ 安南：今越南。

耳①。滇则内有滇池、洱河②，皆周数百里，俱称海。即三宣、八慰、七猛以至于缅甸③，前明皆入职方④，故《一统志》载云南所辖⑤，以府名者十有二⑥，军民府八⑦，州二⑧，御夷府二⑨，军民指

①　陆海：陆地物产富饶之处称为陆海。《汉书·地理志》："秦地号称陆海，为九州膏腴。"

②　滇池：康熙《云南通志·山川》，"滇池在（昆明县）城西南，一名昆明地，周五百余里，汇盘龙江、黄龙溪诸水，望之一碧万顷。《史记》滇水'源广末狭，有似倒流'，故曰滇。一说凡水皆东，此独阻西而下也"。洱河：雍正《云南通志·山川》，"西洱河在（太和县，今大理市）城东五里。广二十里，长一百二十里，一名昆弥池，又名洱海，即古叶榆水。发源罢谷山，经普陀崆至邓川，入太和北界，名西洱河。以形如月生五日，抱珥之状也"。

③　三宣：据万历《云南通志·羁縻志》及《元史·地理志》，三宣为南甸宣抚司、干崖宣抚司、陇川宣抚司。八慰：八慰为车里军民宣慰使司、木邦军民宣慰使司、孟养军民宣慰使司、缅甸军民宣慰使司、八百大甸军民宣慰使司、老挝军民宣慰使司、大古喇军民宣慰使司、底马撒军民宣慰使司。七猛：按明代滇士司以猛称者甚多，其较著者有猛卯、猛角、猛板、猛密、猛缅、猛猛、猛麻等。又十二版纳亦均以猛称，其名为猛衣拂、猛邦、猛阳、猛佳、猛洪、猛纪、猛乌、猛遮、猛龙、猛兴、猛丰、猛腊。此处言七猛，不详所确指。

④　职方：周官名。《周礼·夏官·职方氏》："职方氏掌天下之图，以掌天下之地，辨其邦国、都、鄙、四夷、八蛮、九闽、七貉、五戎、六狄之人民，与其财用、九谷、六畜之数要，周知其利害。"后引申职方为国家版图。

⑤　《一统志》：指《大明一统志》。

⑥　以府名者十有二：《大明一统志》列云南十二府为，云南、大理、临安、楚雄、澄江、蒙化、广西、景东、广南、顺宁、永宁、镇沅。

⑦　军民府八：《大明一统志》作"军民府七"，即曲靖、鹤庆、姚安、寻甸、武定、元江、丽江。万历《云南通志·地理志》除《一统志》所列七军民府外，尚列有永昌，合为八军民府。

⑧　州二：《大明一统志》仅列有北胜一州。万历《云南通志·地理志》则列北胜、新化二州。

⑨　御夷府二：《大明一统志》列二御夷府为孟定、孟艮。

挥司一①，宣慰司八②，宣抚司三③，长官司六④，皆领于布政司⑤。缅甸宣慰司南近海⑥，番舶集城下⑦，滇之称海，比桂尤宜。

老夫居滇数十年，为《农部琐录》《华竹新编》及腾越、蒙自、浪穹、顺宁、广南凡七志⑧，其于滇之土训、诵训⑨，颇为略知，屡语当事续通志而卒不能⑩。然念居滇久，不获勒成一书，以慰滇人士之情，此心终有默默不自得者，故于归途为此。将梓行之，传于滇海，以复于滇南知好及诸生，俾知老夫之拳拳于滇，虽去之远，终不相忘者，犹石湖之志也。昔崔正熊为《古今注》⑪，

① 军民指挥司一：《大明一统志》列军民指挥司为孟养。

② 宣慰司八：即八慰，见前注。

③ 宣抚司三：即三宣，见前注。

④ 长官司六：《大明一统志》列长官司名有者乐甸、马龙他郎甸、芒市、钮兀四长官司。万历《云南通志·羁縻志》列有钮兀、芒市、八寨、孟琏、瓦甸、茶山、麻里、摩沙勒八长官司名。此处言长官司六，不知何指。

⑤ 布政司：云南等处承宣布政使司的简称，为明代云南省行政最高官署。

⑥ 缅甸宣慰司：即八慰中缅甸军民宣慰使司的简称。明顾祖禹《读史方舆纪要·云南》："明洪武二十一年，缅叛，沐英讨破之。二十七年，始置缅甸军民宣慰使司。"按缅甸宣慰司驻地在今腾冲天马，虎踞诸关外，明嘉靖后不通职贡，今属缅甸。

⑦ 番舶：外国船只。

⑧ 《农部琐录》：檀萃著《续修禄劝县志》，又题名《农部琐录》，以禄劝在唐蒙氏时称为"弘农禄劝部"，故称"农部"。是书已毁，1928年，禄劝县纂修县志，访得残帙五卷，现云南省图书馆藏有残帙钞本七卷。禄劝县今名禄劝彝族苗族自治县，属昆明市。《华竹新编》：檀萃著《元谋县志》，又题名《华竹新编》，以元谋蛮名"华竹"之故。元谋县今属楚雄彝族自治州。腾越：旧县名，今腾冲市，属保山地区。蒙自：蒙自市，属红河哈尼族彝族自治州。浪穹：旧县名，今洱源县，属大理白族自治州。顺宁：旧县名，今凤庆县，属临沧市。广南：广南县，属文山壮族苗族自治州。志：即县志。

⑨ 诵训：周官名。《周礼·地官·诵训》："诵训掌道方志，以诏观事。"疏云："云掌道方志者，志即今之识也。谓道四方所记识久远之事以告王也。云以诏观事者，谓告王观博古之事也。"

⑩ 通志：指全省性的云南通志。

⑪ 崔正熊：晋崔豹，字正熊（一作能），惠帝时官至太傅。《古今注》三卷，旧本题晋崔豹撰。

马缟续之①。张茂先为《博物志》②，李石续之③，前明董斯张又广之④。惟文穆公《虞衡志》⑤，未有续且广者。老夫以《滇海》配《桂海》，标目悉仍石湖之旧，亦托于续且广之意云耳。

　　石湖与苏、黄、陆为宋四大家⑥，《桂海志》亦道途间不经意之作，而卒流传过于其诗，安知老夫此《志》，他日不流传如石湖也哉？

　　嘉庆己未六月⑦，白石先生废翁檀萃序于武昌黄鹤楼侧⑧。年七十五。

---

　　①　马缟：后唐人。第明经，登拔萃科，仕梁为太常少卿，后唐庄宗时为刑部、户部侍郎、国子祭酒。《中华古今注》三卷，旧本题后唐太学博士马缟撰。按《四库全书总目提要》云："豹书久亡，缟书晚出，后人撷其中魏以前事赝为豹作。又检校《永乐大典》所载《苏鹗演义》，与二书相同者十之五六，则不特豹书出于依托，即缟书亦不免于剽袭。"

　　②　张茂先：晋张华，字茂先，河南方城人。武帝时拜中书令，封广武侯。《博物志》十卷，旧本题晋张华撰。

　　③　李石：宋人，字知几，号方舟，四川资阳人，荐为太学博士。著《续博物志》十卷，旧本题晋李石撰者误。

　　④　董斯张：明人，字遐周，浙江湖州人，著有《广博物志》五十卷。按《四库全书总目提要》云："晋张华《博物志》，世有传本，真伪相淆，简略亦甚。南宋李石尝续其书，虽旁撷新文，尚因仍旧目。斯张从而广之，遂全改华之体例，变为分门隶事之书。凡分大目二十有二，子目一百六十有七。所载始于《三坟》，迄于隋代，详略互见，未能首尾赅贯。其征引诸书，皆标列原名，缀于每条之末，体例较善。"

　　⑤　文穆公：宋范成大谥文穆，故称文穆公。

　　⑥　苏黄陆：即宋苏轼、黄庭坚、陆游。

　　⑦　嘉庆己未：清仁宗嘉庆四年己未（公元1799年）。

　　⑧　武昌：旧县名，今并入武汉市。黄鹤楼：在今武汉市武昌蛇山。旧楼已毁，今建新楼。

雲南文庫·大家文丛

《滇海虞衡志》校注

　　《二余堂丛书》嘉庆原刻本《滇海虞衡志》目录之后，标有两行字："滇南山长白石先生废翁檀萃默斋辑""大雷池长雪台老人赵州师范荔扉校"。

　　清代书院主讲称山长，檀萃曾任昆明育材书院、黑盐井万春书院主讲，故署称滇南山长；白石山人则是檀萃晚年的自号。雷池，水名，其原名大雷水。《太平寰宇记》："大雷水至望江县，积而为池，谓之雷池。"师范曾任望江知县，故自署称大雷池长。雪台老人则是师范晚年的自号。师范是清代赵州人。

　　又：《问影楼与地丛书》及《丛书集成初编》本在《滇海虞衡志·目录》"志蛮第十三"之后、《二余堂丛书》嘉庆原刻本及云南图书馆重校本在《滇海虞衡志·志岩洞第一》前排有"照范氏《桂海志》例，共十三志，志为一篇，篇长短不齐，各为一卷，凡十三卷"等28字。

志岩洞第一

　　昔范石湖评桂山之奇①，宜为天下第一，谓其峰无延缘，平地突起，玉笋瑶簪，森列无际。山皆中空，下多岩洞。所记三十余所，去城不过七八里，游可一日遍。而于阳朔之五洞、容州之三洞、融州之灵岩仙洞，仅标其目，不能详焉②。夫其各门体例③，既统广右以毕罗④，而《志岩洞》特取桂林之近在几席者，何局促也？宋自玉斧一划⑤，遂弃滇、黔，又弃安南，西失甘肃，东北不能收燕云十六州⑥，其声教得通者，不及汉、唐之半。南渡而

---

　　① 桂山：广西的山。范成大《桂海虞衡志·志岩洞》小序云："余尝评桂山之奇，宜为天下第一。……桂之千峰，皆旁无延缘，悉自平地崛然特立，玉笋瑶簪，森列无际，其怪且多如此，诚当为天下第一。……山中皆空，故峰下多佳岩洞，有名可记者三十余所，皆去城不过七八里，近者二三里，一日可以遍至。"

　　② 阳朔之五洞至不能详焉：范成大《桂海虞衡志·志岩洞》虎秀洞条下云，"阳朔亦有绣山、罗汉、白鹤、华盖、明珠五洞，皆奇。又闻容州都峤有三洞天，融州有灵岩真仙洞，世传不下桂林，但皆在瘴地，士大夫尤罕到"。阳朔，阳朔县，属广西桂林市。容州，旧州名，今广西融县。

　　③ 各门体例：指范成大《桂海虞衡志》中《志岩洞》至《志蛮》十三志的写作体例。

　　④ 既统广右以毕罗：凡属于广西境内的都完全搜罗在内。

　　⑤ 宋自玉斧一划：康熙《云南通志·沿革大事考》，"宋太祖乾德三年正月，王全斌平蜀，欲以兵威取滇，进滇地图。太祖鉴唐之祸，以玉斧划大渡河曰：'此外非吾有也。'由是云南不通中国，为段氏窃据。"

　　⑥ 燕云十六州：五代后晋高祖石敬瑭割燕云十六州以贿赂契丹。十六州：幽、蓟、涿、顺、檀、瀛、莫、新、妫、儒、武、蔚、云、寰、朔、应。

后①，疆宇日促，北使者以盱眙为第一山②，后且以荆门州、太平州为边境③。石湖虽尝使北，北待南客，礼貌甚轻④，未能纵其遍游，大有所见闻，宜其易于由言以桂山冠天下⑤。使见滇海岩洞之奇⑥，必旋其面目矣。

金马山、碧鸡山

山之悬壁为岩，幽邃为洞。滇山中空，岩洞则无山无之。会城东环金马⑦，西绕碧鸡⑧，凡省东群山，虽各异名，皆古金马，未可执金马关地以为金马也⑨。省西群山，虽各异名，皆古碧鸡，未可

---

① 南渡：宋高宗赵构自汴梁（今河南省开封市）迁都临安（今浙江省杭州市），史称南渡，谓渡江而南。

② 盱眙：盱眙山，在江苏省盱眙县东四十里。第一山：意谓南宋北面边境的第一山。

③ 荆门州：旧州名，今湖北省荆门市。太平州：旧州名，今安徽省黄山市。

④ 北待南客礼貌甚轻：北，指金。南，指宋。《宋史·范成大传》："成大以起居侍郎假资政殿大学士充金祈请使。时宋、金为叔侄，成大以授书礼未称，致金庭纷然。太子欲杀成大，越王止之，始全节归。"所谓"授书礼未称"，指范成大在金庭致送公文时，未照议定尊金为叔，以致金庭纷然，欲杀成大，故云礼貌甚轻也，

⑤ 易于由言：很轻易地随便说说。

⑥ 滇海：滇池亦称滇海。此处泛指云南全省。

⑦ 会城：旧称省会为会城，此处指昆明。金马：金马山。康熙《云南通志·山川》："金马山在（昆明县）城东，山势逶迤，亘数十里。相传有金马隐现，故名。又曰呼马山，谓阿育季子呼马于此。有金马祠。"

⑧ 碧鸡：碧鸡山。康熙《云南通志·山川》："碧鸡山在（昆明县）城西三十里。昔有凤鸣于上，土人呼为碧鸡，故名。旧志云：'苍崖百仞，绿波千顷，月印澄波，云横绝顶。'省会一大观也。汉宣帝时，方士言益州有金马、碧鸡之神，可祭而致，乃遣王褒入蜀求之。"

⑨ 金马关：关名。康熙《云南通志·关哨津梁》："金马关在（云南）府东十里金马山麓，为入滇通衢。"

执碧鸡关地以为碧鸡也①。《前书》志西南夷②，但云"滇池一二百里③，旁平地，肥饶数千里。"不言金马、碧鸡，惟于《王褒传》见其名④。《后汉书》则云⑤："地周二百余里，水源深广，末更浅狭，有似倒流，谓之滇池。水土平敞，多出鹦鹉、孔雀。"今近省，非所出也⑥。又于《邛都夷》言⑦："青岭县禺同山有金马、碧鸡光景。"注谓"褒州扬岐县"⑧，则今姚安、大姚间也⑨。大姚距省四五日程，每程数十里，计其里数，不过二三百。今彼地无金碧遗迹，迹俱在省城，省城人于碧鸡统谓之西山，则二山果在今省会也。

---

① 碧鸡关：关名。康熙《云南通志·关哨津梁》："碧鸡关在（云南）府西三十里碧鸡山北。两山如肩，一线通道，为迤西诸郡门户。"

② 前书：《汉书》又称《前汉书》，简称《前书》。东汉班固撰。西南夷：《汉书》有《西南夷两粤朝鲜传》。

③ 滇池一二百里：《史记·西南夷列传》原作"滇池方三百里"。疑"一二"系"三"字之误。

④ 惟于《王褒传》见其名：《汉书·王褒传》，"方士言益州有金马、碧鸡之神，可祭祀致也，宣帝使褒往祀焉"。见其名，谓在《王褒传》中仅见金马、碧鸡之名，而未详其事也。

⑤ 后书：《后汉书》简称《后书》。宋范晔撰。下所引文见《后汉书·南蛮西南夷列传》，原文为："此郡（按指益州郡）有池，周回二百余里。水源深广，而未更浅狭，有似倒流，故谓之滇池。河土平敞，多出鹦鹉、孔雀。有盐池、田渔之饶，金银、畜产之富。"

⑥ 今近省非所出也：意为今金马、碧鸡二山都在省会昆明附近，不是出产鹦鹉、孔雀的地方。

⑦ 邛都夷：指《后汉书·南蛮西南夷列传》邛都夷条。原文云："青蛉县禺同山有碧鸡、金马，光景时时出现。"按青蛉、旧县名，汉置，今为云南大姚县，禺同山在大姚境。又按邛都原为汉代西南夷部族名，《史记·西南夷列传》："自滇以北，君长以什数，邛都最大。"

⑧ 注谓褒州扬岐县：《后汉书·南蛮西南夷列传》邛都夷条下"光景时时出现"句注云，"禺同山在今褒州杨波县"。按此褒州杨波县之禺同山在陕西省，非云南大姚之禺同山。本书疑误。

⑨ 姚安、大姚：今姚安县、大姚县，均属云南省楚雄彝族自治州。

又金马出于天竺摩竭提国①，当周宣时②，国王阿育有神骥③，三子俱欲之，王纵骥使东驰，谓追得者主此骥。追至滇池，长福邦，次弘德，俱不得，季至德得之。王思三子，使其舅神明将兵迎之，为哀牢所隔④，不得返，俱殁于滇，福邦为碧鸡山神，弘德为岩头山神，至德为金马山神。今安宁有龙马跳涧山⑤，草溪有龙马河⑥，蹄迹深尺许，足证金马、碧鸡之不在姚安而在省会也。

汉武因张骞之言⑦，使使入滇求通身毒⑧，即天竺也。为嶲、昆明所闭⑨，不得通。与此事相类，不得尽以其传为荒唐。省城后镇为陬阿山，见于《汉志》⑩，俗呼为蛇山⑪。中出为螺峰、五华⑫，

---

① 天竺摩竭提国：天竺，印度的古称。摩竭提，中印度古国名。《华严经》："佛在摩竭提国。"

② 当周宣时：谓在周宣王时代，周宣王共46年（公元前827至前782年）。

③ 神骥：神马。云南图书馆重校刻本作"祥骥"。

④ 哀牢：古西南夷部族名，以居哀牢山得名。汉置哀牢县，故治在今云南省保山市东。参见本书《志蛮》野人条注。

⑤ 安宁：今安宁市，属昆明市。

⑥ 草溪：地名，在元谋县。元谋县属楚雄彝族自治州。

⑦ 汉武因张骞言：《汉书·张骞传》，"骞曰：'臣在大夏时，见邛竹杖、蜀布，问安得此？'大夏国人曰：'吾贾人往市之身毒国。身毒国在大夏东南可数千里。'……以骞度之，大夏去汉万二千里，居西南。今身毒又居大夏东南数千里，有蜀物，此其去蜀不远矣。今使大夏，从羌中险，羌人恶之；少北，则为匈奴所得。从蜀宜径，又无寇。……天子欣欣以骞言为然，乃令因蜀捷，为发间使数道并出"。

⑧ 身毒：印度的古称。中国古代称印度为身毒或天竺，《后汉书·西域传》："天竺国一名身毒，在月氏之东南数千里。"

⑨ 嶲、昆明：秦汉时期今云南的两个部族名。《史记·西南夷列传》："其外自同师以东，北至叶榆，名为嶲、昆明。"其分布在今云南西部大理洱海地区。

⑩ 见于《汉志》：《汉志》即《汉书·地理志》。《汉书·地理志》："从陬（读若洪）山出铜。"陬，本书作"陬"，系异体字。

⑪ 俗呼为蛇山：康熙《云南通志·山川》，"陬山，俗谓蛇山，在城北二十里。丹崖翠山献，蜿蜒而来，势若鸾停鹄立，省会主山也"。

⑫ 螺峰、五华：指螺峰山、五华山。螺峰山：俗称圆通山。康熙《云南通志·山川》："螺峰山，……其岩曰盘坤，曰补陀罗。曲磴攀跻而上，石色深碧，盘旋如螺。""五华山在城内，由螺峰叠下，当省会之中。领袖众山，群归仙掌。"

会城宅焉。左出为金马，右出为碧鸡。故城东之山称盛游者①，龙泉院之唐梅以腊月②，太和山之铜瓦寺以正月③，官民士女，舆骑填委④，迄于归化寺，为祖饯通衢⑤。其间林岩洞壑，所在而有，大者可容数万人，皆金马山也。西则太华为首极⑥，而高峣、而宝珠诸处次之⑦。上太华必由近华浦渡海⑧，经高峣而进，林岩洞壑尤奇美，游者弥月不能尽，皆碧鸡山也。此二山者，金马之神，缥碧之鸡，汉宣帝慕之，王子渊祠之⑨，左太冲赋之⑩，岂但桂林之比哉？故摘其岩洞以表之。

---

① 盛游：谓多胜景，游人众多。

② 龙泉院之唐梅：龙泉院又名龙泉观，在龙泉山。康熙《云南通志·山川》："龙泉山在（昆明县）城东北三十里，又名太极山。山水萦合，仙灵窟宅。上有真人宫，下有黑龙潭。"今名龙泉公园。内有唐代所植梅树，今枯干上犹发新枝。参见本书《志花》红梅条注。腊月：农历十二月称为腊月。

③ 太和山之铜瓦寺：太和山在昆明东郊，又名鸣凤山，旧名鹦鹉山。上有太和宫，又称铜瓦寺。康熙《云南通志·寺观》："太和宫在鸣凤山，明巡抚陈用宾建。铸铜为殿，环以砖诚，规制极其弘丽。"今俗称金殿。

④ 舆骑填委：填委，诸事纷集之意。此言车马众多，纷集道路。

⑤ 归化寺：康熙《云南通志·寺观》，"归化寺在金马山腹，明成化初，黔国公沐淙奉敕建"。祖饯：旧称送别饯行为祖饯。归化寺在金马山官道旁，明、清送别者恒于此设宴饯行。

⑥ 太华：太华山。康熙《云南通志·山川》："太华山在碧鸡山西南。左环右拥，苍秀端严。其麓为太平山。其左为华亭山，皆称名胜。"今俗称西山。首极：最高。

⑦ 高峣：高峣山。康熙《云南通志·山川》："高峣山在碧鸡山东。明嘉靖间，杨庄介公慎寓此。旧有祠，毁。总督范承勋建碧峣书院。"宝珠：宝珠寺，在昆明西郊玉案山。康熙《云南通志·寺观》："宝昙寺在玉案山腹，相连有宝应寺、宝珠寺，俱称名胜。"

⑧ 近华浦：在昆明西郊，滨滇池，以地近太华山得名，即大观楼所在地。

⑨ 汉宣帝慕之，王子渊祠之：汉宣帝使王褒祠金马、碧鸡之神，见上文注。王褒字子渊，蜀人。

⑩ 左太冲赋之：左太冲名思，晋人。所撰《蜀都赋》有"金马骋光而绝景，碧鸡倏忽而曜仪"句。

云津洞

　　云津洞，在省城内螺峰下。有二洞，左曰潮音，右曰云津。左洞古有蛟患，往往洞水溢出没城，建圆通寺以镇之①，患始息，洞门遂塞。右洞不知塞自何年，壁上题有"云津"字，志书不载，游人亦不知有所谓云津洞者，其来久矣。近检《滇志》载李巡按本固有《游云津洞》诗一章②，备述洞之奇异，几不可名状。李为固始进士，万历间按滇③，得恣其游赏，则此洞尚未塞也。诗云："丈夫意气凌高秋，飞行八极隘齐州④。匹马西南天际头，贪奇到处为冥搜⑤。昆明之左岩山陬⑥，中有仙窟结蜃楼⑦。神藏鬼呵谁敢求？我来始得探其幽。洞口倒涵丹水流，长桥夭矫偃苍虬⑧。振衣前度恣夷犹⑨，森森石笋排戈矛。侧身一罅伛而偻，手辟洪蒙触不周⑩。别

---

　　① 圆通寺：康熙《云南通志·寺观》，"圆通寺在螺峰山，建自蒙氏，元延祐间重修。梵宇幽深，石磴旋折，危栏飞阁，尽依翠壁丹岩。回视龙江环抱此郭，其前则烟火掩映于苍波浩渺之中。时一登临，疑其非人间世也"。在今昆明市内北隅圆通街。

　　② 《滇志》：指旧《云南通志》。李本固：字叔茂，河南固始人，明万历进士，巡按云南。李《游云津洞》诗，云南各旧通志多载入。

　　③ 万历：明神宗年号。万历共48年（公元1573年至1620年）。

　　④ 飞行八极隘齐州：八极，八方极远之处。齐州，古称山东济南为齐州，此处借指中国全境。《尔雅·释地》注云："齐，中也，中州犹言中国也。"全句意为飞腾于极高极远之上，则看中国也觉得狭小。

　　⑤ 冥搜：暗中搜索。

　　⑥ 山陬：山脚。

　　⑦ 蜃楼：蜃气楼，空中虚幻的楼阁，即海面或沙漠中所见的海市蜃楼。

　　⑧ 长桥夭矫偃苍虬：夭矫，屈曲貌。偃，卧也。虬，龙之无角者。全句意为长桥屈曲如偃卧的苍色巨龙。

　　⑨ 振衣前度恣夷犹：恣，任意、随意。夷犹，徘徊迟疑。全句意为振作精神向前探索，任意徘徊流连。

　　⑩ 手辟洪蒙触不周：洪蒙，作鸿蒙，天地初辟，混沌不清。不周，不周山。《淮南子·天文训》："昔者共工与颛顼争为帝，怒而触不周之山。"全句意为洞中景象如天地初开，混沌之时，游人可触及不周山。盖形容洞中景象之奇。

有天地非人谋，列炬大诧争先投①。奇奇怪怪烂不收②，万顷芙蓉翔鹭鸥。百宝流苏控玉钩③，千丝璎珞悬灯球④。琪花瑶草纷相摎⑤，石髓天浆旨且柔⑥。瑰玮陆离眩人眸⑦，烟花缭绕紫云浮。仿佛洪崖拍浮丘⑧，骖驾白鹿与青牛。鸾回风舞弹箜篌⑨，步虚歌来音韵遒。恍疑临风到十洲⑩，俯首尘世如蜉蝣⑪。洞天深处水悠悠，欲往从之道阻修。恨无太乙莲叶舟⑫，四顾萧然不可留。却寻归路吟且讴，此日真成汗漫游⑬。散发箕踞倒玉瓯⑭，划然长啸山鬼愁。神仙本是英雄俦，逢莱清浅不盈抔⑮。齷齪富贵安足筹，弃之于我如浮沤。

---

① 列炬大诧争先投：列炬，列举火炬。诧，惊异。全句意为游者争先以火炬照看使人惊异的景象。

② 烂不收：烂，灿烂，明亮。收，看到。意为灿烂奇境，看之不尽。

③ 百宝流苏控玉钩：流苏，古人以五彩羽毛为垂饰，称为流苏。玉钩，玉作之钩。全句意为各种彩色的流苏悬吊着玉钩。

④ 璎珞：穿缀珠玉以围饰颈部者，称为璎珞。此处指用珠玉穿缀的绳。

⑤ 摎（读若鸠）：绞绕。

⑥ 旨且柔：甜美而柔软。

⑦ 瑰玮陆离眩人眸：瑰玮，珍奇玉石。陆离，光华耀射之状。全句意为各种各样的珍奇玉石，光耀眼目。

⑧ 洪崖拍浮丘：洪崖指洪崖山，在江西新建区西南。相传有洪崖先生得道于此。见《江西通志》。浮丘，浮丘山，在广东省治西半里。相传为浮丘道人得道之地。见《广州府志》，此处借喻神仙境地。

⑨ 箜篌：古乐器名。《史记·武帝纪》："益召歌儿作二十五弦及箜篌。"

⑩ 十洲：海中十洲。《海内十洲记》："汉武帝既闻西五母说，八方巨海之中有祖洲、瀛洲、玄洲、炎洲、长洲、元洲、流洲、生洲、凤麟洲、聚窟洲，有此十洲，乃人迹所稀绝处。"此处泛喻神仙境界。

⑪ 蜉蝣：动物名。蜉蝣朝生暮死，此处借喻人生短促。

⑫ 太乙莲叶舟：太乙，传说中的古神名。古人以莲叶舟祭太乙，宋杨万里诗云："夺得太乙莲叶舟。"

⑬ 汗漫游：汗漫，放浪无节制。此处意为尽兴游览。

⑭ 玉瓯：玉制的瓶。此处泛言酒瓶。

⑮ 蓬莱清浅不盈抔（读若裒）：蓬莱，海中仙山名。抔，以手掬物为抔。全句意为蓬莱仙山下的水清而浅，手不盈掬，亦不足羡慕。

向平婚嫁几时休①？松风万壑来飕飕。"按李诗所记此洞之胜，不下于昫町三洞②。故老相传有游蜀洞者③，循之而来，从此洞出，大吏闻之，恐藏奸宄，遂塞之，则洞之不幸也。建寺设钟鼓，蛟不能存，必徙去，而左洞亦可游，其奇胜谅亦如云津，惜乎均塞也。近在咫尺，而美失其美，所谓日进前而不御者耶④？记之以表滇海之胜耳。夫美不自美，因人而彰，兰亭不遇右军⑤，则清流激湍，终芜没于空山。城内有此二洞，游者竟不知，李本固之名又不盛，宜其芜没而不彰哉！

太华峰

太华峰踞太华山顶，琳宫梵宇⑥，金碧辉煌，拟于紫霄碧云⑦，闻山茶高三丈⑧，万花霞明，飞丹如茜⑨，列绣如幄⑩。王副使士性

---

① 向平婚嫁：东汉向长，字子平，隐居不仕。建武中，男女娶嫁既毕，即与同好北海禽庆，俱游五岳名山，竟不知所终（见《后汉书·逸民传》）。此处借喻世间俗事，难于抛开。

② 昫三洞：昫町，汉代西南夷部族名，住居今云南省建水县、蒙自市一带。昫町三洞，详见后文"阎洞"条。

③ 蜀洞：四川省境内的岩洞。四川简称蜀。

④ 日进前而不御：御，使用。全句意为每天都送到面前却不知去享用。

⑤ 兰亭不遇右军：兰亭，在今浙江绍江市会稽山。右军，晋王羲之，字逸少，官右军将军，人称王右军。王羲之撰有《兰亭集序》，流传于世。全句意为兰亭风景最好，若无王右军的文章，则亦湮没空山，不为世所知。

⑥ 琳宫梵宇：对佛寺的美称。

⑦ 紫霄碧云：紫霄，即云霄，引申为皇宫玉殿。碧云，晴空之云。此处均借指天上的神仙宫殿。

⑧ 山茶：山茶花。详见本书《志花》茶花条注。

⑨ 茜：草名，根赭黄，可染绛色。此处形容山茶花的红色。

⑩ 幄：帐幕。

常游之①，以为入石家锦步障②。大吏宴宾，多往其上；或避生辰，必留信宿始回③。

王神仙馆于西山④，于其地最谙悉，言其下有巨洞，可容数万人。于时苗方不靖⑤，人汹汹思避，王来告曰："吾力能致老夫子一家于其处。"辄答曰："能如庞公之入鹿门⑥不返乎？"曰："不能。""然则愿与诸生共守耳。"因作守御议上之⑦。

罗汉岩

罗汉岩在罗汉山⑧，杨提学师孔诗所云⑨"谁鞭太古一片石，缥

---

① 王副使士性：明王士性，字恒叔，浙江临海人，万历年间任云南按察司副使。王有《泛舟昆明池历太华诸峰记》一文（见旧《云南通志》），内云："及太华山门，蕊宫琳宇，辉煌金碧，倚山隆起，拟于紫霄碧云之间。……两墀山茶八本，高三丈，万花霞明，飞丹如茜，列绣如幄。游倦坐其下，神㦗㦗（读若悚，意为突然）复王（同旺）。疑入石家锦步障也。"

② 石家锦步障：石家，石崇的家。晋石崇以豪富称。锦步障，锦制的步障。古时显贵出行，设行幕以屏蔽风寒尘土，称为布障。宋刘义庆《世说新语·汰侈》："石崇作锦布障五十里。"此处借喻茶花盛开，游人如入锦布障。

③ 信宿：即再宿。《左传》庄公三年："凡师一宿为舍，再宿为信，过信为次。"

④ 王神仙：其名无考。本书叙王神仙与作者对话，当系作者友人。西山：即太华山。

⑤ 苗方：苗族聚居地方。此处泛指边地。

⑥ 庞公之入鹿门：庞公，指庞德公，后汉襄阳人。明廖用贤《尚友录》："建安中，（庞德公）携妻子隐鹿门山，因采芹不返。"鹿门：鹿门山，在湖北省襄阳市东南三十里。

⑦ 守御议：防守城池的建议书。

⑧ 罗汉山：康熙《云南通志·山川》，"罗汉山在太华山之右，卓立海岸。其南峭壁千仞，常抱白云。其北夷险相埒，缅联幽奥。相传为梁王避暑宫"。《新纂云南通志·地理考》："其南凿山为石屋，曰云华洞，曰龙门，曰达天阁，高崖临水，境尤奇妙。"

⑨ 杨提学师孔诗：明杨思孔，安徽庐陵人，进士，天启初督学至滇，后任云南按察司金事，布政使司右参议。有《登罗汉寺歌》诗。此处摘录诗首四句。

渺下渡昆明坼①，嶙峋突兀古宿翁②，袈裟净染天云碧"是也。明李元阳诗最佳③，首云："湖上飞岩映波绿，石壁插水山无足。舣艇攀跻到上头④，下见湖光洗寒玉⑤。"后云："岩际高低刻应真⑥，游客何人是后身？怅望云軿久延伫⑦，六合有尽秋无垠⑧。"读之可以想见斯岩之胜矣。

龙淙洞

龙淙洞在玉案山⑨，发明于范制府承勋⑩。记称⑪：筇竹寺后⑫，

---

① 坼：坼（读若策）岸，即水边地。

② 嶙峋突兀古宿翁：嶙峋，小山貌。全句意为上有山峰突起，形象如同自古即睡卧在此的老翁。

③ 李元阳：字仁甫，号中溪，大理人。明嘉靖进士，官至荆州府知府。著有《中溪家传稿》等书，纂作万历《云南通志》、嘉靖《大理府志》。此处所引李诗，各旧志均载。

④ 舣艇：整舟向岸曰舣，小舟曰艇。艇即小船靠岸之意。

⑤ 寒玉：玉质清冷，故玉又称为寒玉，也可借喻物之清冷者，如水、月之类。此处用以形容湖水清冷。

⑥ 应真：佛家称罗汉为应真。

⑦ 云軿：軿（读若瓶），牛车。云軿，云中的牛车，即仙人所乘之车。

⑧ 六合：天地四方为六合。垠，边界，尽头处为垠。

⑨ 龙淙洞：康熙《云南通志·山川》，"龙淙洞在（昆明县）城西二十里，旧名白龙泉，康熙二十八年总督范承勋易今名。有龙淙石屋、听瀑楼、墨雨庵、一草亭、宛转溪、石香桥、颠丈、卧石、小巫峡、小龙湫诸胜"。玉案山：道光《昆明县志·山川志》，"玉案山在县西二十里，又名列和蒙山。其巅方平，高出众山，上有石坪，又曰棋盘山，下有菩提泉"。《徐霞客游记》："山有棋盘寺，寺之东有棋盘石"。

⑩ 范制府承勋：清范承勋，字苏公，号眉山，沈阳汉军镶黄旗人。康熙二十五年任云贵总督。制府：清代官场中称总督为制军，又称制府，俗称制台。

⑪ 记称：范承勋有《龙淙杂咏十首》诗，诗前有序，此处即节录范诗序中语。

⑫ 筇竹寺：康熙《云南通志·寺观》，"筇竹寺在玉案山内。唐贞观初，有人于此地见灵犀一只，又云中数僧，甚异。即之无有，但见筇竹数枝，如卓锡入地，人莫能取。已而生筑几本，因以建寺，后毁。本朝康熙二十三年，总督蔡毓荣、巡抚王继文重修"。

四山尨屼①，中得平地如掌。龙泉一泓，泻入岩洞，又出奔别洞，注地为沋②，声善恐人。跬步间洞凡四五。石楼窈窕③，若蜃气吹空，幽折靓峭④，别有天地。荒芜蔚荟⑤，鸟韵都绝。洞房环佩，玉声璆然⑥。俄而琴筑互咽，笙镛迭奏，纡徐却导。暨乎巨响，忽发歌钟噌吰⑦，鼍鼓坲㧺⑧，而众乐乱矣⑨。因杂咏十首以纪之⑩，此康熙二十四五年间事也⑪。

花红洞

花红洞在玉案山⑫，兰谷和尚溥畹所开⑬，御赐"法界寺"额及御书墨迹甚多⑭，俱藏于寺。兰谷，如皋顾氏子⑮，《国朝别裁》载

① 尨屼：高峻貌。
② 沋：水流地中。
③ 窈窕：深邃、深远。
④ 靓峭：粉白黛黑的妆饰为靓（读若净），山形峻拔突出为峭。
⑤ 蔚荟：草木茂盛貌。
⑥ 璆：玉声为（读若求）。
⑦ 噌吰（读若增宏）：形容钟声。
⑧ 鼍鼓：鼍（读若托）皮所制鼓。坲㧺（读若怦轰）：鼓声。
⑨ 乱：乐的末章为乱。此处意为终止。
⑩ 杂咏十首：范承勋有《龙淙杂咏十首》，其题为龙淙石屋、听瀑楼、墨雨庵、一草亭、宛转溪、石香桥、颠丈、卧石、小龙湫、大龙湫，均七言绝句。见各旧《云南通志》。
⑪ 康熙二十四五年：公元1685、1686年。
⑫ 花红洞：清石文晟《御书法界寺敕福清戒坛记》，"会城西去二十余里，地名花红村，在玉案山之东北。其地峰峦突兀，洞壑幽奇，旧名花红洞"。
⑬ 兰谷和尚溥畹所开：清溥畹，字兰谷，俗姓顾，江苏如皋人。清石文晟《御书法界寺敕福清戒坛记》："西山圣感寺法师慧善嗣法嫡孙溥畹者，道澈三乘，心空八极，入鸡足山礼迦叶佛而萍踪于斯，因之卓锡。适昆明善姓祝氏昆季，家裕而乐施，与僧善合志同，虔建梵宇，……为滇中古刹所未有者。"
⑭ 御赐法界寺额及御书墨迹：详见清石文晟《御书法界寺敕福清戒坛记》，文载道光《云南通志稿·祠祀志·寺观》。
⑮ 如皋：如皋市，属江苏省。

其诗①。雍正初北归②，著有《象外轩集》。其开此洞也，作歌云："满山松，一林竹，中有真人字兰谷。丙子秋间至此间③，辟迳诛茅作茅屋。栽芋子④，种芦菔⑤，每日劳劳与碌碌。披云曾斸脊山根⑥，负薪还把《楞严》读⑦。摘薇蕨⑧，采苜蓿⑨，谁识两餐和薄粥？"又有龙淙石屋、一草亭、颠丈⑩、卧石、琴台、招隐峰、三生坪、小巫峡、钓台、兽厂⑪、菩提泉、小龙湫、烟霞窟、云川、石香桥、环玉亭、宛转溪、云窝、听瀑楼、墨雨庵、洗钵潭、花红园五律二十二首，皆其所开创缔造而题目之者也，殆辋川、枫戌之游矣⑫，兰谷又有七律九章⑬，皆为此洞咏也。迨其北归后，此洞遂成胜游。尹文端总制时⑭，有《法界寺雅集和吴颖庵应枚学使诗》五首⑮，有云："仙源流洞口，石乳垂山房。"可以想见其胜矣。按自范制府开龙淙后，想已荒芜，迨兰谷开花红洞，遂兼而有之，增

---

① 国朝别裁：书名，全称为《国朝诗别裁集》，又称《清诗别裁》，清沈德潜编。

② 雍正：清世宗年号。雍正共13年（公元1723至1735年）。

③ 丙子：清康熙三十五年（公元1696年）。

④ 芋子：即芋。参见本书《志草木》芋条注。

⑤ 芦菔：野菜名。《本草纲目·芜菁》时珍曰："芦菔是菘属，根圆，亦有长者。有红、白二色，其味辛甘而永，叶不甚大而糙，亦有花叶者。夏初起苔，开淡紫花，结角如虫状，腹大尾尖，子似胡卢巴，不均不圆，黄赤色。"

⑥ 披云：身披云雾。意为披星戴月的劳动。斸（音琢）：砍削。

⑦ 负薪：背柴。此处意为在劳动中。《楞严》：《楞严经》，佛教经典。

⑧ 薇：菜名，亦名野豌豆。《本草纲目·薇》时珍曰："薇生麦田中，原泽亦有，故《诗》云：'山有蕨薇。'非水草也，即今野豌豆。"蕨：菜名，参见本书《志草木》蕨条注。

⑨ 苜蓿：植物名。参见本书《志草木》南北种植各异条注。

⑩ 颠丈：雍正《云南通志·山川》作"癫丈"。

⑪ 兽厂：花红洞中景物名。厂（读若旱），岩洞。

⑫ 辋川：地名，在陕西蓝田县西南辋谷口，唐诗人王维建别业于此，风景极胜。枫戌：地名，所在地未详。

⑬ 七律九章：兰谷所作诗七律九首，旧志未载

⑭ 尹文端总制：清尹继善，字元长，号望山，满洲镶黄旗人。雍正十一年任云贵广西总督，死谥文端。

⑮ 吴应枚：清人，字颖庵，号小颖，浙江湖州人。乾隆间，任云南提学使。

十景为二十二景云①。此皆西山之名胜，为士大夫所宴集，而总统于碧鸡山者也。

其近华浦亦胜，以近太华而名。洲如地肺②，大浸不没③，亦士大夫宴集地，殆亦碧鸡脉分绝海而浮出者耶④？此皆绕省环立者。

至郡属各州县，多有岩洞，著名者如：富民之飞翠岩、河上洞⑤；宜良之红石岩、仙人洞⑥；昆阳之三元峰⑦；易门之元武洞、龙口洞⑧；其奇胜亦比于省城，而以数见不鲜，毋概列也。

---

① 增十景为二十二景：二十二景名称已见正文。后增的十景为：琴台、招隐峰、三生坪、钓台、獃厂、菩提泉、烟霞窟、云川、环玉亭、云窝。

② 地肺：浮岛。宋叶廷珪《海录碎事》："金陵者，洞墟之膏腴，勾曲之地肺。"注云："其地肥良，故曰膏腴，水至则浮，故曰地肺。"

③ 大浸：大水。

④ 殆亦碧鸡脉分绝海而浮出者：意谓近华浦或系碧鸡山的分支，为滇海所淹没，后又涌现出来的浮岛。

⑤ 富民：富民县，今属昆明市。飞翠岩、河上洞：雍正《云南通志·山川》，"飞翠岩在（富民县）城西五里，邑令张建醒心台于上"。"河上洞在（富民县）城西十里。内宽平爽垲，有如钟鼓、鸟兽形者。昔传高僧住锡于此。"

⑥ 宜良：宜良县，今属昆明市。红石岩、仙人洞：雍正《云南通志·山川》，"红石岩在（宜良县）城南四十里。高峰千仞，两峰壁立。一县之水，从此泄入铁地河"。"仙人洞在（宜良县）城南十五里射鸡村山畔。内有石龙、马等像，相传有仙人往来，时闻洞中有声。"

⑦ 昆阳：旧县名，今并入晋宁县，属昆明市。三元峰："雍正《云南通志·山川》："三元峰在（昆阳）城南十五里。三峰并秀，上千青云。"

⑧ 易门：易门县，属玉溪地区。元武洞、龙口洞：雍正《云南通志·山川》，"元武洞在（易门县）城南斩马山之后，窅然一窍，入数武别有天光。石上有溜纹如幢，如节、如将军者。土人增饰为关帝像，生气凛然。内宏敞，可容数百人。旁列石钟鼓，击之嘈呔有声"。"龙口洞在（易门县）城西五里。杨慎游此有诗。"乾隆《易门县志·艺文》："（龙口洞）即大龙泉。修竹茂林，繁英匝地。山下一洞，轩豁幽朗。悬英垂乳，藤萝纠结，缘壁倒挂。嵌空玲珑，击之清响，有如钟磬。水自洞中涌出，幽深莫测，好事者燃炬寻源，离奇万状，竟日未穷所止。洞口一窍，斜通山巅。再上为古佛阁，云南府通判胡允瑞塑吕祖像于其上。洞口有古梅一株，横卧水际，流经其下，清香袭人。乾隆三十四年，洞口凿池，累石建亭，增修益备，名人题咏甚多。"

南诏五岳

蒙氏国南诏①，设五岳②：以点苍为中岳，十九峰排空而出③；以绛云露山为东岳，十二峰亦秀参天表④；以高黎共为西岳⑤，为昆仑正脉⑥，故曰昆仑冈，潞冬无霜⑦，山顶霜雪极为严沍⑧；以蒙乐

---

① 蒙氏国南诏：蒙，姓。南诏，国名，本哀牢夷之后，乌蛮别种。初，在今洱海地区出现了六个大部落，称六诏，蒙舍诏最南，称为南诏。唐时，南诏蒙归义兼并五诏，遂以南诏名国。以后逐渐扩张势力，辖有今云南全省及其附近地区，开元间，唐朝廷册封蒙归义为云南王。天宝九年，号大蒙国，治羊苴咩城，即今大理。唐德宗贞元十年，册立异牟为南诏王，后改称大礼国。

② 设五岳：清冯甦《滇考》，"（唐德宗）兴元初，（异牟寻）迁居羊苴咩城，筑袤十五里，改国号曰大礼，改元上元，封境内山川为五岳、四渎。中岳点苍山、东岳绛云露山，南岳蒙乐山，西岳高黎共山，北岳玉龙山"。

③ 点苍：点苍山。雍正《云南通志·山川》："点苍山在（太和县，今大理市）城西三里，郡镇山也。自北而南，绵亘百里。……其峰十九，特尊者名中峰。中峰之北为观音、为应乐、为雪人、为兰峰、为三阳、为鹤云、为白云、为莲花、为五台、为苍琅、为云弄。中峰之南为龙泉、为玉局、为马龙、为圣应、为佛头、为马耳、为斜阳。诸峰剑簇，有似岱宗，人莫有能蹑其巅者。峰各一溪，蜿蜒东注为十八溪。山产文石，可为屏玩。"

④ 绛云露山：康熙《云南通志·山川》，"乌蒙山在（禄劝）州北二百里，与东川为界。上有十二峰，雄拔陡绝，盘旋七十里。八九月间，积雪莹然，又名绛云露山。北临金沙江，为诸山之冠，蒙氏封为东岳"。

⑤ 高黎共：高黎共山，亦作高黎贡山。康熙《云南通志·山川》："高黎贡山在州（腾越州，今腾冲市）东一百二十里。旧为昆仑冈，彝语讹为高良公。界潞江、陇川之间，蒙氏僭封为西岳。山顶有泉，分流而下，又名分水岭。"

⑥ 昆仑：山脉名。西起帕米尔高原东部沿新疆、西藏边境东延入青海省内，长约2500公里。

⑦ 潞：潞江。康熙《云南通志·山川》："潞江在（保山县）城西百里，旧名怒江，源出雍望，经安抚司北。两岸陡峭，夏、秋瘴毒难行。经入（永昌）府境，名上江，蒙氏僭封为四渎之一。"

⑧ 沍（读若护）：水冻。严沍，意为严寒坚冻。

山为南岳①，中有石洞，深不可测，一峰特出，状若崆峒②；以玉龙山为北岳③，峍巍千峰，上插霄汉，下临丽水，积雪不消。元李景山诗云④"丽江雪山天下绝，积玉堆琼几千叠。足盘厚地背摩天，衡、华真成两丘垤"者是也⑤。此其为玉笋瑶篸之森列者，几不可纪极⑥。中国士大夫之来游者⑦，见一丘一壑，即惊以为内地所未有，况此奇幻巨丽，几出天地之外，为寻常耳目见闻所不到者哉？

至于各州郡岩洞之著名者：于曲靖属则有大士岩⑧、牌头洞⑨、

---

① 蒙乐山：康熙《云南通志·山川》，"蒙乐山在（景东府）城西北九十里，一名无量山。亘三百余里，一峰特起，上有石坪，蒙氏号为南岳。毒泉出此，人畜饮之立毙"。

② 崆峒：崆峒山，有四，一在甘肃省平凉市西，一在甘肃省高台县西北，一在甘肃省岷县西，一在河南省汝州市。此处比喻蒙东山之高峻有如崆峒。

③ 玉龙山：康熙《云南通志·山川》，"雪山在（丽江）府北二十里，一名玉龙山。众峰插云，两岩壁立，金沙江过其中。山巅积雪，四时不消，远望如玉飞流，峻谷不可穷数，蒙氏号为北岳"。

④ 李景山：名京，河北河间人。元大德五年奉命宣慰乌蛮至滇，任副使。撰有《云南志略》四卷。

⑤ 衡华真成两丘垤：衡，衡山，在湖南省。华，华山，在陕西省。丘垤，小土堆。意谓丽江雪山上插霄汉，以衡山、华山比之，则衡、华不过小土堆而已。

⑥ 不可纪极：记述不尽。

⑦ 中国士大夫：中原内地人士。

⑧ 曲靖：旧府名，今曲靖市。大士岩：雍正《云南通志·山川》，"观音岩在（南宁县，今曲靖市）城南二十五里，临潇湘河。岩石陡绝，有洞，可容数百人"。俗称大士岩。

⑨ 牌头洞：雍正《云南通志·山川》，"牌头洞在（寻甸州，今昆明市寻甸回族彝族自治县）城东三十里。洞中石笋多类鸟兽之形"。

法吐洞①、宣威岭②、清溪洞③；于临安属则有阎洞④、镜湖洞⑤、通灵洞⑥、传声洞⑦、燕子洞⑧；澄江属则有石林⑨、芝云洞⑩；武定属则有寿胚胎洞⑪；广西属则有阿灵洞⑫；广南有科岩⑬；大理属有花鱼洞⑭、

---

① 法吐洞：雍正《云南通志·山川》，"法吐洞在（寻甸州）城西卧云山，洞口有石床石几。土人燃炬入，行可十里，所见多怪状，惧不复人"。

② 宣威岭：雍正《云南通志·山川》，"宣威岭在（平彝县，今富源县）城东十五里，滇黔交界迎送之尽境。有亭，曰万里亭，明景泰中，巡按御史洪弼立坊其上，曰'镇南胜境'。旅黔至此，觉山平天阔，东望则箐雾嶂云，天限二方也"。

③ 青溪洞：见后文青溪洞条注。

④ 临安：旧府名。所属州县今分属玉溪市、红河哈尼族彝族自治州。阎洞：见后文阎洞条注。

⑤ 镜湖洞：雍正《云南通志·山川》，"镜湖洞在（石屏县）城东二十里，前有石床，石楼诸胜。壁开一窍，瞰龙湖如镜"。

⑥ 通灵洞：雍正《云南通志·山川》，"通灵洞在（阿迷州，今开远市）城东南十五里。中有水泉，以火烛其中，有声如雷。一名南洞"。

⑦ 传声洞：雍正《云南通志·山川》，传声洞在（阿迷州）城西南二十五里。洞口有石，如卷席状。人以气嘘之，如吹角声"。

⑧ 燕子洞：见后文燕子洞条注。

⑨ 澄江：旧府名。所属州县今分属昆明市、玉溪市。石林：乾隆《路南州志·古迹》，"石林在东北，岩高数十仞，攀援始可入。其中怪石森立，如千队万骑；危詹邃窟，若九陌三条。色俱青，嵌结玲珑，寻之莫尽。下有伏流，清冷如雪"。

⑩ 芝云洞：雍正《云南通志·山川》，"芝云在（路南县）城北二十里。洞口似芝与云，故名。初入空敞，可容百人。再入，四壁垂乳，扣之有钟鼓声。又石坪、石床、石田，奇怪不可名状"。

⑪ 武定：旧府名。所属州县今属楚雄彝族自治州。寿胚胎洞：见后文寿胚胎洞条注。

⑫ 广西：旧府名。所属州县今分属文山壮族苗族自治州、红河哈尼族彝族自治州。阿灵洞：旧志作阿卢洞，以在阿卢山得名。雍正《云南通志·山川》："阿卢洞在（广西府，今泸西县）城西五里。宏敞幽邃，游者持炬以入。石乳中垂如雕栏、宝塔、玉柱、瑶床之状。"

⑬ 科岩：见后文科岩条注。

⑭ 大理：旧府名。今大理白族自治州。花鱼洞：雍正《云南通志·山川》，"花鱼洞在弥渡南九十里。口甚隘，一线天光。侧行十里，水注深潭中，产花鱼。崖畔有洞，钟乳倒垂，怪石不可名状"。

青华洞①；姚安属有鱼澄洞，有安公治②。

清溪洞

清溪洞在平彝官道③，此入滇之第一洞也，出城二里许即得之，一名三台洞。洞口广延袤丈，有僧住持，神像皆因石而成。内有乐台，石乳下滴成柱，石床、石几俱备。入里许，旁有石缝，仅容一人。盘曲而升，堂奥天然，光明开朗，其人乐之，顾谓从者："汝可出，吾不归矣。"传其仙也。

赵侍郎士麟微时尝过之④，有诗云："巨灵何年辟此宅⑤？悬岩蹴浪高百尺⑥。仰面蛇行未易探，倒身猿挂不容掖。以火烛之心始惊，虎豹纵横蛇龙积。更有仙佛乘云涛，香幢宝盖纷络绎⑦。徐视方知石结成，岩窦涓涓凝玉液。再进泥泞不可行，惟闻足下泉声溢。清溪洞，可栖真，在人境，鲜嚣尘。但恐他日驱车过，风雨迷离莫问津。"后赵贵显，剔历中外数十年⑧。一日，轩盖至洞⑨，僧迓之。赵幅巾道服，带二小童。曰："吾来寻吾旧宅耳。"一入

---

① 青华洞：见后文青华洞条注。
② 姚安：旧府名。所属州县今属楚雄彝族自治州。鱼澄洞：见后文鱼澄洞条注。安公治：见后文仙人安公治条注。
③ 清溪洞：雍正《云南通志·山川》，"清溪洞在（平彝县）城西三里许，一名三台洞。洞口广延数丈，内有平台，石乳下滴成柱，石床、石几俱备。入里许，旁有石缝，仅容一人，盘曲而升，堂奥天然"。平彝：旧县名，今富源县，属曲靖市。
④ 赵士麟：字玉峰，云南澄江人。清康熙三年进士，仕至吏部左侍郎。著有《读书堂集》。
⑤ 巨灵：大神名。相传大禹治水，巨灵开山。
⑥ 蹴（读若促）：以足踢之。
⑦ 络绎：往来不绝。
⑧ 剔历中外：甄别事物的不合理者为剔，如纠剔奸盗。此处意为赵士麟在朝内外，历任高官，监察所属民情。
⑨ 轩盖：高车华盖。

不复出。僧方惊疑，末几，飞旐过①，乃信其栖神于此洞也。

阎　洞

　　阎洞在建水城东十五里石岩山②，一名蒙山。《志》云③："山麓有洞，名石岩洞，异龙湖、泸江、象冲诸河水流入其中④，复流出达阿迷州界⑤。其洞有三，又称阎洞，迁客阎闳所辟也⑥。一曰水云，石乳倒垂，千形万态；一曰南明，上有两窍，阳光射入，见石床丹灶；一曰万象，石磴悬崖，隐隐为风雷声；号为畇町三洞。"《志》载如此，而未若郎瑛仁宝之记尤详也⑦。郎谓："吾与姚江杨提学抚论天下山水之奇⑧，语予曰：'吾平生奇见，无出于

---

　　① 飞旐：引柩幡。此处意为灵柩。

　　② 建水：建水县，属红河哈尼族彝族自治州。石岩山：康熙《云南通志·山川》，"石岩山在（建水县）城东十五里，有岩洞三，又称阎洞，迁客阎闳所辟也。一曰水云，门前虚敞，可容数百人。泸江中河之水赴以为壑，冬月水落，架桥列炬而入，旋转回合几二十里。一曰南明，上有两窍，阳光射入，见石床丹灶。一曰万象，山更峻绝。跻石磴数十级，隐隐闻风雷声，石乳嵌结岩甋锜。亦曰畇町三洞"。

　　③ 《志》：指雍正《云南通志》。

　　④ 异龙湖、泸江、象冲：雍正《云南通志·山川》，"异龙湖在（石屏县）城东，有九曲三岛。小岛曰孟继龙，一名马阪垅，旧建浮石庵，今废。中岛曰小末束，一名小水城。大岛曰和龙，一名大瑞城。四面皆巨浸，周一百五十里，流入府境为泸江"。"泸江在（建水州）城南二里，名大河。源自石屏异龙湖，东流会象冲、塌冲河水，名三河。入阎洞，出阿迷南为乐荣河，入盘江。""象冲河在（建水州）城南三里，一名小河，源出黑龙潭，流入阎洞。"

　　⑤ 阿迷州：旧州名，今开远市，属红河哈尼族彝族自治州。

　　⑥ 迁客：外地迁徙来的客人，贬官远方的人也称迁客，此处指后者。阎闳：康熙《云南通志·流寓》，"阎闳，临清人。嘉靖初，吏科给事中谪蒙自县丞，寓建水，作《正己堂记》，后诏还。阎在临安，探岩穴之胜，今洞即与阎名。

　　⑦ 郎瑛：字仁宝，明浙江仁和县人。著有《七修类稿》。本书所引郎瑛文见《七修类稿》卷一，题名《生平奇见》。

　　⑧ 姚江：水名，在浙江余姚市南。杨抚：人名，事见正文后文。提学：提学使的简称。

雅州石壁^①、临安颜洞。'洞去城数十里，嘉靖中蒙自县丞颜宏所开也^②。其地两山夹峙，水从洞入。洞口白石一柱，如玉垂水中，暗然莫测，人莫敢进。颜放舟燃火而入，穷其至极，然后知洞有三层，迤逦盘旋而上，入深四十余里，广处可坐千人，高不知其几何，洞水出阿迷州。下洞一龙，仰附于洞前，二足捧头而下，鳞角眼爪，纤悉俱备。中洞狮象相峙于口，内则飞走之禽，器具之物，不可枚数。若白鹭、青鸾、黄罗伞、红棹围，种种色相宛然，而钟、鼓二石，叩之声切肖也。入深，大士半身^③，而知傅粉，唇若点朱，头总一髻，左有青石净瓶，右有白石鹦鹉。尽则石床一张，上下四柱，菱花片壁，即人间之拔步耳^④。上洞一僧一道，蹲踞相视；如渔樵问答之状。极后，洞门坐一老翁，戴东坡巾^⑤，但少生气耳。'据此，阎应为颜。按此洞无人敢入，不能知其奇。阎以迁谪，胥靡不惧^⑥，纵心游之，而其奇尽出。至今洞以阎名，所得已多矣，省、郡志俱作阎闳。闳，临清人，嘉靖初以给事谪丞蒙自^⑦，不到官，流寓建水，探岩穴之胜，后召还。杨抚，字安世，余姚进士。嘉靖中，为滇副使，与阎同时，先后间耳、以阎为颜，又岂误邪？"

---

① 雅州：旧州名，今四川省雅安市。

② 嘉靖：明世宗年号。嘉靖共45年（公元1522至1566年）。县丞：官名。明代于县设县丞，为县令的副职。

③ 大士：佛教观音大士的简称。

④ 拔步：意不详，清徐孚吉《尔雅诂》"拔，尽也。"拔步疑为尽头之意。

⑤ 东坡巾：宋苏轼号东坡居士，年戴头巾式样新异，人称东坡巾。

⑥ 胥靡不惧：胥靡，罪人囚徒。阎闳以罪迁谪，身为胥靡，无所畏惧，故云胥靡不惧。

⑦ 给事：即给事中，明代官名。掌侍从规谏补阙拾遗，稽查六部百司。

燕子洞

燕子洞在阿迷西南五十里官道侧①，《志》但云②，"泸江由此去，春燕巢其中"而已。而发其奇者张同年绥佩宴亭③，于是名人争咏之④，宴亭记尝以遗予⑤。此洞因宴亭而大显，然则洞之传，在以其人哉！宴亭精于《易》，所谓看一艮卦即可了《楞严》一部⑥，此其看艮卦时欤？

寿胚胎洞

寿胚胎洞在武定⑦，北接罗次、广通界⑧，故金华洞也。二十八

---

① 燕子洞：嘉靖《阿迷州志》，"（燕子洞）在治西六十里马王庄，盘旋凌厉，窈窕玲珑，钟乳倒垂，像物毕肖，宛然普陀仙境，焚修者往往栖之。泸江水于此伏流，四时飞燕巢石窦中，因以为名。建水副都宪傅为诤于洞口创立佛宇，与石屏制科翰林张汉题咏焉，后人和韵甚多"。

② 《志》：指雍正《云南通志》。

③ 张绥佩：字宴亭，河南信阳人，清乾隆进士，曾官云南省云南县（今祥云县）知县。明《易》理，著有《羲里睡余易编》。

④ 名人争咏：道光《云南通志稿·地理志》载有傅巘《燕子洞记》、傅为诤《燕子洞歌》、曾曦《燕子洞》诗。其他名人题咏燕子洞的诗歌亦甚多。

⑤ 宴亭记：张宴亭所作有关燕子洞的文章。

⑥ 艮卦：《周易》中的卦名。《楞严》：《楞严经》，佛教经典。

⑦ 寿胚胎洞：万历《云南通志·地理志》，"寿胚胎洞在（武定）府城西北四十里许。山洞深十余丈，中有石笋，又有石乳自上滴笋，堆凝成质，如手拳然。又有如寿星者，如狮、象者，如盆、盂者"。

⑧ 罗次：旧县名，今并入禄丰县。广通：旧县名，今并入禄丰县。均属楚雄彝族自治州。

宿真像藏于此①，感梦于唐明皇②，发洞而得之，独阙氏宿，盖即明皇也。于是立观③，改县曰真宁④，在今罗川镇，庄曰氏可老，此寿胚胎之名所自来也。此事见于《太平广记》颇详⑤，而《续博物志》亦云⑥："明皇得二十七仙玉像于宁州罗川县金华洞⑦，奇伟异状，各各不同。内有心星一座甚美，手板复明皇御名。其地属氏可思庄，其人已百岁。后置真宁观，改罗川为真宁县，今有玉像图传于世。"此事滇志失载⑧，博雅之士，亦无称者。

---

① 二十八宿：我国古代天文学分周天之星为二十八宿，四方各有七宿：东方苍龙七宿，角、亢、氐、房、心、尾、箕；北方玄武七宿：斗、牛、女、虚、危、室、壁；西方白虎七宿，奎、娄、胃、昴、毕、觜、参；南方朱雀七宿，井、鬼、柳、星、张、翼、轸。真像：绘制的二十八宿神像。

② 唐明皇：即唐玄宗。唐玄宗谥至道大圣大明孝皇帝，后世因称为唐明皇。

③ 观：晋孟昶《韵会》，"道宫谓之观"。

④ 真宁：旧县名，今甘肃正宁县。

⑤ 《太平广记》：宋李昉等撰。唐明皇感梦事见《太平广记》卷二十九神仙类二十七仙条。

⑥ 《续博物志》：宋李石撰。

⑦ 宁州：旧州名，今甘肃省宁县。罗川县：旧县名，今甘肃正宁县。

⑧ 滇志失载：谓云南地方志书不载此事。按武定在唐玄宗时，为南诏蒙氏所据，唐明皇于此发洞主观，极少可能。《太平广记》及《续博物志》所称之真宁县、罗川县均今甘肃省正宁县。云南武定之寿胚胎洞，万历《云南通志·地理志》已著录详明，亦无本书所叙之神话传说，疑作者误也。

科 岩

科岩在广南①，故特摩道②，宋狄青征侬智高扬兵至此③，至今有人马蹄迹④。宋人已弃滇黔为化外⑤，唯广南尚为宋守，故狄青与萧注辈长驱至此⑥，而杨文广且远至于元江⑦，大理国人无敢御之者⑧。使果尽如狄青，可以抹玉斧之画，特表此岩以彰之。

青华洞

青华洞在云南县城八里⑨，"悬岩滴乳，石窍玲珑，日月光照，

---

① 科岩：雍正《云南通志·山川》，"科岩在（广南府）城北七十里，相传宋狄青征侬智高至此"。

② 故摩特道：万历《云南通志·地理志》，"广南府，宋时名特摩道"。

③ 宋狄青征侬智高：《宋史·狄青传》，"狄青，字汉臣，汾州西河人。……皇佑中，广源蛮侬智高反，……青上表请行……，遂除宣徽南院使，宣抚荆湖南北路，径制广南盗贼事。……一昼夜出昆仑关……出贼不意，大破之，追奔五十里，斩首数千级。其党黄师宓、侬建中、智中及伪官属死者五十七人，生擒贼五百余人，智高夜纵火遁去"。按宋广源州在邕、管西南郁江之南，今广西南宁市以南与云南接壤一带地区。

④ 人马蹄迹：道光《广南府志》，"科岩马迹在城北，宋狄青破侬智高至此，相传为智高马迹"。

⑤ 宋人已弃滇黔：指宋太祖玉斧划大渡河事，见本书前文小序注。

⑥ 萧注：宋朝广州番禺县令，侬智高叛乱，萧击破之，详见《宋史·萧注传》。

⑦ 杨文广：宋狄青属下将领，曾率兵追击侬智高部至阿迷合江口。兄《宋史·扬业传》及《滇考·段氏大理国始末》。元江：旧县名，今元江哈尼族自治县，属玉溪市。

⑧ 大理国：古国名。自唐开元间，南诏蒙氏建大蒙国，后改称大礼国。郑氏篡蒙氏改国号为大长和。五代后唐时赵氏代之，改国号为大天兴。杨干贞夺之，改国号大义宁。至后晋天福二年，段思平逐杨干贞自立，改号称大理。宋初，狄青征侬智高时仍为大理国，后为元朝统一。

⑨ 青华洞：万历《云南通志·地理志》，"青华洞在云南县（今祥云县）南八里，有洞阔十丈，深邃莫穷。悬岩滴乳，愈深愈奇。上有石窍漏光，名曰天窗。嵌入分支，人入则糜糠以志其返"。

可行十余里”。《志》言如此，亦略矣[①]，何足发山灵之气哉？故录名人题咏以补著之。李中溪元阳诗云：“青华洞，深且密。神工融，鬼斧劈。茫茫空壤间，此理不可诘。无乃混沌初辟时，浩气嘘泡成幻质。生平好奇胆力壮，一览径造无怵惕。沿苔扪石岂容已，宛若风雨投暗室。虚幽极处明自生，时复有窍见天日。祛昏破晦露真机，万态千形难尽述。蛟龙腾，凤凰翐[②]，麒麟游，虎豹逸，有如神僧跏趺面雪峰[③]，牛鬼蛇神献奇术。又如指石成羊[④]，绕剑风雷怒仍叱。深幽历险妙能穷，一一收览归吾笔。山灵合敛藏，阴怪已消黜，乾坤正气常在兹，镇静天西自无极。行行洞口更升颠，笑看扶桑红日出。”此其铺叙洞中所有甚详，而山灵之面目见矣。吴提学自肃亦有古风一章[⑤]。

① 《志》：指康熙《云南通志》及雍正《云南通志》。

② 翐（读若秩）：飞扬貌。

③ 跏趺：佛子打尘称跏趺。

④ 指石成羊：晋葛洪《神仙传》中传说牧羊人黄初平指石成羊。此处借喻青华洞中乱石众多如羊群。

⑤ 吴自肃：字在公，号克庵，清海丰（今山东省无棣县）人，进士。清康熙二十七年任云南提学道，有《清华洞》诗云：“驱车驱车洱海旁，盈盈一水烟微茫。嵯峨绀殿朝朝阳，登楼遥望山苍苍。侧闻古洞欹云房，蹑屐从之心徜徉。古色斑剥飞青黄，入门骨冷神清凉。后先燃炬纷成行，惊魂骇目呼娲皇。五丁巨灵开洪荒，能为造化呈文章。上真群圣来仙幢，错落车马闻腾骧。狮蹲虎踞形飞扬，向人作势爪牙张。美人隐隐芙蓉装，珊瑚丛架围仙床。氤氲石髓沾衣裳，镗鞳互响声铿锵。前人留句争辉煌，谁堪独步夸词场？我来回顾生傍徨，吁嗟人世多面墙。”

清平洞

清平洞在永昌老姚关外①，明邓子龙破缅兵数十万于姚关②，开此胜，有偃草坡及有山亭、荷花池，上勒"清平"二字于洞口，题诗二章。邓号武桥，郡人以武桥精风水也③。洞旁有楼，武侯遗像即祠堂其上④，楼前有井，皆其遗迹。其《别清平洞》有诗⑤云："开尔清平记六年，许多盘错破中坚。梅根挂壁全无土，石乳为门别有天。释子好看池上树，莽儿休据洞前田。我去莫教棋石烂，有山亭上月长圆。"又《题姚关清平洞》⑥云："洞里神仙洞外春，清平不问旧将军。映溪杨柳依依绿，满岸桃花灼灼春。醉酌几杯消白昼，闲拖一帚扫浮云。围棋未了千年局，倦展诸夷纳贡文。"按后章赋闲作⑦，前章乃别洞作也。肤功虽奏，蛮犹未定，而以谗去，

---

① 清平洞：光绪《永昌府志·名胜》，"清平洞在（今施甸县）城南姚关，明参将邓子龙建忠烈祠于旁，祀征缅将士。怪石嶙峋，洞中可容百余人。有石，击之如鼓。又有石乳涓滴，下一石如碗，仰盛不竭。对面有山亭，旁有一碑，有'烹象洞'三字，邓子龙所题。其间题咏甚多"。按同书《杂记》载邓子龙遗迹尚有得胜桥、全胜桥、偃草坡、老邓营、等子辅、濯缨亭、湖心亭等处。

② 邓子龙：乾隆《永昌府志·名宦》，"邓子龙，字文卿，江西羊城人。奋迹行伍，万历十一年为永昌参将。持志多谋，慷慨任事，及诗工书，有古名将风。镇姚关，开清平洞，……屡立战功，著有《横戈集》行世"。

③ 精风水：阴阳家以能相地看宅知吉凶为精风水，此处意为善布置园林景物。

④ 武侯：蜀汉诸葛亮，封武乡侯。传说南征时曾领兵至云南永昌地区。其实，他仅至曲靖一带后即凯旋成都。

⑤ 《别清平洞》诗：邓子龙《横戈集》（卧云居道光刻本）载此诗为，"谁辟清平古岭巅，五丁穿凿破中坚。梅根挂壁全无土，石乳为门别有天。古寺自临池上树，野人常据洞前田。即今不遣樵柯烂，棋子枰中漫纪年"。

⑥ 《题姚关清平洞》：邓子龙《横戈集》（卧云居道光刻本）载此诗为，"洞里神仙洞外春，清平不问旧将军。静观杨柳依依绿，笑看桃花灼灼春。醉仗数杯消白昼，闲拖一帚看浮云。围棋未了平生约，倦展诸夷纳贡文"。

⑦ 赋闲：罢官闲居。晋潘岳有《闲居赋》，后人遂以闲居无事为赋闲。

故马继龙慰留之云①："众口仍教谗薏苡，南人只解颂铜标②。"则著此洞，即以为武桥铜标可也。

渔澄洞

渔澄洞③，《志》云在姚州西菱湖④。渔澄洞为始篁先生隐处，人代无考。今按《云笈七签》所载《天地宫府图》第六十三福地⑤："菱湖渔澄洞在西古姚州，始篁先生曾隐此处。"而非治处也。

---

① 马继龙：字云卿，号梅樵，保山人，明嘉靖举人，仕至南京兵部车驾司员外郎，有《慰留邓武桥将军诗》云，"万里驱兵入不毛，横溪毒水瘴烟高，风霆一鼓空蛮垒，雷雨千山洗贼巢，众口任教谗薏苡，南人直解颂功劳。边庭见说还多事，谁许将军解战袍？"见光绪《永昌府志·艺文》。

② 谗薏苡：《后汉书·马援传》，"援在交趾，常饵薏苡实，用能轻身省欲，以胜瘴气。南方薏苡实大，援欲以为种，军还，载之一车。及卒后，有上书谮之者，以为前所载还，皆明珠文犀"。后人以蒙冤被谤为薏苡之谗。颂铜标：铜标亦称铜柱。马援平交趾，立铜柱以表功。此处二句诗意为邓子龙虽一时受不实之谤，而人民则称颂他的功绩，如马援铜柱，永垂不朽。

③ 渔澄洞：在姚安县菱湖。康熙《云南通志·古迹》："始皇先生隐处在（姚安）府西古姚州菱湖鱼澄洞。"

④ 《志》：指康熙《云南通志》。姚州：旧州名，今姚安县。

⑤ 《云笈七签》：宋张君房撰，天地宫府图。《云笈七签》卷二十七《司马紫微集》内有《洞天福地天地宫府图》，内载七十二福地，第六十三福地即菱湖渔澄洞，文云："菱湖渔澄洞在古西姚州，始皇先生曾隐此处。"始皇，本书作始篁。

仙人安公冶

仙人安公冶①，《志》云在姚州城北金沙江②，即古西梁州泸水③，见《云笈七签·天地官府图》。今按《天地宫府图》第六十五福地，泸水在西梁州，是仙人安公冶之，则是主此福地也。按洞天福地遍九州④，滇无洞天，仅有两福地，故著之。安公则六安冶师得道者也⑤。

云南文库·大家文丛

----

　① 仙人安公冶：意为仙人安公主冶之处。本条正文末云："安公则六安冶师得道者。"

　② 《志》：指旧《云南通志》。金沙江：雍正《云南通志·山川》，"金沙江在（姚州）城北四百里，自宾川流入府境，东经大姚入武定界"。按长江上游在云南境内省均称金沙江，以产金沙得名。

　③ 古西梁州：梁州，古九州之一，区域包括陕西南部、四川省及四川西南各地。云南在四川西南，故亦称古西梁州。泸水：唐李吉甫《元和郡县志》，"泸水在西泸县西。诸葛亮表曰：'五月渡泸，深入不毛。'谓此水也"。明顾祖禹《读史方舆纪要》："泸水，其源曰若水，下流曰泸水，入金沙江。"

　④ 九州：古分天下为九州。九州之名，各家所说不一。此处泛指中国境内。

　⑤ 六安冶师：六安，六安州，元置，今安徽省六安市，《明史·地理志》一、南京、庐州府、六安州载：六安州所领霍山县"东南有铁炉山，多铁冶。"冶师，炼铁者。六安冶师得道，故称仙人。

志金石第二

五金、八石①，出于滇南，而铜充鼓铸②，内运京局③，外应各省采买，尤系钱币巨政。《范志·金石》④，以为方药所须⑤，此不然也。

铜

铜出于滇，凡四十八厂⑥。最著者：东则汤丹、落雪⑦；西则芦

---

① 五金：古称金、银、铜、铁、锡为五金，一说以铅代锡。八石：古称朱砂、雄黄、云母、空青、硫黄、戎盐、硝石、雌黄为八石。

② 鼓铸：熔金属以铸钱。

③ 京局：北京铸钱局。

④ 《范志·金石》：指范成大《桂海虞衡志·志金石》。

⑤ 以为方药所须：《桂海虞衡志·志金石》小序云，"此篇亦主为方药所须者"。意为《志金石》中所收的各种金石，主要为医药方剂所需用者。这一说法，本书作者认为不当。

⑥ 四十八厂：按清王昶《铜政全书》所载云南铜厂，或开采，或封闭，其数时有变更。本书此处谓凡四十八厂，盖作者就当时所知者而言，非云南铜厂的确实数字。

⑦ 汤丹：清王昶《铜政全书》，"汤丹厂在东川府城西南一百六十里会泽县境内汤丹山，绵亘七十余里。东川初隶四川，厂已开采。雍正四年，改隶云南"。落雪：旧名碌碌厂。《新纂云南通志·矿业考·铜厂表》："碌碌厂在东川府会泽县西一百六十里，即落雪。"清王昶《铜政全书》："雍正四年，隶滇开采，……专供京局。"

塘、宁台①。废旧开新，繁猥难数，特著攻采者之名目焉②。《农部琐录》云："厂民多忌讳。石谓之硤，土谓之荒，好谓之彻。佩金器者不入碏③，有职位者不入碏。不鸣金④，不燃爆⑤，不呵殿⑥。祀西岳金天⑦，祀矿脉龙神，谓龙神故僰夷⑧，畏见冠带吏也⑨。硐谓之碏，碏石坚谓之硤硬。以火烧硤，谓之放爆火。矿一片谓之刷，矿长伏硤谓之摆。大矿谓之堂。硐防土崩，架木撑撑谓之镶，入硐尺寸若干谓之排。煎矿为扯火。配石为底子，多配谓之稀，少配之稠。木柴烧矿谓之锻，有经一、二、三锻然后入炉者谓之锻窑，毋待于锻者谓之一火成铜。满一昼夜谓之饱火，晚煎晓成谓之半火。铜面谓之油，铜渣谓之垾。一圆谓之饼，饼谓之紫版。再煎谓之蟹壳，煎不成铜谓之和尚头。收拾渣滓谓之淘荒洗垾。凡矿，锡镴为上⑩，墨绿次之，黄金箔又次之。⑪凡炼，白火者荒也⑫，青火者硤也。绿火、黄火，各如其矿之色，惟红火为上，乃铜之光。火烈矿熔，其垾先出，流注如金膏，以水沃之成团⑬，曳而弃

---

① 芦塘、宁台：清王昶《铜政全书》，"宁台厂在顺宁府顺宁县（今凤庆县）东北五百二十里，乾隆九年开，年获铜八九万斤。后厂衰矿绝，于附近踩获水泄子厂，获铜如初。三十八年，踩获芦塘子厂，年获铜七十余万至三百余万不等"。

② 攻采名目：有关采矿的一些名词称谓。

③ 佩金器者：身上带有金属物件的人。

④ 金：金属器具。

⑤ 爆：爆竹。

⑥ 呵殿：人相呼叫为呵。呵殿谓呵于前而后者应，即前后呼叫之意。

⑦ 西岳金天：西岳，五岳之一，华山的别称。金天，古帝号，黄帝子少昊金天氏。此处指铜厂奉祀矿神的名号。

⑧ 僰夷：僰族人。参见本书《志蛮》爨条及僰条注。

⑨ 冠带吏：穿官服的官吏，即在职官员。

⑩ 锡镴（读若腊）：金属之一，色白。此处指含锡的白色铜矿石。

⑪ 黄金箔：以黄金加工槌成其薄如纸的薄片称金箔。此处指黄色铜矿石。

⑫ 白火者荒也：煎火呈白色的矿石是土，土谓之荒，已见正文。

⑬ 沃：用水自上浇下为沃。

之，埽尽而红光发，则铜存焉。乃坼炉封①，融液如饧②，以渖浇之成饼③，铗而出之，沉于水。次第而沃之，而铗之，而沉之，尽炉或得十圆，或十余圆。自面起者径尺，余以次第递差而小，入底径数寸，盖有数存④，不可强也。无俟炼者为自来铜，铜锢于山为天生铜⑤，天生铜为铜母，不能采。凡矿之为物善变，忽有忽无为跳矿，小积为窝为鸡窠矿，入不深者为草皮矿，临水外行者为趱江矿，内行为进山矿。进山最佳，可望堂矿。矿脉微露谓之苗，细苗如线谓之引土石。夹杂谓之松荒，松荒易攻凿，其矿不长久。凡攻凿，喜碦硬，硬则久，可获大堂。凡礃畏马血，涂之则矿走。凡礃畏印封⑥，封则引苗绝。凡矿最变，采矿盈山，未及煎炼，或化为石。僰人居土房，旁有墼墙⑦，其色忽青碧，堛而敛之⑧，铜液飞注，此神化之极也。凡厂之道，厥有厂主，听其治，平其争，敛金而入于金府。府一人，掌铜之出入。史一人，掌官书以治⑨。凡胥二人，掌偫伺之事⑩，游徼⑪其不法者，巡其漏逸者，举其货，罚其人。以七长治厂事：一曰客长，掌宾客之事；一曰课长，掌税课之事；三曰炉头，掌炉火之事；四曰锅头，掌役食之事；五曰镶头，掌镶架之事；六曰硐长，掌硐礃之事；七曰炭长，掌薪炭之事。厂徒无数，其渠曰锤手，其椎曰尖子⑫。负土石曰背荒，其名

---

① 坼（读若祈）：拆开。
② 饧：糖浆。
③ 渖：米汤。
④ 数存：有一定的数量。
⑤ 锢：铸塞为锢。此处意为山中夹缝处有铜矿石铸于其中。
⑥ 印封：盖有官印的封条。
⑦ 墼（读若基）墙：未经火烧的砖为墼，即土坯。墼墙即以土坯所砌的墙。
⑧ 堛（读若逼）：土块。敛，收集。全句意为把土块收集一处。
⑨ 官书：政府文书，即法令、条规、章程等。
⑩ 偫伺：搏盗纠察。
⑪ 游徼：巡逻。
⑫ 椎：同槌，击物之器。此处谓锤手所用的尖形铁器。

曰砂丁，皆听治于锅头^①。其笞以荆曰条子^②，其缚以藤曰揎^③。其法严，其体肃。其入碛地曰下班，昼夜分为二班。其灯曰亮子。直攻、横攻、俯攻、仰攻，皆因其势。以巾束首，挂灯于其上，裸而入。入深苦闷，凿风碉以疏之。凿深出泉，穿水泄以泄之。有泉则矿盛，金水相生也^④。凡量矿以桶。凡矿一石^⑤，得铜八十斤为上，六十斤次之，四十斤又次之，三十斤又次之，不及十斤为下。凡铜，紫版为上，熔紫版百斤，得蟹壳八十斤，则净铜矣，以充京运。次则以运省仓，以供东川铸局。"

张君《杂记》云^⑥："裹粮搭席栖其上曰火房，招集工力曰小伙计，或称弟兄。司饮食者为锅头，架镶木者为厢头。开矿曰打碛子。碛有引线^⑦，老于厂者皆识之，依线打入。一人掘土，数人出之曰背荒。土内有豆大碛子曰肥荒，捡之尚可炼以易油米。碉之深下者曰井洞，开之平者曰城门洞，洞中石围土砂者曰天生洞。洞口不甚宽广，人皆伛偻入内。虑陷，支以木，间二尺余。支木四曰一厢，洞之远近以厢计。上有石则无虑，厢亦不设。洞内五步一火，十步一灯。所费油铁，约居薪米之半。而编查防奸，按制得宜，则有司之责綦重矣。碛之最佳者曰绿锡镴，炼千斤则铜居其五六。次曰白锡镴，烂头锡镴。再次曰朱碛锡镴居其三四。下者曰牛版筋，仅可敷炭价。若夹石碛、稠碛、哈碛，则每千斤不过得铜四五十斤，得不偿失，遇者有忧色，咸品搭于佳碛内以炼。炼矿曰扯铜，其法，矿千斤，用炭七八百斤不等。炉如夹墙，底作圆窠，铺以炭

----

① 听治：服从管理。

② 笞（读若痴）：鞭打。荆：木之轻者。古时以荆制为刑杖。

③ 藤：藤条。

④ 金水相生：古人以金、木、水、火、土为五行，认为五行能互相影响，即所谓相生、相克的作用。此处言采矿者遇泉水可得盛矿，亦即金水相生的作用。

⑤ 石（读若担）：古以一百二十斤为一石，见《说文》。

⑥ 张君杂记：姓张者所著的《杂记》。此书无考。

⑦ 引线：缝衣的针，古称引线。在矿洞中可察觉有碛的迹象地方，亦借称为引线，即本书中所谓的矿脉，又称苗，又称引土石。

末，始加矿，炭置碪上，窍其后，置风箱。前下开孔如半月，封以泥。稍上，复开一孔，火盛碪熔，则硆自此出①，而铜沉于底。硆竭流②，则铜成之候矣。钩去半月封泥，先掣余炭，既净，用米饮泼之③。设投以水，则爆炸而铜不完好。少间，铜面凝结，钳出如蟹壳，次第泼取，每炉得铜可六七饼，呼之曰元。至土洞深开，为积霖所陷④，曰浮洞。凿者不得出，常闷死，或数人，多至数百，且数十，为宝气所养，面如生，有突立向人索饮食者，唪之而僵仆，名曰干虮子。每厂众推老成一人为客长，立规最严，犯者受其责辱，不敢怨。常有东、西异线打入共得一碪者，必争，经客长下视，定其左右，两比遵约释竞，名曰争尖子、品尖子。"

合《录》与《记》而互明之⑤，大略已具矣⑥。按滇南大政，惟铜、盐关系最重，故志之特详。

铜　绿

铜绿，即绿矿也⑦。以煎铜不及锡镴，琢为器皿，值兼金⑧。靡之为颜料⑨，名之曰大绿⑩，亦贵，物在得所用耳。出罗次、武定、

---

① 硆（读若由）：炼铜时浮于上层的杂质溶液。
② 竭流：流尽。
③ 米饮：米汤。
④ 积霖：雨水聚积。
⑤ 《录》与《记》：指上文所引《农部锁录》及张君《杂记》。
⑥ 大略已具：可以了解铜矿的大概情况。
⑦ 绿矿：绿色铜矿石。
⑧ 兼金：金的一倍。此处指以绿矿制成的器皿价值，为当时通用银价的一倍。
⑨ 靡：捣碎。
⑩ 大绿：《本草纲目·绿青》时珍曰，"石绿，阴石也。生铜坑中，乃铜之祖气也。铜得紫阳之气而生绿，绿久则成石，谓之石绿，而铜生于中，与空青、曾青同一根源也。今人呼为大绿"。按：绿青、石绿、大绿、空青、曾青，均绿色铜矿石，碾碎为末，可作颜料，供绘画及染色之用。

禄丰诸厂①。

钟 乳

钟乳②，石之津液。前所志诸洞之奇③，皆其凝结而成者。色白如乳，故云。

石硫磺

石硫磺④，滇中各处出，而惟浪穹之天生黄⑤，其值比金。

石中黄

石中黄见于《抱朴子》⑥，滇山尽石，其黄往往有之。蒙化石

---

① 罗次、武定、禄丰诸厂：清吴其浚《滇南矿产图略》载罗次有大美厂、老铜箐厂；武定有狮子尾厂、大宝山厂、亮子地厂、马英山厂。禄丰县属厂名不详。

② 钟乳：《周礼·考工记》注，"钟乳，钟之部位名。钟带间之枚，隆起如乳，故亦谓钟乳"。此指石钟乳。

③ 前所志诸洞之奇：指本书《志岩洞》所载各洞中石钟乳的各种奇观。

④ 石硫磺：《本草纲目·石硫黄》时珍曰，"凡产石硫黄之处，必有温泉，作硫黄气"。

⑤ 天生黄：《浪穹县志略·物产》，"天生黄出县治东九气台，平地起石岩，石空如蟹壳，上建真武阁。岩下出温泉，有热气九股上蒸，凝结为磺。最异者四面冷水，温泉独沸其中，此乃阴中之阳，故性不燥烈，气味甘温无毒"。

⑥ 石中黄：《本草纲目·石中黄子》（苏）颂曰，"葛洪《抱朴子》云：'石中黄子，所在有之。'沁水山尤多，在大石中，其石常润湿不燥。"

母山出石黄^①。

石燕、石蟹

石燕、石蟹^②，到处有之，可涂疮。马龙州出石燕^③，有文^④。大曰雄，小曰雌。碌券部亦然^⑤。土人言天将雨，燕随风起舞满天，风止落地，仍为石。

滑　石

滑石^⑥，出巨津州^⑦。

---

① 蒙化：旧府名，今巍山县，属大理白族自治州。石母山：康熙《云南通志·山川》，"石母山在（蒙化）府北八十里，峾然直出群山之表，上产石璜"。石黄：药名，一名雄黄，又名黄金石。

② 石燕：《本草纲目·石燕》时珍曰，"石燕有二，一种是此，乃石类也，状类燕而有文，圆大者为雄，长小者为雌。一种是钟乳穴中石燕，似蝙蝠者。食乳汁，能飞，乃禽类也"。石蟹：《本草纲目·石蟹》志曰，"石蟹生南海，云是寻常蟹耳。年月深久，水沫相着，因化为石，每遇每潮即漂出。又有一种入洞穴年深者亦然。皆细研水飞，入诸药相助用之"。

③ 马龙州：旧州名，今马龙区，属曲靖市。

④ 有文：文同纹，谓有花纹。

⑤ 碌券部：即今禄劝彝族苗族自治县。

⑥ 滑石：《本草纲目·滑石》时珍曰，"滑石性滑利窍，其质又滑腻，故以名之。表画家用刷纸代粉，最白腻"。

⑦ 巨津州：清顾祖禹《读史方舆纪要》，"巨津州，古西番地……故治在丽江县（玉龙纳西族自治县）西北三百里"。

鍮 石

鍮石①，铜之精者②，出车里土司③。

图章石

图章石④，出金沙江及狮山⑤。

砚材石

砚材石⑥，出石屏州⑦。石屏之砚，遍于滇塾⑧。（原注：剑川岩厂石亦可为砚⑨，胜于石屏。）

---

① 鍮石：《本草纲目·鍮石》时珍曰，"崔昉《外丹本草》云：'用铜二斤、炉甘石一斤炼之，即成鍮石一斤半。非石中物取出乎？真鍮石出波斯（今伊朗），如黄金，烧之赤而不黑'"。

② 铜之精者：明曹昭《格古要论》，"鍮石，自然铜之精也。今炉甘石炼成者假鍮也"。

③ 车里土司：一作彻里，撤里或车里。《明一统志》："车里土司在澜沧江南，接南海交趾，蛮名车型……土产有鍮石铜。"按：车里土司辖境约相当今西双版纳傣族自治州。

④ 图章石：可作图章之石。

⑤ 狮山：又名狮子山。康熙《云南通志·山川》："狮子山在（武定府）城西八里。岩石如狮，绝顶坦然。上有石城、清池。中藏深谷，可容万人。"

⑥ 砚材石：雍正《云南通志·山川》，"石屏州砚山在城南三十里。尖峰插天，产文石，可作砚"。

⑦ 石屏州：旧州名，今石屏县，属红河哈尼族彝族自治州。

⑧ 塾：教育蒙童之地称塾，此处泛指学校。

⑨ 剑川：剑川县，属大理白族自治州。

楚 石

  楚石出大理点苍山①，解之为屏及桌面，有山水物象如画，宝贵闻于内地。高督为十品②：层峦叠障、积雨初霁、群山杰立、雪意未晴、雪峰千仞、岩岫半微③、水石云月、云山有逵、浅绛微黄、孤屿平湖，各系以诗④。然其景不止此，或高公所得仅此耳。楚石似若可喜，及读张佳印《三石篇》⑤，为祸地方，曷有极耶？

  尝于禄劝学宫⑥，见所砌长石板，旭日初照，作柏叶纹，使匠作油发必大显⑦。但其粗脆易剥，不如楚石白润坚致⑧，故不中屏材耳。间有解木，中间亦作种种物象者，可知天地间何所不有。诸洞

---

  ① 楚石：即大理石，又名点苍石。道光《云南通志稿·食货志》："《珍玩考》：'大理府点苍石，点苍山出，其石白质黑文，有山水、草木状，人多琢以为屏。'"

  ② 高督：清高其倬，字章之，号芙沼，汉军镶黄旗人。康熙进士，于康熙六十一年任云贵总督，雍正九年任云南总督。十品：品题楚石上所见的山水物象为十类，其名如正文所列。

  ③ 岩岫半微：雍正《云南通志》及他书均作"碧岫微烟"。

  ④ 各系以诗：高其倬，有《大理石诗》十首，即按所题十品为诗，各志书均载。

  ⑤ 张佳印：原名张佳胤，因避清世宗讳，清代所刻各书均改"胤"为"印"。字肖甫，号居来山人，重庆铜梁人。明嘉靖进士，曾任云南提学佥事。作有《三石篇》诗，内有句云："守臣当日功名急，檄书夜飞人屏息。程途初不计山溪，男妇征佣无汉僰。鞭石难寻渤海神，凿山谁是金牛力？那许终朝尺寸移，积尸山道纷如织！……天门万里竟不知，几使黔南无孑遗！……"盖作者途见贡京大理石运输艰苦，民不堪命，为诗以刺时政也。原诗各旧志均载。

  ⑥ 学宫：即孔庙。明、清儒学，大都设于孔庙，称为学宫。

  ⑦ 油发：以油涂石上磨之。

  ⑧ 坚致：坚硬细腻。

云南文库·大家文丛

物象，皆成自天然，而窑变大士①，蛤藏佛象②，其小焉者也。

飞 石

　　飞石出永昌③。《南园漫录》④云："霁虹桥废后⑤，舟渡危险，又畏岩上飞石下击，为上有猿鹿野兽，抛踏而下。近有一商，改道宿其上，见将晓，石自江中飞上于雾中甚多，不由兽类。"据此，则石自有飞而上下者。凡神物所蟠处⑥，多有此异。恶人来犯，往往飞石击之。川江有数处⑦，舟过无声，不即石下击船⑧，以为猿猴，《水经注》亦云⑨。乃今思之，皆神物之为也。

---

　　① 窑变大士：烧窑时，窑中陶器每有变形为观音大士或罗汉形象者，则视为珍品。民间窑工传说如此。

　　② 蛤藏佛象：唐段成式《酉阳杂俎续集·寺塔记》，"旧传云：隋帝嗜蛤，数逾数千万矣。忽有一蛤，椎击如旧，帝异之，置诸几上。一夜有光，及明，肉自脱，中有一佛二菩萨像。帝悲悔，誓不食蛤"。

　　③ 永昌：旧府名，今保山市。

　　④ 《南园漫录》：明张志淳撰。志淳字进之，号南园，永昌人，成化进士，云南著名学者。此处引《南园漫录》文，今本《南园漫录》未载。张志淳另有《南园漫录续录》，而《续录》未传于世，故亦不知是否《续录》中语。按康熙《云南通志·杂志》引《南园续录》云："罗岷山极高峻，下临澜沧江，岩上常有飞石下击，每以为野兽踹踏者，不之异也。昔有一商，偶以他事至山顶，夜宿岩上，亲见将晓，石自江中飞上于雾中。"疑即指此。

　　⑤ 霁虹桥：康熙《云南通志·山川》，霁虹桥在（永昌）府北八十里，跨澜沧江，旧以竹索为之……桥长三百六十尺，南北共楼四，上覆板屋三十二楹，两端系铁缆十六，弘敞坚致，视昔有加。日久倾侧，本朝康熙十二年重修"。

　　⑥ 蟠：曲屈伏处。

　　⑦ 川江：长江在四川省境者称川江。

　　⑧ 不：古否字。全句意为否则飞石即下击船只。

　　⑨ 《水经注》亦云：《水经注·江水》，"（僰道县）山多犹猢，似猿而短足，好游岩树，一腾百步，或三百丈。顺往倒返，乘空若飞"。按：僰道，旧县名，汉置，故城在今四川省宜宾市西南。

志金石第二

缅　铃

缅铃[①]，石类也，出永昌外诸土司地。取之，装入小盒，手握之即咤咤作声，殆皋厌之类也[②]，一具值百金。或以爵精遗于石[③]，未必然也。哈芙蓉者[④]，鸦片也，亦助兴如缅铃，闽[⑤]、越受其害，多成鸦片鬼矣。而滇免缅铃之祸者，以其值贵，不易得也。又有缅茄、缅虫[⑥]，被以缅名者，见从来之远也。缅茄可雕为玩物，缅虫可为妇人之饰，附记以广异闻。

银

银亦上币[⑦]，军国之巨政也。中国银币，尽出于滇[⑧]，次则岭粤

---

①　缅铃：《中文大辞典》，"助房中术之器具也。《谈会》：'滇中又有缅铃，大如龙眼，得热气则自动不休。缅甸男子嵌之于势，以佐房中之术'"。

②　皋厌：意不详，疑为咒诅禳厌巫术之类。

③　爵精遗于石：爵同雀。清赵翼《粤滇杂记》："缅地有淫鸟，其精可助房中术。有得其淋于石者，以铜裹之如铃，谓之缅铃。"

④　哈芙蓉：即鸦片。《本草纲目·阿芙蓉》时珍曰："俗作鸦片。……云是罂粟花之津液也。罂粟结青苞时，午后以针刺其外面青皮，勿损里面硬皮，或三五处。次早津出，以竹刀刮收入瓷器，阴干用之。"

⑤　闽：福建省简称闽。越：浙江省古时简称越。

⑥　缅茄：明谢肇淛《镇略·产略》，"缅茄枝叶皆类家茄，结实似荔枝核而有蒂，土人雕刻其上而系之，拭眼去翳，亦解疮毒"。

⑦　上币：币，货币，此处即指银。明、清以银为货币，故称为币。上币，上等银币。

⑧　尽出于滇：明宋应星《天工开物》，"凡银，中国所生。合浙江等八省所生，不敌云南之半，故开矿煎银，惟滇中可永行也。凡云南银矿，楚雄、永昌、大理为最盛，曲靖、姚安次之，镇沅又次之"。此处谓尽出于滇，仅就主要产地而言，非云南之外无银也。

· 47 ·

花银①，来自洋舶②，他无出也。昔滇银盛时，内则昭通之乐马③，外则永昌之募龙④，岁出银不赀⑤，故南中富足⑥，且利及天下。大吏不达时政⑦。禁银厂以事铜厂，自是银耗铜充⑧，每银二十四铢至准铜钱二千五六百⑨，远处且准至三千、四千，官民交受其困。

　　银厂之礁硐丁众，名称大概同铜厂。至于炼银，则用推炉，照子为稍异⑩，然银成总由底母倭铅⑪，固其常也。有此厂铅宜而彼厂不宜⑫，降而下之。至有点乌泥、青苔而成者⑬。由此参悟，而知神仙黄白之说⑭，未尝不可信。同一石也，得底母点之即成银。西番估舶⑮，市中国倭铅归，以药草煮之，即成花银，转贩于中国，此非明著大效呼？

----

① 岭粤：指广东。广东在五岭之南，故称岭南，又古为百粤地，简称为粤，俗合称岭粤。

② 洋舶：外洋船只。

③ 昭通：旧府名，今昭通市。乐马：银厂名，在昭通市鲁甸县。道光《云南通志稿·食货志》："乐马银厂坐落鲁甸厅地方，乾隆七年开采。"

④ 募龙：银厂名，亦作茂隆。本书作者檀萃有《茂隆厂记》。地在今澜沧县南部与缅甸交界地区。

⑤ 不赀：不少，很多。

⑥ 南中：指云南。晋常璩《华阳国志》卷四为《南中志》，即记有关云南史事。

⑦ 大吏：政府负责的高级官员。

⑧ 银耗铜充：银少铜多。

⑨ 铢：古衡名。清朱骏声《说文通训定声》："十黍之重为累，十累曰铢，二十四铢曰两。"本句中言二十四铢，即当日通行的一两。

⑩ 推炉照子：二者皆炼银用的炉灶名，构造和造铜炉不同，详见清倪慎枢《采铜炼铜记》。照子亦写作罩子。

⑪ 底母倭铅：倭铅即锌。以锌置于炼银炉底，引矿出银，故称底母倭铅。

⑫ 此厂铅宜而彼厂不宜：意为以倭铅为底母引银，有的厂适用，有的厂不适用。

⑬ 乌泥：黑色泥土。

⑭ 神仙黄白之说：传说神仙中有能用白银点化为黄金的法术。

⑮ 西番估舶：外洋商船。

滇南银厂十有六[①]。

铅、铁、锡、倭铅

铅、铁所出地方多，惟蒙自之锡名于天下[②]，即唐贡所称镴也[③]。其厂名曰个旧。个旧之锡，响锡也[④]，锡不杂铅自响也。木邦土司亦出响锡[⑤]。滇南倭铅厂二[⑥]，铁厂二十[⑦]，锡厂一[⑧]。

---

① 滇南银厂十有六：雍正《云南通志·课程》载有云南十六银厂名，南安州（今双柏县）石羊银厂、蒙自县（今蒙自市）个旧（今个旧市）银锡厂、楚雄县（今楚雄市）永盛银厂、南安州土革喇银厂、剑川州（今剑川县）马龙银厂、鹤庆府（今鹤庆县）蒲草塘银厂、邓川州（今洱源县）沙涧银厂、开化府（今文山市）黄龙银厂、河西县（今并入通海县）泚革银厂、新平县方丈银厂、大姚县惠隆银厂、云南县（今祥云县）金龙银厂、开化府马腊底银厂、中甸（今香格里拉市）古学银厂、建水州（今建水县）黄泥坡银厂、永昌府辖孟连（今孟连县）募乃银厂。

② 蒙自之锡：即个旧市所产锡。明、清个旧厂属蒙自县管辖。

③ 唐贡：未详。疑指唐代南诏贡献方物中的锡制品。

④ 响锡：扣之有声的锡称响锡，以不杂铅之故。明谢肇淛《滇略·产略》："锡则临安（明、清蒙自县均属临安府）者最佳。上者为芭蕉叶，扣之声如铜、铁，其白如银。"

⑤ 木邦土司：明顾祖禹《读史方舆纪要》，"木邦军民宣慰使司，古蛮夷地，本名孟都，又名孟邦。元至元二十六年，立木邦路军民总管府。明洪武十五年，改为木邦府。永乐初，改为宣慰使司"。新编《辞海》："万历三十四年（1606年），地入缅甸。清初再度内属，乾隆后又属缅甸。"地在今缅甸掸邦东北部地区。

⑥ 倭铅厂二：雍正《云南通志·课程》，"卑淅倭铅厂，坐落罗平州（今罗平县）地方。块泽倭铅厂，坐落平彝县（今富源县）地方"。

⑦ 铁厂二十：按雍正《云南通志·课程》记载，小东界铁厂在今大姚县，鹅赶铁厂在今南华县，只苴铁厂、马鹿塘铁厂、矣纳铁厂、河底铁厂、平地喷水滩铁厂、大麦地铁厂、三家铁厂、甲闷骂喇铁厂、双龙叠水铁厂在今武定县，白衣关铁厂、迷末铁厂在今易门县，三山铁厂在今陆良县，红路口锅铁厂在今马龙区，龙朋里上下铁厂、小水井铁厂在今石屏县，阿幸铁厂在今腾冲市，苴笼铁厂在今牟定县，法泥打矿山铁厂在今禄丰县。

⑧ 锡厂一：即个旧一厂。

金

金出于北金沙江，所谓"金生丽水"也[1]。淘洗得之，工费正等[2]。惟掘于平地，得金块大小而利赢。《滇志》所称丽江金沙江出金，姚安龙蛟江出金[3]，永宁府出金[4]，临安安南长官司出金[5]，金于滇出为多叶金、条金，咸萃于滇[6]，而累滇亦甚[7]。前明中使借采金、采宝[8]，并以虐滇，往往至于兆乱[9]，亦可以鉴矣。

滇南金厂三[10]：一在永北之金沙江，一在保山上潞江；一在开化之锡板。

---

① 金生丽水：《韩非子》，"丽水之中生金"。《明一统志》："金沙江古名丽水，源吐蕃（今西藏自治区）界犁石下，名犁水，讹犁为丽。流经巨津、宝山二州。江出沙金，故名。"宝山州，元置，故治在今玉龙县东二百四十里。

② 工费正等：意为淘洗沙金所得，与所费的工食费相当，无多盈利。

③ 姚安龙蛟江：万历《云南通志·地理志》"龙蛟江在大姚县北一百二十里，今名苴泡江。源出铁索箐，合姚州之连场、香水二河入金沙江"。按：大姚县明、清时均属姚安府，故本书正文作姚安龙蛟江。

④ 永宁府：明置。土官阿氏世袭，故又称永宁土府。清改永宁汛，民国改县佐，属永北县，即今永胜县。故治在永胜县北三百七十里。

⑤ 临安安南长官司：明临安府安南长官司在今文山市西一百四十里，清属开化府，今改文山市。

⑥ 萃：聚集。

⑦ 累滇：意为有害于云南人民。本书作者檀萃所著《农部琐录》云："金出于金沙江，岸土照耀，洗之得金，汤浪（在禄劝县东北大江南岸）江心有石，水漩成涡，时获麸金，不用淘汰。然时有时无，惟值采者之运，不可恒也。胜国贡金之害，为滇大累。"

⑧ 中使：太监。

⑨ 兆乱：清冯甦《滇考》，"万历中，内监杨荣复以督理矿务至，几开边衅，竟为乱军所击死。内监之贻害，良非独一时云"。此句指太监欺压人民，引起骚乱，应以为戒。

⑩ 金厂三：雍正《云南通志·课程》，"金沙江金厂，坐落永北府（今永胜县）地方。上潞江金厂，坐落保山县（今保山市）地方。锡板等金厂，坐落开化府（今文山市）地方"。

又案《续博物志》云①："生金出长傍诸山。取法，以冬或春，先于山腹掘坑，方夏水潦荡②，沙泥土注之坑，秋始披而拣之③。有得片块，大者重一斤或二斤，小者不下三四两。先纳官十之八④，余许归私，仍累劳效⑤，免征赋。麸金出丽水河赕川。有罪，送淘金所，最为重役。会同川银山出银矿⑥，私置冶，官收十之三。诺睐川有锡山出锡⑦。"彼时滇不入宋版图，而能详之若此，则《李志》胜《范志》矣⑧。李与范同时人，俱南渡以后。

玉

玉出于南金沙江⑨，江昔为腾越所属，距州二千余里。中多玉，夷人采之⑩，搬出江岸，各成堆，粗矿外护，大小如鹅卵石状，不知其中有玉并玉之美恶与否。估客随意贸之⑪，运至大理及滇省⑫，皆有作玉坊⑬，解之见翡翠⑭，平地暴富矣。其次，利虽差而亦赢。最下，则中外尽石，本折矣。毡包席裹，远运而来，有贵

---

① 续博物志云：文见宋李石《续博物志》卷七。
② 潦荡：奔流淹没。
③ 披而拣之：翻掘拾取。
④ 纳官：交给官府。
⑤ 仍累劳效：仍然要继续去采金以报效官府。
⑥ 会同川：在今四川省会理县北。
⑦ 诺睐川：疑即诺水。诺水在四川省通江县西。
⑧ 李志：指李石《续博物志》。范志：指范成大《桂海虞衡志》。
⑨ 南金沙江：独龙江南流至缅甸孟养一段称南金沙江，中国古称大金沙江。全江称伊洛瓦底江。
⑩ 夷人：土著民族人。
⑪ 估客：商人。贸：购买。
⑫ 滇省：云南省简称滇省。此处指云南省会昆明。
⑬ 作玉坊：加工玉石的手工业作坊。
⑭ 翡翠：绿色美玉。

而置之密室，或贱而弃之篱落，且用以拒门。然珍者解开，转成白石，贱者解开，反出翡翠，虽老于作玉者不能预定，此卞和所以泣也①。其琢成器皿，无所不备，而如意为大②，且以充贡。往时王少公吏顺宁③，徒于滇行医④，且作玉。近者孙汉辅、骆思侨二老，亦爱作玉，每至其寓，玉物盈几案间，亦足以悦目也。钦其宝，惜未详询其名，见鄙人之疏且陋耳。王少公，姑苏王文恪公之后⑤，今已归。汉辅，补山相国弟⑥。思侨之子廷桂，则从予游者也⑦。

按南金沙江，即《禹贡》之黑水⑧。江之自出⑨，包西藏而上通甘肃，所谓"雍望"者，应在于甘肃，言雍州望以为祭者也⑩。故雍、梁二州，皆以黑水为界，犹兖、豫、雍共界河⑪，徐、扬共界淮耳⑫。后儒谓有两黑水，岂淮、河亦有两哉？雍州之贡，球、琳、琅玕⑬。梁州之贡，璆、铁、银、镂、砮、磬⑭。周制合梁于

---

① 卞和：春秋楚国人。曾得玉璞献给楚王，被认为虚假，先后被砍去双脚。抱璞哭于楚山下，楚文王使人雕璞得玉，称为和氏之璧。详见《韩非子》。

② 如意：古人搔背痒的器具名如意，以其搔痒可如人意，故名。

③ 吏顺宁：在顺宁为官吏。

④ 徒：往来出入。

⑤ 王文恪公：明王鏊，字齐之，姑苏（今苏州市）人。成化间乡、会试第一，授编修。正德间，官至文渊阁大学士，卒谥文恪。著有《姑苏志》等书。

⑥ 补山相国：清孙士毅，字智治，别号补山，仁和（今杭州市）人。乾隆进士，官至文渊阁大学士。著有《百一山房文集》等书。

⑦ 从予游：从学谓之从游，意即学生，骆思侨之子廷桂为檀萃弟子，故云。

⑧ 禹贡：《尚书》篇名。黑水：《禹贡》有"华阳黑水惟梁州"句。黑水的解说不一，此处作者认为即南金沙江。

⑨ 江之自出：长江所从出，意即长江上游。

⑩ 雍州望以为祭：甘肃为雍州。古人祭祀名山大河，虽不亲至其地，每遥望而祭，呼为"望祭"。雍州遥祭黑水，故称"雍望"。

⑪ 共界河：共同以黄河为边界。

⑫ 共界淮：共同以淮河为边界。

⑬ 球、琳、琅玕：《尚书·禹贡》，"黑水西河惟雍州，……厥贡惟球、琳、琅玕"。注云："球、琳皆玉名。琅玕，石而似玉。"

⑭ 璆、铁、银、镂、砮、磬：《尚书·禹贡》，"华阳黑水惟梁州。……厥贡璆、铁、银、镂、砮、磬"。注云："璆，玉名。镂，钢铁。"按：璆，与球同，玉之美者。镂，钢铁，质硬，可镂刻，又名紫磨金。砮，石名，可作箭镞。磬，磬石，扣之有声，可作磬。

雍①，滇于《禹贡》属梁州，于《职方》属雍州②，想古时黑水，上流必巨，采玉者多于其中，故球、琳、琅玕，尽为雍州之贡。梁但贡璆、磬，由玉出之少耳。自上流渐湮，所谓黑水者，其流甚细，又时隐时见，几无从脉其源流，而江之精珍，随水而下，尽归于梁州。滇南正界大金沙江，故出玉为盛。凡滇产诸玉，皆当日球、琳、琅玕与璆、磬之遗也。《职方》亦云："其利玉石。"则采玉改玉，为民利所贯同③。今川、陕不闻有玉，玉出黑水之大金沙江。脉水道者④，得吾说而存之，其亦可以谈禹迹也夫⑤。

琥　珀

琥珀⑥出永昌。地中有琥珀，旁不生草，掘深八九尺即得之。其大如斛⑦，削去外皮，中即琥珀。土玛瑙⑧，出永昌哀牢山支岭。琥珀、玛瑙，字皆从玉，则亦玉类也。《本草》以琥珀入木部，谓

① 周制：周代的体制。
② 职方：《周礼·职方》。
③ 贯同：贯同惯。贯用即习惯相同。
④ 脉：脉络。此处意为研究。
⑤ 禹迹：禹治洪水，足迹遍于九州，故称九州为禹迹，此处意为全中国舆图地理。
⑥ 琥珀：矿物名，一作虎魄，又名江珠。《新纂云南通志·物产考》："琥珀，第三纪松柏科之树脂，埋没地下，亦一种炭化水素族也。为非晶质之固形圆块，光泽似脂肪，色蜡黄、蜜黄或赤褐，透明或不透明，摩擦之显电气性。上等者可制装饰品，其次可制珀粉，入药供用。滇唯腾冲产者最著名，丽江亦产之。"
⑦ 斛：量器名。古以十斗为斛。
⑧ 土玛瑙：明谢肇淛《滇略·产略》，"玛瑙出永昌之哀牢山，红白二色，其相间者谓之缠丝。又有土玛瑙，其色微红，而坚不足"。

松化菟丝，下有茯苓，转成琥珀也①。今云削皮，殆其然欤？

白玉、翠玉、黑玉

白玉、翠玉、黑玉出蛮莫土司②。琥珀之属出孟琪土司③。宝石、宝沙、碧霞玺之属，出猛密土司④。

宝　石

宝石，即《汉书·哀牢传》所谓光珠⑤，出于猛密土司之宝井⑥。井有数处，夷人环屋围之。取得佳者，缅酋持去⑦。元时谓

---

① 松化菟丝，下有茯苓，转成琥珀也：《本草纲目·琥珀》（陈）承曰，"诸家所说茯苓琥珀，虽有小异同，皆云松脂所化。但茯苓、茯神，乃大松摧折或砍伐，而根瘢不朽，津液下流而结成，故治心肾，通津液也。若琥珀乃是松树枝节荣盛时，为炎日所灼，流脂出树身外，日渐厚大，因堕土中，津润岁久，为土所渗泄，而光莹之体独存，今可拾芥，尚有黏性，故其虫蚁之类，乃未入土时所黏者。二物皆自松出，而所禀各异。茯苓生于阴而成于阳，琥珀生于阳而成于阴，故皆治营安心而利水也"。后晋张华《博物志·药物》："《神仙传》：'松柏脂入地千年，化为茯苓，茯苓化为琥珀。'今泰山出茯苓而无琥珀，益州永昌出琥珀而无茯苓。"按茯苓转成琥珀说出晋葛洪《神仙传》，不出《本草纲目》，本书误。
② 蛮莫土司：蛮莫安抚司，明万历十三年设，为十八司之一，属永昌府。土目思氏。旧为猛密分地，邻近干崖、陇川。
③ 孟琪土司：孟琪宣抚使司，清乾隆三十四年设，浑觉。邻近干崖、木邦。
④ 猛密土司：又称孟密。孟密安抚司，明成化二十年设，土目思氏，邻近木邦、猛卯。
⑤ 汉书：指《后汉书》。光珠：《后汉书·哀牢传》："出铜、铁、铅、锡、金、银、光珠。"
⑥ 宝井：《明史·土司传》，"孟密有宝井"。按：孟密即密，宝井即抹谷，今缅甸曼德礼区抹谷县即孟密故地。
⑦ 缅酋：缅甸头目。按：孟密当时为缅甸占据，故云。

之凸凹石。以红刺为上品，重一两二钱，值钞十四万锭①。用嵌帽顶，累朝宝重②。其次，淡红色娇曰刺，深红石薄色娇曰避者达，黑红曰苦刺泥，红带黑黄曰古木兰，凡四品。张含谓："须以红透者为宝③，尝于王太监处见之，比软红则黑，比硬红则干。"以予在滇所见，皆苦刺泥也，而价且巨万矣。

碧霞玺

碧霞玺④，一曰碧霞玭，一曰碧洗，皆宝石之类，出猛密土司中。五色俱有，以深红透水为最，紫、黄、绿间白色者次之，白黑二色最下。

碧 瑱

碧瑱⑤，出孟养土司⑥。

---

① 钞：元代货币，以纸为之，可以代钱，略如今的纸币。锭：银块称锭。元钞大小不一，钞面书明值银之数，故称钞锭。

② 累朝：历朝。各朝各代之意。

③ 张含：字愈光，永昌卫人，明正德进士，官吏部郎中，著有《禺山文集》等书。此处所引张含言亦见乾隆《腾越州志·土产》，言者乃张含父张南园，与此异。

④ 碧霞玺：乾隆《腾越州志·土产》，"碧霞玺则与中土开厂同，有凿洞得佳者即为旺洞，转售于外可发财。凿而不得或得而非佳者，即财命随之俱尽"。

⑤ 碧瑱：即碧玉。清陈鼎《滇黔纪游》："腾越出碧玉。"

⑥ 孟养土司：孟养军民宣慰使司，明永乐二年设，土目刀氏。邻木邦、孟密。《明一统志》孟养军民宣慰使司条土产下列有碧瑱。

印　红

印红，亦宝石之类，方径不过数分^①，投之大水缸中，红光即映满缸。以嵌冠上，临阵则矢石俱不能及，敌人望之，如见仙佛圆光^②，皆惊怖，此其所贵也。

豪猪牙

豪猪牙，亦宝石之类，取形似而名也。临阵时以挂胸前，矢石不能及，故蛮方贵之。甚至以诸宝嵌于头顶及身，以豪长于诸部，在得所用之耳。今居中国而不得所用，何为求之哉？张君《记》云："宝井在阿哇国界^③，井深寒，蛮服砒始敢下^④，取石子满囊，负以上，寒战欲绝。每袋谓一卟（原注：精改切）^⑤，索价甚昂，江右客买之^⑥。"是时客犹得至也，而今不能矣。

---

① 方径：球体直径。
② 圆光：传说仙佛菩萨顶上放出圆形光圈，称为圆光。
③ 阿哇国：无考。阿哇疑即阿瓦。阿瓦为缅甸旧都，其国与云南边境各土司地接界。
④ 砒：一名信石，俗称砒霜。《本草纲目·砒》时珍曰："砒性猛如貔，故名。惟出信州，故人呼为信石。"
⑤ 卟（读若碑）：亦作砵。清彭崧毓《缅述》："计物之轻重者。一分谓之蕊，四蕊为一拇，十拇为一甲，十甲为亢，十六为一砵。"
⑥ 江右：江西省称江右，谓在长江以西。

软　玉

软玉[①]，出丽江摸拔山[②]，若碧玉[③]，若沉香[④]，琢为酒器及水注[⑤]，甚佳。又出墨玉[⑥]，作念珠[⑦]，且充贡。

珠

珠出金沙江，江岸有濮人冢[⑧]，冢不闭户，其中多珠，然不可取，取之不祥。往尝客粤东，多见珠，珠由番舶至，大抵皆蚌珠也。珠产不同，或出于山，或出于水。滇中宝石，古多光珠，岂剖自蚌呼？左思《赋》称中有"江珠瑕英"[⑨]，次于金、碧、火井

---

① 软玉：《新纂云南通志·物产考》，"滇产玉石分软玉、硬玉两类，均为硅酸复盐。软玉则由辉石变质而成，新火山岩中有之。结晶质密，或为块状，硬度五五乃至六。亚透明，或灰绿，略有脂光。腾冲、丽江均产之，俗名羊脂玉。可供装饰，或琢为佛像"。

② 丽江：旧府名，今丽江市。

③ 碧玉：《新纂云南通志·物产考》，"碧玉色碧，结晶极微，全不透明，殆因含有黏土之故"。

④ 沉香：香名，参见本书《志香》沉香条及注。此处言软玉若沉香，盖以沉香树的青色形容软玉的颜色。

⑤ 水注：文具名。以玉石或陶器制成如小匙，用之注水于砚，亦名砚滴。

⑥ 黑玉：黑色玉石。乾隆《腾越州志·物产》："蛮莫所产曰白玉、翠玉、墨玉。"宋杜绾《云林石谱》："西蜀诸山，多产墨玉。"

⑦ 念珠：俗称数珠。读经诵佛时用的珠串，每串百八颗、五十四颗、二十七颗、十四颗不等。僧人每以手持之或挂于项颈。

⑧ 濮：旧种族名。参见本书《志蛮》蒲人条及注。按：《左传》文公十六年疏云，"建宁郡南有濮夷，无君长总统，各以邑落自聚，故称百濮"。

⑨ 左思《赋》：晋左思《蜀都赋》。江珠瑕英：见《蜀都赋》，李善注引《博物志》曰："琥珀，一名江珠。"刘渊林注曰："瑕，玉属也。"意为江珠乃玉之精英。

后①，则滇未尝不产珠也。

丹　砂

丹砂②，出于迤西③，左思所称④。永平之西里有朱砂厂⑤。

汞

汞，即今水银⑥，滇中亦有水银厂⑦。

---

　　①　次于金、碧、火井后，意为"江珠瑕英"句，在"金、碧、火井"句之后，可见云南产珠。原句云："金马骋光而绝景，碧鸡倏忽而曜仪。火井沉荧于幽泉，高焰飞煽于天垂。其间则有琥珀丹青，江珠瑕英，金沙银铄，符彩彪炳，晖丽灼铄。"
　　②　丹砂：即朱砂，《新纂云南通志·物产考》，"水银本为液状之金属，但自然产出者极稀，普通多与硫磺化合，构成朱砂，故其成分为硫化水银。色深红，有时为小结晶，但一般为粒状、土状"。
　　③　迤西：此处泛指云南西部地区。
　　④　左思所称：晋左思《蜀都赋》有句云，"丹砂赩炽出其坂"。
　　⑤　永平：永平县，属大理白族自治州。
　　⑥　水银：汞之通称。《本草纲目·水银》时珍曰："其状如水似银，故名水银。"
　　⑦　滇中水银厂：《新纂云南通志·物产考》表列云南水银产地之著名者有，永平西里，漾濞西区老厂沟，邱北洗马塘岩，泸西五槽乡石腊山，丽江喇波罗，永善蒿芝坝，保山归仁乡、何元寨、老营、白家堡、何家山，文山江那镇、麒麟山、义成厂，宁洱那圈，云龙西北乡、青豆厂、师里等处。

空　青

空青①，今名大青、曾青，滇中以为颜料，贡大青出姚安②，石青、石绿俱出定远③。响石出楚雄④。白龙、寨子有石绿、石青课⑤。

盐

盐附于《志金石》部后者，从《本草》例以盐入石部也。滇南大政，惟铜与盐，盐皆井盐，设提举司三⑥。其不归提举者归州、县官。黑井、白井井各五⑦，琅井一⑧。黑盐归省店⑨，行二十一州、

---

① 空青：《本草纲目·空青》《别录》曰，"空青生益州山谷及越巂山有铜处。铜精熏则生空青"。

② 贡大青：大青之充贡者。《本草纲目·扁青》时珍曰："今之石青是矣，绘画家用之。其色青翠不渝，俗呼为大青，楚、蜀诸处亦有之。"

③ 定远：旧县名，今牟定县，属楚雄彝族自治州。

④ 响石：雍正《云南通志·物产》，"楚雄府响石，出文殊山。声清越。可为磬"。

⑤ 白龙、寨子有石绿石青课：雍正《云南通志·课程》，"寨子山等厂石绿矿课。白龙厂石青矿课"。按：寨子山铜厂在易门县，今属玉溪市。白龙铜厂在宁洱县，今属普洱市。石绿、石青均产铜矿中。

⑥ 提举司三：清初设黑井、白井、琅盐井三提举司。同治十三年，改琅盐井提举为石膏井提举，并移提举驻扎石膏井。

⑦ 黑井五井：大井、东井、复隆井、新井、沙卤井，均在今牟定县。白井五井：观音小石井、旧井、乔井、界井、灰尾井，均在今姚安县。

⑧ 琅井一：琅井一井，在今牟定县。

⑨ 省店：省会所设总盐店。

县^①，商贩销。白、琅盐行二十六州、县^②，官督销，统归三提举^③。云龙井八^④，行八州、县^⑤；安宁井五^⑥，行三州、县^⑦，归州牧征；阿陋井十一^⑧，行二府、县^⑨，归大使征^⑩；景东井四^⑪，行五处^⑫，归厅征^⑬；弥沙井二^⑭，行二处^⑮，大使征^⑯。只旧、草溪各

---

① 二十一州县：嵩明、晋宁、昆阳（今并入晋宁区）、呈贡、宜良、南宁（今曲靖市）、沾益（今并入曲靖市）、马龙、陆凉（今陆良县）、罗平、寻甸、平彝（今富源县）、河阳（今澄江市）、路南、江川、广西（今泸西县）、弥勒、师宗、广南、会泽、宣威。

② 二十六州县：白井二十一州、县，大和（今大理市）、云南（今祥云县）、赵州（今大理市凤仪镇）、宾川、永北（今永胜县）、楚雄、镇南（今南华县）、南安州（今双柏县）、定远（今牟定县）、广通（今并入禄丰市）、姚安、大姚、鹤庆、蒙化（今巍山县）、和曲（今武定县）、禄劝、元谋、罗次（今并入禄丰市）、禄丰、易门、富民。琅井六州县：建水、阿迷（今开远市）、宁州（今华宁县）、通海、河西（今并入通海县）、新兴州（今玉溪市）。

③ 统归三提举：完全由三提举司管辖。

④ 云龙井八：云龙，今云龙县，属大理白族自治州。八井：金泉井、诺邓井、石门井、大井、师井、顺荡井、山井、天耳井。

⑤ 八州县：保山、腾越（今腾冲市）、永平、邓川（今并入洱源县）、浪穹（今洱源县）、剑川、鹤庆、云龙。

⑥ 安宁五井：洪源井、大界井、石井、鹅井、新河井。

⑦ 三州县：新兴州、安宁、嶍峨（今峨山县）。

⑧ 阿陋井十一：奇兴井、大井、猴井、吧喇井、罗木井、丰际井、十二丁井、袁信井、纳甸井、袁朝奉井、改版井。阿陋井在广通县，今并入禄丰县。

⑨ 二府县：开化府（今文山市）、蒙自。

⑩ 大使：阿陋井设有盐课司大使一员。

⑪ 景东：今景东县，属思茅地区。四井：磨外井、磨腊井、大井、小井。

⑫ 五处：母东府境，楚雄府属永胜厂，镇南州属鼠、虎二街，南安州属碍嘉，蒙化府属南涧（今南涧县）。

⑬ 厅征：景东府同知带征盐课。

⑭ 弥沙井二：弥沙井、桥后小井。弥沙井在剑川县。

⑮ 二处：鹤庆府属观音山、上牛街、石牌坪；剑川属观音阁、沙溪、石曲。

⑯ 大使：弥沙井设有盐课司大使一员。

一①，行二处②，阿陋大使兼管。按版四③，恩耕七④，抱母九⑤，香盐十一⑥，丽江七⑦，磨黑七⑧，猛野二⑨，乌得四⑩，或由州、县官与大使，或听民自销上课⑪，此其大较也⑫。

考雍正间额，煎盐二千七百二十八万七千四百余斤，正课银二十七万八千余两⑬，盈余银共四万七千七百余两⑭，如是而已。后来公私交迫，总归盐铜⑮，加煎加销，至余于倍⑯。盐政大坏，民力不堪，奸民乘之而起，围城捆官，剐眼投火，总以盐为借口。此有盐地方所以愈不可为也。

窃维滇南辽阔，其幅员可以包乎江、浙两省，而地丁钱粮⑰，

---

① 只旧草溪各一：只旧井在武定县，草溪井在元谋县。

② 二处：蒙自、阿陋井。

③ 按版四：按版井在镇沅县。四井：大井、二井、茂庆井、茂帕井。

④ 恩耕七：恩耕在镇沅县。恩耕有七井，均称恩耕。

⑤ 抱母九：抱母在景谷县。抱母有九井，均称抱母。

⑥ 香盐干一：香盐并在景谷县。十一井：香盐井、茂腊井、平寨井、习孔井、漫卡井、蛮宏井、回子井、马家井、蛮窑井、猛戛井、茂蔑井。

⑦ 丽江七：丽江有七井。下井四：岩古井、细泥井、淡井、火须井。高先井三：咸水井、淡水井、日期井。

⑧ 磨黑七：磨黑井在普洱市。磨黑井分磨黑、磨弄二区，共七井。

⑨ 猛野二：猛野井在元江县。二升：猛野井、磨铺井。

⑩ 乌得四：乌得井在普洱府宁洱县，光绪二十一年中法续界务专条将乌得、猛乌划归越南，今属老挝。四井：乌得井、猛乌井、磨者井、整董井。

⑪ 自销上课：民人自购自销，上纳盐课。

⑫ 大较：大概情况。

⑬ 正课：课，税金。正课，朝廷正式规定征收的税额。

⑭ 盈余：除正课税额外，多收得的超额税金。盈余有两种：一为正额盈余，即各井照分配额煎盐而长出的盐数所征的税金；一为额外盈余，即各井于正额外又令其多煎盐数所征的税金。

⑮ 总归盐铜：一律从盐课、铜课上设法筹措。

⑯ 余于倍：一倍以上。

⑰ 地丁钱粮：地，地赋，即田粮税。丁，丁赋，即人口税。清雍正时，以丁赋摊入地赋，合计征收，名为地丁。钱粮、地丁所征的税，或收银，或收实物，故统称钱粮。

曾不及大府之一①。江、浙山郡甚多②，亦如滇南，而赋役悬殊者，则不均之故也。地方官无漕粮出办③，不得不假盐课以转动之④，大吏又视行盐之区为利薮⑤，官累日深，民怨滋起，职是之故。

夫滇之兵米⑥，仅足养兵，犹且不支，盐课银以支兵饷与官俸，犹且不足，岁仰于各省协济，银累巨万。疲内郡以济边方，几成为瓯脱无用之地⑦。惟开滇时，田赋甚轻，数百年来，相习以为固然，一旦清厘⑧，其势有不能行。况于盐务，略一加煎加派，群呼而起，祸几不测。方今正额且不能销，所加化为乌有。愈贪者愈贫，由计之不审也⑨。惟是因仍原额，与之休息，尚可以支撑，故详志诸井，使有所考焉。

井　神

井神，龙也。雍正二年⑩，封灵源普泽龙王⑪。

---

① 大府：府，明、清时省下一级的行政单位，下辖若干州、县。大府，较大的府。

② 山郡：多山的府县。

③ 漕粮：明、清时除征收地丁外，于山东、河南、浙江、江苏、安徽、湖北、湖南等省，另征收豆米，水运京师，谓之漕粮。

④ 转动：调剂。

⑤ 利薮：利益所在之处。

⑥ 兵米：明、清时在云南所征的地丁钱粮，大多征收粮食，以供军用，俗称兵米。

⑦ 瓯（读若沤）脱：《史记·匈奴传》，"东胡与匈奴间，中有弃地莫居千余里，各居其边，曰瓯脱"。后遂沿称边境无主管之地为瓯脱。

⑧ 清厘：清理，彻底调查清楚。

⑨ 不审：考虑不周到，有缺点错误。

⑩ 雍正：清世宗年号。雍正二年为公元1724年。

⑪ 封灵源普泽龙王：雍正《云南通志·课程》，"（雍正二年）巡抚杨名时以盐课充裕，民食有赖，请加各井龙神封号。奉旨：敕封灵源普泽龙王，春秋致祭"。

人头盐

白井盐甚白，名人头盐，团盐也①。经女手始成②。

锅　盐

安丰井黑③，名锅盐，重百二十斤。

砖　盐

黑井盐亦黑，为锅盐，或模成砖，名砖盐，以馈送④。

宁洱饴盐

宁洱有盐⑤，红而甘甜，殆饴盐也⑥。生于戎地，即戎盐

---

① 团盐：圆形盐块。

② 经女手始成：意为团盐由女工用手加工而成。乾隆《白盐井志·盐灶节》："团时多出女手。"

③ 安丰井：在姚安县境，清乾隆七年开。按：此处"井"字下依上下条例，疑漏一"盐"字。

④ 馈送：作为礼品馈赠。

⑤ 宁洱：旧县名，今属普洱市。

⑥ 饴盐：《本草纲目·食盐》时珍曰，"饴盐，以饴拌成者。或云生于戎地，味甜而美也"。

也①。故崖盐生于山崖②，戎盐生于土中，伞子盐生于井③，石盐生于石④，木盐生于树⑤，蓬盐生于草⑥。今出口外行数千里⑦，有古长城，非秦筑之长城也。城壁生盐如水晶，甚甘，即水晶盐也⑧。皆石气之所散见，古人入盐于石部，以此。

云南文库·大家文丛

① 戎盐：《本草纲目·戎盐》时珍曰，"按《凉州异物志》：'姜赖之墟，今称龙城，刚卤千里，蒺藜之形，其下有盐，累棋而生。出于胡国，故名戎盐'"。
② 崖盐：《本草纲目·食盐》时珍曰，"刮取碱土煎炼而成，阶成凤川所出，皆崖盐也。生于土崖之间，状如白矾，亦名生盐"。
③ 伞子盐：《水经·江水注》，"朐忍县翼带井一百所，巴川资以自给。粒大者方寸，中央隆起，形如张伞，故因名之曰伞子盐"。
④ 石盐：又名光明盐。《本草纲目·光明盐》（苏）颂曰："今阶州出一种石盐，生山石中，不由煎炼，自然成盐，色甚明莹，彼人甚贵之，云即光明盐也。"
⑤ 木盐：《本草纲目·食盐》时珍曰，"木盐生于树"。《本草纲目·盐麸子》（陈）藏器曰："蜀人谓之酸桶，亦曰酢桶，吴人谓之盐麸，戎人谓之木盐。"
⑥ 蓬盐：《本草纲目·食盐》时珍曰，"蓬盐生于草"。
⑦ 口外：谓长城以外地区。西北边徼关隘，多以口名，故关外亦称口外。
⑧ 水晶盐：结状如水晶之盐，即天然盐。

志香第三

《范志》云①："广东香自舶来，广右香产海北②，惟海南胜③。"滇中诸土司皆海南地④，故所出皆滇本境也。

藏　香

藏香出中甸⑤，中甸多喇嘛⑥，黄教、红教⑦，尽居于此，成村

---

① 《范志》云：见范成大《桂海虞衡志·志香》小序，原文云，"广东香自舶上来，广右香产海北者亦凡品，惟海南最胜"。

② 海北：南海之北。广西地处南海北方，故云。

③ 海南：南海之南，今南洋群岛各地。

④ 滇中诸土司皆海南地：按云南距海甚远，滇中土司部分有与广西接壤者，亦不能称为海南地。盖作者当时对云南地理位置缺乏正确概念，故有是说。

⑤ 藏香：西藏所制的香。《燕京岁时记》："所谓藏香，乃西藏所制。其味浓厚，得沉、檀、芸、绛之全，每届岁除，府第朱门，焚之彻夜，檐牙屋角，触鼻芬芳，真香中之富贵者也。"中甸：今香格里拉市，属迪庆藏族自治州。

⑥ 喇嘛：内蒙古、青海、西藏等处，通称男子出家人为喇嘛。此处专指喇嘛教。喇嘛教为佛教派别之一，唐时自印度传入西藏，至今以西藏为该教中枢。

⑦ 黄教、红教：喇嘛教有新、旧二派，旧派衣红，亦称红教；新派衣黄，亦称黄教。红教创立于唐睿宗时，其开祖为印度莲花生上师。至元中叶而后，红教渐衰，且多流于妖妄。明永乐间，宗喀巴创立黄衣派，教旨与红衣派同，惟矫正红衣派之流弊，尊尚德行戒律。见明俞汝楫《礼部志稿》。

落，且出活佛①。少长②，藏僧来访，以厚币迎归，主其藏③。甸人能作此香，如线香④，甚纤细，长二尺，百茎为束⑤。滇中贵之，以为通神明。凡房帏产厄⑥、天花危笃⑦，焚此香即平安。

白檀香

白檀香⑧，出八百大甸土司⑨，即旃檀⑩。

安息香

安息香⑪。亦出八百大甸土司，古八百媳妇地。

---

① 活佛：西藏之达赖喇嘛、班禅喇嘛、胡图克图大喇嘛等，传能世世自在转身，永掌其职位，世称活佛。

② 少长：少同稍，"少长"谓年纪略大。

③ 主其藏：为西藏的主宰者。

④ 线香：以香屑制成细长如线之香。

⑤ 百茎为束：一百根为一束。

⑥ 产厄：难产。

⑦ 天花：病名，天然痘也。危笃：病情危急。

⑧ 白檀香：《本草纲目·檀香》时珍曰，"叶廷珪《香谱》云：'皮实而色黄者为黄檀，皮洁而色白者为白檀，皮腐而色紫者为紫檀。其木并坚重清香，而白檀尤良。宜以纸封收，则不泄气。'"

⑨ 八百大甸土司：旧名八百媳妇国，明初内附，改设八百大甸军民宣慰司。八百大甸居景迈，为大八百。八百者乃居景线，为小八百。今均属泰国。

⑩ 旃檀：即檀香。《木草纲目·檀香》时珍曰："檀、善木也，故字从亶。亶，善也。释氏呼为旃檀。"参见木书《志草木》桂条。

⑪ 安息香：以安息香树脂制成。《本草纲目·安息香》时珍曰："此香辟恶，安息诸邪，故名。或云：安息，国名也。梵书谓之拙贝罗香。"

木　香

木香①，出车里土司，古产里也②。名早见《周书·王会》，今属普洱③。《别录》云④："木香生永昌山谷。"

沉　香

沉香⑤，亦出车里土司。

胜沉香

胜沉香⑥，出河西县⑦，即紫檀香，谓比沉香为胜，故名之。

---

①　木香：《本草纲目·木香》时珍曰，"木香，草类也。本名蜜香，因其香气如蜜也。缘沉香中有蜜香，遂讹此为木香耳。昔人谓之青木香"。

②　产里：古国名。《逸周书·王会解》："伊尹四方之令曰：'正南瓯、邓、桂国、产里、百濮、九菌。'"注云："六者南蛮之别名也。"

③　普洱：旧府名，今属普洱市。

④　《别录》：梁陶弘景撰《名医别录》。

⑤　沉香：又名沉水香、蜜香。汉杨孚《异物志》："沉香出日南国。欲取，先砍树坏，著地积久，外朽烂，其心坚者，置水则沉，名曰沉香。"

⑥　胜沉香：即紫檀香，亦名赤檀香。《本草纲目·檀香》时珍曰："云南人呼紫檀为胜沉香，即赤檀也。"

⑦　河西县：旧县名，今并入通海县，属玉溪市。

乳 香

乳香①，出老挝土司地②，老挝今名南掌，在九龙江外③。

西木香

西木香④，亦出老挝。交趾在东⑤，故以此为西也。

水乳香

水乳香⑥，出镇康州⑦。

---

① 乳香：《本草纲目·薰陆香乳香》时珍曰，"按叶廷珪《香谱》云：'乳香一名薰陆香，出大食国南。其树类松，以斧砍树，脂溢于外，结而成香，聚而成块。上品为栋香，圆大如乳头，透明，俗呼滴乳，又曰明乳。'"

② 老挝土司：康熙《云南通志·土司》，"老挝军民宣慰使司，其彝佩雕爪为饰，俗呼挝家，即古越裳氏，自周以后不通中国。明永乐三年，以方物入贡，始置老挝军民宣慰使司"。按：老挝旧称南掌，今老挝国，又称寮国。

③ 九龙江：在云南普洱市南，为澜沧江下游。自西北流绕，山势九岭相向，矫若游龙，故名。

④ 西木香：木香之一种，以产地在西方得名。

⑤ 交趾：旧郡名，汉置，故治在今越南河内，旧称东京州。

⑥ 水乳香：乳香之一种。《大明一统志》："镇康州土产水乳香。"

⑦ 镇康州：旧州名，今镇康县，属临沧市。

老柏香

老柏香①，取老柏肤内绛色者②，已成香矣，锯而饼之，厚寸余，再析而焚之，颇似檀香。省城多老柏，以其叶末之为条香、盘香。

末　香

末香③，即锯柏香之末也。以煨炉④，亦氤氲耐焚⑤。

降　香

降香，一名绛真香。详下⑥。

---

① 老柏香：以老柏木屑作香用者称老柏香，简称柏香。
② 肤内：树皮以内。
③ 末香：俗称香面。
④ 煨：用灰火烧。炉：香炉。以煨炉即用有灰火的香炉烧。
⑤ 氤氲：气盛貌。形容香烟摇曳而上。
⑥ 详下：见本书后文"降真香"条。

郁金香

郁金香①，一名草麝香，根即姜黄②，入酒为黄流③。

诸　香

以上诸香，皆出自滇产，志其实也④。《范志》诸香，曰沉水香，曰蓬莱香，曰鹧鸪斑，曰笺香，曰光香，曰沉香，曰香珠，曰思劳香，曰排草，曰槟榔苔，曰橄榄香，曰零陵香，凡香之品十有二⑤，其间多一物数名。下至于香珠、排草与零陵香⑥，皆妇女之所亵用者⑦，取之以与沉水并列，何轻重、贵贱、大小之不伦也⑧？

按沉水香一名沉香，一名蜜香。蜜香者，则香所出之本树也。

---

① 郁金香：《本草纲目·郁金香》（苏）颂曰，"许慎《说文解字》云：'郁，芳草也。'十叶为贯，百二十贯，筑以煮之，郁鬯乃百草之英，合而酿酒以降神，乃远方郁人所贡，故谓之郁。郁，今郁林郡也"。时珍曰："汉郁林郡，即今广西、贵州、浔、柳、邕、宾诸州之地。《一统志》惟载柳州罗成县出郁金香，即此也。"

② 姜黄：《本草纲目·姜黄》时珍曰，"姜黄、郁金、术药三物，形状功用皆相近"。是姜黄非郁金香根，本书误。

③ 黄流：宋罗愿《尔雅翼》，"黄流，酒之别名，一曰秬鬯。郁金香根芳香而色黄，古用以和酒"。

④ 志其实也：依实记载。

⑤ 香之品十有二：品，品类，名称。十有二，即正文所列十二品类，均范成大《桂海虞衡志·志香》所列出者。

⑥ 香珠、排草与零陵香：见《桂海虞衡志·志香》。《本草纲目·薰草零陵香》（陈）藏器曰："薰草即是零陵香，薰乃蕙草根也。"时珍曰："古者烧香草以降神，故曰薰、曰蕙。薰者，熏也。蕙者，和也。"

⑦ 亵用：亵，私服，里衣，亲身之衣。亵用意为私下使用。

⑧ 不伦：伦，相等，相类。不伦，不能同等相比。全句意为香珠、排草、零陵香为妇女私下所用，不能与沉水香高贵者相比，此盖作者迂腐之论，不足为训。

树如榉柳①，皮青，叶似橘②，隆冬不凋。花白而圆，实似槟榔③，大如桑椹④，出六种香：曰沉香，曰鸡骨香，曰桂香，曰戗香，曰黄熟香，曰马蹄香。六种香同出一树⑤，有精粗之异。第此树岭表俱有。傍海尤多，接干交柯。千里不绝。土人恣用，盖舍、架桥、饭甑、狗槽，皆用是物。木多如此，有香者百无一二。

　　盖木得水方结，多在折枝枯干中。或为沉，或为煎，或为青皮⑥。故香之等凡三：

　　一曰沉，入水即沉，谓之沉香。

　　二曰煎，一作戋，《范志》作笺。半浮半沉曰煎香，又曰甲煎。

　　三曰黄熟，香之轻虚，俗名速香。

　　入水则沉，其品凡四⑦：

　　一曰熟结，青脉凝结，自朽出者。

　　二曰生结，伐木仆地，膏脉流结。香成，削去白木，结成斑点，名鹧鸪斑。

　　三曰脱落，木析而结⑧。

　　四曰蠹漏，蠹蚀而结。

---

　　① 榉柳：木名。《本草纲目·榉》时珍曰："其树高举，其木如柳，故名。"
　　② 橘：果名，参见本书《志果》黄果条注。
　　③ 槟榔：果名，参见本书《志果》槟榔条注。
　　④ 桑椹：桑树的籽实。
　　⑤ 六香同出一树：《本草纲目·沉香》（苏）颂曰，"沉香、青桂等香，出海南诸国及交、广、崖州。沈怀远《南越志》云：'交趾蜜香树，彼人取之，先断其积年老木根，经年，其外皮干俱朽烂，心木与枝节不坏，坚黑沉水者即沉香也。半浮半沉，与水面平者为鸡骨香。细枝紧实未烂者为青桂香。其干为栈（戋）香。其根为黄熟香。其根节轻而大者为马蹄香。此六物同出一树，有精粗之异尔，并采无时'"。
　　⑥ 青皮：蜜香树枝浮于水上而色青者，亦香之一种。或谓即青桂香。
　　⑦ 其品凡四：《本草纲目·沉香》时珍曰，"沉香入水即沉，其品凡四：曰熟结，乃膏脉凝结自朽出者；曰生结，乃刀斧伐仆，膏脉结聚者；曰脱落，乃因木朽而结者；曰虫漏，乃因蠹隙而结者。生结为上，熟脱次之。坚黑为上，黄色次之。角沉黑润，黄沉黄润，蜡沉柔韧，革沉纹横，皆上品也"。
　　⑧ 木析而结：《本草纲目·沉香》作"木朽而结"，本书疑误。

故生结为上，熟结次之。坚黑为上，黄色次之。角沉黑润[1]，黄沉黄润，蚁沉柔利[2]，革沉纹横[3]，皆上品也。其他因形命名，为类至多，皆附沉香之上品者也。

煎　香

煎香分五类，《范志》作"笺香"：

一曰猬刺香，如猬皮栗蓬及蓑状[4]。去木留香，香钟于刺[5]。

二曰鸡骨香，细瘦如鸡骨。

三曰叶子香，状如叶子。

四曰蓬莱香，成片如小盆及大菌状[6]，有径二尺者，极坚实。

五曰光香，如山石，枯槎[7]。

黄熟香分三类[8]，俗讹为"速香"：

一曰生速香。

二曰熟速香。

三曰木盘，大而可雕刻。

是则蓬莱香、鹧鸪斑香、笺香、光香，总统于沉水香。《范

---

① 角沉黑润：角沉，形如普角而下沉者。黑润，色黑而滑润。

② 蚁沉柔利：《本草纲目·沉香》作"蜡沉柔韧"。二文意均难解，疑为细小如蚁状，或如白蜡游离下沉，久则凝聚成香，而其质则柔韧滑利也。

③ 革沉纹横：革即兽皮，意谓如兽皮状而下沉者，其纹理呈横向。

④ 猬皮栗蓬如蓑状：猬即刺猬，动物名。栗，恐惧。蓬，蒿草。栗蓬谓刺猬受惊时，其刺杂乱竖立如乱蒿。蓑，以棕制成的雨衣。

⑤ 钟：聚集。

⑥ 菌：俗称菌子。据清朱骏声《说文通训定声》称：菌有土、木、石三种。咀石菌生于石，木耳生于树，蘑菇生于地，三者皆可食。

⑦ 枯槎：干枯的树槎。

⑧ 黄熟香：沉香木置水中不沉者。宋洪刍《香谱》："速香出真腊者为上。伐树去木而取香者，谓之生速。木腐而香存者，谓之速熟。其树木之半存者，谓之暂香，黄而熟者，谓之黄熟。"参见上文沉香条注。

志》混而载之，略无所分别。又于沉水香之外，添出沉香，得非枝骈①？未可以其书之名重，不为考实，概附诸窈冥莫原也②。至所志之槟榔香、橄榄香，滇南土司多此二物，香应相同，故推松香、柏香例而附著之③。

槟榔香

槟榔香④，出西南海岛，生槟榔木上⑤，如松身之艾纳⑥。初爇极臭⑦，以合泥，香成温馨⑧，用如甲煎⑨，《范志》所谓西南海岛⑩，即云南诸土司地也。

---

① 枝骈：增赘旁出为骈。技骈即旁技赘出。
② 窈冥：深远难明。莫原：无可知其缘由。
③ 松香柏香：见本书《志草木》松、杉二条。
④ 槟榔香：槟榔木所成的香。
⑤ 槟榔木：《新纂云南通志·物产考》，"槟榔属椰子科，常绿乔木，温热带产，滇思、普沿边一带江边暖地特多，江城、个旧亦产……（果）皮即大腹子，另备药用。（果）肉即曝干之胚乳，切削成片，紫白两色，相间成纹。合以芦子、石灰、丁香、何首乌等人口咀嚼，能消瘴疬，即通常所云之槟榔也"。参见本书《志果》槟榔条注。
⑥ 艾纳：《本草纲目·艾纳香》志曰，"《广志》云：'艾纳出西国，细似艾。又有松树皮上绿衣，亦名艾纳。可以和合诸香，烧之能聚其烟，青白不散，而与此不同。'"
⑦ 爇，火烧。
⑧ 温馨：香名，即槟榔香和泥而成的香。
⑨ 甲煎：即煎香，参见上文以上诸香条。《桂海虞衡志·志香》槟榔香条作甲香。
⑩ 西南海岛：《桂海虞衡志·志香》槟榔香条，"'槟榔香'出西南海岛"。

云南文库·大家文丛

橄榄香

　　橄榄香①，其树脂也。脂如黑饴②，合黄连、枫脂为榄香③，有清烈出尘意④，《范志》以桂江之人能之⑤，宁云南而有不能？著之以俟其能。

降真香

　　滇人祀神用降香，故降香充市，即降真香也⑥，一名紫藤香、鸡骨香。焚之，其烟直上，感引鹤降。醮星辰⑦，烧此香为第一度

---

　　①　橄榄香：《木草纲目·橄榄》时珍曰，"橄榄树高，……其木脂状如黑胶者，土人采取，蒸之清烈，谓之榄香"。

　　②　黑饴：黑色胶脂如饴糖状。《本草纲目·橄榄》：（苏）颂曰，"其枝节间有脂膏如桃胶，南人采取合皮叶煎汁，熬如黑饴，谓之榄糖，用泥船隙，牢如胶漆，着水益干也"。

　　③　黄连：《木草纲目·黄连》时珍曰，"其根连珠而色黄，故名"。《新纂云南通志·物产考》："上帕贡山黄连，产于碧罗、高黎两大雪山之上，为本属重要药材，行销内地。旧系野产，以其值昂利厚，故怒、栗均提倡栽植之。此物向无籽种，系以根分苗而繁殖。"枫脂：即枫香脂，名白胶香。《本草纲目·枫香脂》时珍曰："枫香松脂，皆可乱乳香。其功虽次于乳香，而亦仿佛不远。"

　　④　清烈出尘：意为清香而又浓郁，似非人间香味。

　　⑤　《范志》以桂江之人能之：《桂海虞衡志·志香》橄榄香条下云，"桂林东江有此果，居人采香卖之，不能多得，以纯脂不杂木皮者为佳"。

　　⑥　降真香：《本草纲目·降真香》（李）珣曰，"仙传拌和诸香，烧烟直上，感引鹤降。醮星辰，烧此香为第一度篆，功力极验。降真之名以此"。

　　⑦　醮：僧道设坛祈祷为醮。星辰：古以二十八宿为星，日月之会为辰。此处泛指对天神祈祷。

篆①。李时珍谓云南及两广、安南、峒溪诸处有此香②，则降真香固滇产也。

麝　香

麝香③，出于滇南。麝别详于《志兽》④，兹特著其香。香多有假，而李石以三说辨其真⑤，谓"鹿群行山中，自然有麝气，不见其形为真香。入春，以脚踢入水泥中藏之，不使人见为真香。杀之取其脐，一鹿一脐为真香"。此三真者尽之矣。然前二真，得之良难，亦无所据以信于人，惟取脐为有据。然脐亦有作伪者，所谓刮取血膜，杂糁皮毛者是也。香客收麝，必于农部之鼠街⑥。余居农部久，未尝过而问之，即以于役行⑦，未尝将一麝⑧，恐以香气惹人寻索耳。

---

① 度篆：道家称设坛祈祷，可以获得天神的策令，则可如祈祷者的希望得到福祉。此种天神策令，称为度篆。后世引申此义，凡设坛祈祷，即称度篆。

② 李时珍谓句：见《本草纲目·降真香》条。原文云："今广东、广西、云南、安南、汉中、施州、永顺、保靖及占城、暹罗、渤泥、琉球诸番皆有之。"

③ 麝香：麝，一名香獐，亦名射父。《本草纲目·麝》时珍曰："麝之香气远射，故谓之麝。或云射父之香来射，故名，亦通。其形似獐，故俗呼香獐。"

④ 别详于志兽：本书后文《志兽》有麝专条。

⑤ 李石三说：见宋李石著《续博物志》卷三。

⑥ 鼠街：禄劝县集市名。

⑦ 于役：因公务外出。檀萃曾于清乾隆四十九年奉命运解滇铜赴京。

⑧ 将：携带。

雲南文庫·大家文叢

雀头香

雀头香①，香附之子。香附生水泽中，猪喜食之，俗呼为猪荸荠，滇池多有之。记之以待他日之为香者。

沉水香

沉水香如上所说出于蜜香树，而李石云②："太学同官有曾宦广中者③，谓沉香杂木也，朽蠹浸沙水，岁久得之。如儋、崖海道居民④，桥梁皆香材。如海桂⑤、橘、柚之木沉于水多年，得之即为沉水香。"《木草》谓为似橘是矣⑥。然生采之即不香也。以予客岭表数年，闻其人所说，亦如是语，恐此说为然也。

---

① 雀头香：《本草纲目·莎草香附子》时珍曰，"其根相附连续而生，可以合香，故谓之香附子。上古谓之雀头香。……有水三棱、水巴戟之名。俗人呼为雷公头"。

② 李石云：见宋李石著《读博物志》卷三。

③ 太学：即国学。宋于京师设有太学，凡八品以上之子弟及庶民之俊秀者，得入太学。宦于广中：在广东为官。

④ 儋：儋州，旧州名，今海南儋州市。崖：崖州，旧州名，今海南琼山区。

⑤ 海桂：即桂。以产于海南者质佳，故亦称海桂。参见本书《志草木》桂条注。

⑥ 本草谓为似橘：《木草纲目·沉香》（苏）恭曰，"沉香……木似榉柳，橘皮青色，叶似橘叶，终冬不凋"。

阿　魏

阿魏[1]，亦出于滇。唐李珣《海药本草》云[2]："阿魏是木津液，如桃胶状，色黑者不堪[3]。云南长河中，亦有如舶上来者，滋味相似一般，只无黄色。"据此，则滇中亦有阿魏矣。曰长河中，想亦从暹罗至缅甸而上金沙欤[4]？

龙脑香

龙脑香[5]，乃深山穷谷千年老杉[6]，土人解作板，板缝有脑，乃劈取之。大者成片如花瓣，即今冰片也，曰梅花冰片。清者名脑油。今金沙江板充路而来[7]，杉板也，纹作野鸡斑矣[8]，岂无藏缝之龙脑乎？记之以待劈之者。

---

① 阿魏：《本草纲目·阿魏》时珍曰，"阿魏有草、木二种，草者出西域，可晒可煎。……木者云南番，取其脂汁"。

② 李珣：唐肃宗时人，著有《海药本草》六卷，见《本草纲目·序例上》。

③ 不堪：不适用。

④ 上金沙：溯金沙江而上，指大金沙江，即南金沙江，参见本书《志金石》玉条注。

⑤ 龙脑香：《本草纲目·龙脑香》时珍曰，"龙脑者，因其状加贵重之称也。以白莹如冰及作梅花片者为良，故俗呼冰片脑，或云梅花脑。番中又有米脑、速脑、金脚脑、苍龙脑等称，皆因形色命名，不及冰片梅花者也。清者名脑油。《金光明经》谓之羯婆罗香"。

⑥ 杉：杉木。《本草纲目·杉》（苏）颂曰："郭璞注《尔雅》云：'黏（按：黏与杉通）似松，生江南，可以为船及棺材，作柱埋之不腐。'又人家常用作桶板，其耐水。"参见本书《志草木》杉条注。

⑦ 充路：充满路途，言其多也。

⑧ 野鸡斑：《本草纲目·杉》时珍曰，"其木有赤、白二种，赤杉实而多油，白杉虚而干燥，而斑纹如雉者，谓之野鸡斑，作棺尤贵。其木不生白蚁，烧灰最发火药"。

志酒第四

按《范志》谓："性不能饮而知酒。顷予仕于朝，历贵游家①，总未尝得名酒。使燕②，饮金兰酒而甘之。及来桂林，又饮帅司公厨之瑞兰③，乃尽其妙。"因志酒。然所志者，仅瑞露、古辣、老酒④，但三耳。予性爱饮，又谪居⑤，不复能择佳酒。有载而来问字者即饮之⑥，然喜饮烧刀酒⑦，于黄酒虽馈送盈于阶砌⑧，不复开，转以送人。盖烧酒名酒露，元初始入中国，中国人无处不饮乎烧酒，见黄酒反攒眉⑨。吴、越爱黄酒⑩，江右尚水白生酒。黄酒、今

---

① 贵游：指仕宦权势阶层，如今所谓上流社会。
② 使燕：范成大于南宋孝宗隆兴时，曾以起居郎假资政殿大学士充金祈请国信使至金之燕京（今北京市），故称使燕。
③ 帅司：宋于诸路置安抚司或经略安抚司，掌一路兵民之事，简称帅司。此处指广南西路经略安抚司。公厨：官家厨房。瑞兰：瑞兰酒，即瑞露。见《桂海虞衡志·志酒》瑞露条。
④ 古辣、老酒：见《桂海虞衡志·志酒》古辣泉条、老酒条。
⑤ 谪居：罢官闲居。
⑥ 载而来问字者：即携酒探访。宋陆游《小园诗》："客因问字来携酒。"
⑦ 烧刀酒：即烧酒。《本草纲目·烧酒》时珍曰："烧酒非古法也，自元时始创。其法，用浓酒和糟入甑蒸，令气上，用器取滴露，凡酸败之酒皆可蒸烧。近时惟以糯米或粳米，或黍、或秫、或大麦蒸熟，和曲酿瓮中，七日，以甑蒸取，其清如水，味极浓烈，盖酒露也。"
⑧ 黄酒：普通以糯粟酿造，其色淡褐，味略酸苦。种类甚多，以浙江绍兴产者最佳，故亦称绍兴酒。此处指一般市售黄酒。阶砌：庭院中的阶道，一般以石、砖砌成，故云阶砌。此处泛指庭院房屋。
⑨ 攒眉：心有不快，眉蹙不舒，称为攒眉。
⑩ 吴越：泛指今江、浙一带地区。

绍兴酒也。滇南之有绍兴酒，自孙潜村始①。

绍兴酒

绍兴酒，古箬下酒也②。取若邪溪水酿之，以箬封坛口而泥之③。虑其远行，或难久贮，焰石灰半盏入之④，故绍酒有灰而他酒无灰。今医书古方制药，辄曰用无灰酒⑤，是知绍兴已遍行天下，故方书以其有灰⑥，戒之曰用无灰酒也。坛面酒甚佳，饮之辄破腹⑦，由灰气浮于面耳。孙潜村居五华，知滇之吴井水似若邪⑧，因以绍兴之酿法为之，真绍兴酒也。以饷大吏及交好，每售辄数十坛，获大利，余则日与其徒乐饮酒。至今六七十年。云南有绍兴酒，由孙先生创之也。先生居滇南，开出文章、理学大风气，而豪饮之风，亦由以开，且留酒法于滇南，使小子后生时奉先生之遗

---

① 孙潜村：清孙见龙，字叶飞，又字潜村，浙江吴兴人，康熙进士，曾主讲云南省会五华书院。著有《潜村诗稿》《五华纂定四书大全》等书。参见后文绍兴酒条。

② 箬下酒：亦称若下酒、若下春、箬下春。箬，溪名，亦称若邪。以箬溪下箬水酿酒，称箬下酒。《湖州志》："箬溪在长兴县（属浙江省），溪生箭箬，南岸曰上箬，北岸曰下箬。土人取下箬水酿酒，味极醇美。"

③ 箬：筍籜皮，俗称笋叶。《本草纲目·箬》时珍曰："箬生南方平泽，其根与茎皆似小竹，其节籜与叶皆似芦获，而叶之面青，背淡，柔而韧，新旧相代，四时常青。南人取叶作笠及裹茶盐，包米粽，女人以衬鞋底。"

④ 焰：同炒，火干为炒。盏，小杯。

⑤ 用无灰酒：《本草纲目·酒》（寇）宗奭曰，"古方用酒，有……新旧无灰酒"。时珍曰："黄酒有灰，……不可入药。"

⑥ 方书：医家方剂之书。

⑦ 破腹：泻肚。

⑧ 吴井：康熙《云南通志·山川》，"吴井在（云南府）城东三里菊花村。其水独重，味甚甘洌"。吴井所在地今称吴井桥。

瓮，其即鲁国夫子瓮乎①？往时官场为豪举，酒之自绍兴来者，每坛十斤，值四、五、六金②。近来滇作渐佳，可敌绍作，故绍来渐少，值亦渐低，则先生之余爱也③。

白 酒

白酒煮鸡蛋④，亦浙客为之⑤，滇人士效之，今遂以为俗。每岁腊中⑥，人家各酿白酒，开年客至，必供白酒煮鸡蛋满碗，乃为亲密⑦。此风不知可开自先生⑧？又添滇之一酒案。顷检《范志》，则白酒煮鸡蛋，即老酒冬鲊之遗风也。

---

① 鲁国夫子瓮：《后汉书·锺离意传》，"钟离意字子阿，会稽山阴（今浙江绍兴市）人也。……出为鲁相"。注云："意《别传》曰：意为鲁相，到官，出私钱万三千文付户曹孔诉修夫子车，身入庙拭几席剑覆。男子张伯除堂下草，土中得玉璧七枚，伯怀其一，以六枚白意。意令主簿安置几前。孔子教授堂下床首有悬瓮，意召孔诉，问此何瓮也？对曰：'夫子瓮也。背有丹书，人莫敢发也。'意曰：'夫子圣人，所以遗瓮，欲以悬示后贤。'因发之，中得素书，文曰：'后世修吾书，董仲舒。护吾车，拭吾覆，发吾笥，会稽钟离意。璧有七，张伯藏其一。'意即召问，伯果服焉。"

② 金：明清时称银一两为一金。

③ 余爱：遗留下来的好处。

④ 白酒：云南民间用糯米蒸酿而成的一种甜白酒，汁滓和伴而食，川人呼为醪糟酒。

⑤ 浙客：客居云南的浙江人。

⑥ 腊：俗称农历十二月为腊月。

⑦ 必供白酒煮鸡蛋满碗，乃为亲密：按道光《昆明县志·风土志》云，"开年客至，无供白酒煮鸡蛋之风，仅产妇必食。生孩弥月，客至必供，较普遍"。现昆明风俗，仍如《县志》所言。或本书作者久居禄劝，该处民间有于年节以白酒煮鸡蛋待客之风，故志之如此。

⑧ 先生：指孙潜村。

老　酒

　　老酒，滇南士大夫家亦藏之。时因予病，诸生出以相饷。予昔在罗博^①，饮老酒甘之，遂以病，盖李时珍云^②："老酒腊月酿造，可经数十年。和血养气，暖胃辟寒。"岭南人藏之以备女眷房帏之用，不轻以饮人，人亦不乐饮之者，较白酒力尤微，而发痰动火倍盛。《范志》云："老酒，以麦曲酿酒，密封藏之可数年，土人家尤贵重。每岁腊中，家家造鲊，便可为卒岁计。有贵客则设老酒冬鲊以示勤，婚娶亦以老酒为厚礼。"滇南人不知鲊法，予居滇，命侍儿为之，随作随食。以烧酒下之，更爽快。客来供鲊，俱不敢尝，惟桐城吴四至^③，则啖之立尽也。

南田酒

　　省城酒清冽堪饮^④，东门酒铺所收尤佳，谓之南田酒。客游者每訾滇酒不中饮^⑤，而不然也。吾辈无力能饮佳酒，且就烧酒饮之，渐与之习，亦渐佳，何轻訾之？

---

　　① 罗博：罗博县，属广东省。
　　② 李时珍云：见《本草纲目·酒》，原文云，"老酒，腊月酿造者，可经数十年不坏。和血养气，暖胃辟寒，发痰动火"。
　　③ 桐城：桐城市，属安徽省。郭四：人名无考。
　　④ 省城：指昆明。
　　⑤ 客游者：来云南客居的外省籍人。訾（读若梓）：訾毁，不满意。

花桐酒

花桐酒，出武定花桐村①，村之地势极高，张、王二姓同居，颇似武陵桃园村人②。工酿酒，行于四远③，曰花桐酒。予尝宿其村，下则为勒品④，又下为张波罗⑤，又下为元谋⑥，以至金沙江。计其高，应数十里上。

高粱酒

高粱酒，出元谋。其地旺⑦，高粱以为酒⑧，如北方之干烧⑨。

力石酒

力石酒，出定远，亦高粱烧⑩。名力石者言其酒力之大，重如

---

① 花桐村：武定县属村名。
② 武陵桃园村：晋陶潜《桃花源记》中虚构的一个世外境地。
③ 四远：四方远处。
④ 勒品：武定县属地名。
⑤ 张波罗：武定县属地名。
⑥ 元谋：今元谋县，属楚雄彝族自治州。
⑦ 地旺：地势高旺。意为山地，故多产高粱。
⑧ 高粱以为酒：道光《云南通志稿·食货志》，"元谋高粱有二种，其黏者为酒露，可敌汾酒，名甲滇南。古者梁州以产粱得名，元谋其独钟梁州之盛气矣"。
⑨ 干烧：即烧酒。
⑩ 高粱烧：高粱所制的烧酒。

云南文库·大家文丛

石也。（原注：按鹤庆亦出酒^①，其味较汾酒尤醇厚^②。）

桑椹酒、山查酒、葡萄酒

桑椹酒^③，山查酒^④，葡萄酒^⑤。滇产葡萄佳，不知酿酒，而中甸接西藏，藏人多居之，酒盖自彼处来也。

丁香酒

丁香酒，云南产丁香^⑥，亦以酿酒。性烈兴阳。岭表人尝言："舶客以重值延越姝^⑦，诸姝谢不敢住。一姝恃其能也，往就之。与欢终日，稍衰，即哑丁香酒而复兴，姝大败坏，从此不能待客。"记之以见此酒不宜轻染唇也。蛮中花椒油^⑧，性烈亦同。

---

① 鹤庆：今鹤庆县，属大理白族自治州。

② 汾酒：烧酒之一种，产于山西省汾阳市杏花村，又称"杏花村酒"。

③ 桑椹酒：《木草纲目·桑》，"桑椹，一名文武实。……捣汁饮，解中酒毒。酿酒服，利水气消肿"。

④ 山查酒：山楂，果名。参见本书《志果》查条注。以山楂浸制的酒称山楂酒。

⑤ 葡萄酒：葡萄一作蒲萄，亦作蒲桃。《木草纲目·蒲萄》时珍曰："葡萄，《汉书》作蒲桃。可以造酒入脯，饮之则陶然而醉。"

⑥ 丁香：《木草纲目·丁香》（陈）藏器曰，"鸡舌香与丁香同种，花实丛生，其中心最大者为鸡舌。击破有顺理而解为两向如鸡舌，故名，乃是母丁香也"。时珍曰："雄为丁香，雌为鸡舌。"

⑦ 舶客：外船中客人。越姝：泛指妓女。

⑧ 花椒油：花椒所浸制的油。花椒亦名蜀椒。《木草纲目·蜀椒》时珍曰："椒，纯阳之物，乃手足太阴右肾命门气分之药，……治阳衰溲数。"

古剌酒

古剌酒，出缅甸。古剌在缅甸外①，其水贮之器，数十年不干，曰古剌水。取此水以酿酒，可以久留，故曰古剌。《范志》误以为古辣②，且以为宾、横间墟名，殆非也。前明外番，尝有古剌贡水，古剌与暹罗皆在缅甸外，而缅甸常畏之。暹罗人善酿酒，以烧酒再重烧，入珍宝异香。每坛以檀香十数斤，熏黑如漆，入酒封埋，绝去烧气，二三年取出之，能去积病，且杀虫蛊③。明汪颖常见二人饮此酒④，打下活蛊，长二寸许，谓之鱼蛊云⑤。粤人喜食鱼生，当是鱼脍成蛊也。

赛瑞露

赛瑞露者，所拟于滇厨而为之也⑥。古者酒归官酿，故曰官

---

① 古剌：亦作古喇。古喇宣慰使司，明置，今属缅甸。

② 范志误以为古辣：《桂海虞衡志·志酒》有古辣泉条称古辣酒以广西宾横间泉水酿酒，按本条言古剌酒为古剌之水以成酒者，古剌在缅甸。可知古剌与古辣为两地，二者各别，并非一酒。《范志》不误，本书作者反混言之。

③ 虫蛊（读若古）：《说文》，"蛊，腹中虫也"。

④ 汪颖：明朝江陵人，曾任九江知府。《本草纲目·序例上》时珍曰："东阳卢和，字廉夫，尝取《本草》之系于食品者，编次此书（《食物本草》，颖得其稿，厘为二卷，分为水、谷、菜、果、禽、兽、鱼、味八类云。"

⑤ 鱼蛊：《本草纲目·烧酒》（汪）颖曰，"暹罗酒以烧酒复烧二次，入珍宝异香。其罐每个以檀香十数斤烧烟熏，令如漆，然后入酒蜡封，埋土中二三年，绝去烧气，取出用之。曾有人携至舶，能饮三四杯即醉。有积病，饮一二杯即愈，且杀虫。予亲见二人饮此，打下活蛊长二寸许，谓之鱼蛊云"。

⑥ 拟：悬拟，比同。全句意为赛瑞露是模仿广西帅司的瑞露，而在云南所酿的。

酒。阮嗣宗之就步兵厨^①，王无功之就某监者^②，为其吏善酿，多美酒耳。《范志》之瑞露厨酒，官酒也。大酋命酒^③，重在于水泉必香。帅厨酒佳，由于署内有所井、库井，泉皆清冽，汲酿故佳。今酒不归官酿，有事用酒，上官取之于下，下官要之于民，故曰要酒，则美恶不能择矣。若使官自为之，岂不可以美见？今滇城无此二井^④，而城外吴井，井泉清冽，官民取之以瀹茶^⑤。若以酿酒，当亦与瑞露并赛争先，故悬拟其名，以待滇之好事者争为之，毋使石湖专美于粤也^⑥。

洋　酒

洋酒^⑦，开化人善为之^⑧。盛以琉璃瓶^⑨，宛然洋酒也。近孙君汉辅亦作之滇邸^⑩。

---

① 阮嗣宗之就步兵厨：阮嗣宗名籍，三国时魏尉氏（今河南尉氏县）人，为竹林七贤之一。博览群书，尤好庄老，善啸能琴，尤嗜酒。闻步兵厨善酿，贮酒三百斛，乃求为步兵校尉。见《三国志》卷二十一，《晋书》卷四十九。

② 王无功之就某监：王无功名绩，唐龙门（龙门县故城在今山西津县西二里）人。嗜酒。武德初，待诏门下省。故事，官给酒日三升。或问待诏何乐？曰："良酝可恋耳。"侍中陈叔达闻之，日给一斗，时称"斗酒学士"。贞观初，以疾罢。时太乐署史焦革家善酿酒，绩求为丞。革死，弃官去。见《唐书》卷一九六。按此处言"就其监"，即指王绩为太乐署丞事。

③ 大酋：主酒之官。

④ 滇城：指省会昆明。

⑤ 瀹茶：沏茶。

⑥ 石湖：范成大字石湖。

⑦ 洋酒：外国进口瓶酒的通称。此处专指云南文山所仿造者。

⑧ 开化：旧府名，今文山壮族苗族自治州。

⑨ 琉璃瓶：即玻璃瓶。

⑩ 孙汉辅亦作之滇邸：孙汉辅兄孙士毅，于清乾隆间任云贵总督，孙汉辅当时或即随官住总督官邸中，亦制作洋酒，故云。

树头酒

树头酒①，出缅甸。树类棕，高五六丈，结实大如掌。土人以曲纳罐中，而以索悬其罐，承于实下，划实流汁，入罐成酒，名树头酒。如不用曲，但取其汁，熬为白糖。

烧　锅

蛮人嗜酒，不解蒸熬，江西人入其寨而蒸熬之，所谓烧锅也②。蛮人聚而酤之，然收酒债，利其重，盘剥于蛮。张明经忠③，蛮族之贤者也，惜之，控于大吏，请示禁，且以语予。予曰："酒之溺人，周公作诰④，秦、汉禁群饮⑤，必待于赐酺⑥，饮势若可以稍衰矣，而民间之群饮仍自如也。盖其性之所趋，虽以圣人言之疼切，朝廷之厉禁、莫得而维挽之。烧锅之禁早矣，卒不能禁、徒使

① 树头酒：康熙《云南通志·土司》缅甸军民宣慰使司条，"兜罗绵树类棕，高五六丈，结实如掌。土人以曲纳罐中，以索悬罐于实下，划实取汁，流于罐，以为酒，名曰树头酒。或不用曲，惟取汁熬为白糖"。参见本书《志草木》棕椰栟榈桄榔条注。

② 烧锅：酿酒作坊。

③ 明经：明、清朝称贡生为明经。

④ 周公作诰：周公，周武王弟，名旦，辅武王灭纣，相成王，世称周公。诰，《酒诰》，《尚书·周书》篇名，周公所作。《酒诰》孔氏传云："康叔监殷民，殷民化纣嗜酒，故以戒《酒诰》。"

⑤ 秦汉禁群饮：《汉书·文帝纪》注，"汉律，三人以上无故群饮酒，罚金四两"。按：此汉法也。秦禁群饮，史无明文，而《史记·秦始皇本纪》二十五年有"天下大酺"的记载，注引《正义》云："天下欢乐，大饮酒也。秦既平韩、赵、魏、燕、楚五国，故天下大酺也。"是知秦亦非赐酺，则不得群饮也。

⑥ 赐酺：《汉书·文帝纪》注，"师古曰：'酺之为言布也。王德布于天下，而合聚饮食为酺'"。

吏役济其私，致酒价渐增，以重困于民。凡为美睹听之言者①，非治道之正也。不正其本而禁其末，又岂能行？长吏整躬率物②，贤士大夫相与导扬而劝谕之，转其酒性，饮势得以稍衰，乃可有济。且事有失一而得一者，不可不知也。昔昭烈，魏武严禁酒③，不使糜费五谷，以足民耳。滇处万山，歉则外谷不能入，丰则内谷不能出，谷贱伤农，农伤亦非地方之福。运至本省及近厂，已苦脚费之多④，况出滇境哉？计一石之米，重百二十斤，熬为美酒，不过数十斤，运之至轻，行之又远，不致以余粟病吾农，亦军国之大计。绍兴距滇万里，且以其酒来牟利于滇，滇有烧锅，犹哓哓共思禁之，谷无所转移，不过运省运厂，脚费之盈绌相当⑤，不能大赢。济之以蒸熬⑥，纵不能如绍兴之远行，即在滇境互相流通，终亦在于赢数⑦，此亦计之得者也。"张君以为然，兹因志酒而论及之。

① 美睹听之言：意为表面上说好听的语言，即说大道理、打官腔也。
② 长吏整躬率物：官员整饬自己，为下表率。即在上者以身作则之意。
③ 昭烈：蜀汉先主刘备谥昭烈皇帝。魏武：魏曹操谥武皇帝。
④ 脚费：运输费用。旧时运输多借人畜之力，故云脚费。
⑤ 盈绌相当：收支大略相抵。
⑥ 济：调剂。
⑦ 赢数：有利可图。

志器第五

凡铜器、玉器，滇为美，故特先之^①。余以类纪^②，见《范志》差详^③，而漏者多矣。

白铜面盆

白铜面盆^④，惟滇制最天下^⑤，皆江宁匠造之^⑥。自四牌坊以上^⑦，皆其居肆^⑧。夫铜出滇，滇匠不能为大锣、小锣，必买自江苏。江宁匠自滇带白铜下^⑨，又不能为面盆如滇之佳，水土之故也。白铜别器皿甚多^⑩，虽佳，亦不为独绝，而独绝者唯面盆，所以为海内贵。红铜面盆甚薄^⑪，制亦粗，然热水店以供市洗面，日擦之，赤如金，亦可爱。

---

① 先之：首先记载。
② 类纪：按类依次记载。
③ 差详：较为详细一些。
④ 白铜：铜之一种，内含镍，色白质硬，不易锈蚀。
⑤ 最天下：意为天下第一。
⑥ 江宁：旧府名，今江苏南京市。
⑦ 四牌坊：昆明旧街名，地在今昆明正义路中段，即长春路口至光华街口间的一段。
⑧ 居肆：意为所在的市廛，即居住、制作、售卖铜器的地方。
⑨ 带白铜下：意为携带白铜到江宁去。云南至江宁应由长江而下，故云下。
⑩ 别器皿：其他器皿，指除白铜面盆外的其他的白铜制品。
⑪ 红铜：纯铜色红，故亦称红铜。

锣 锅

锣锅[1]，制自各厂与省城。时走私禁严[2]，私铜不得出厂，假运锣锅以出之。然铜不通商，厂日以衰，始禁锣锅，后亦不禁也。其制如小盆，卷口，旁有耳，耳缀环，上有盖，能作二三人食。客旅便之，婆丐亦背以行，曰背锣锅。

铜 器

铜独盛于滇南，故铜器具为多，大者至于为铜屋，今太和宫铜瓦寺是也[3]。其费铜不知几巨万？玉皇阁像皆铜铸[4]，其费铜又不知几巨万？推之他处，铜瓦、铜像，又不知其几？金牛、铜牛皆以铜，大小神庙大钟、小磬、大小香炉，无不以铜。大香炉高五六尺，三足如鼎，花纹极细，虽新制亦斑剥陆离有古色[5]。上或架香亭，亭亭远峙，玲珑通明。计一香炉，费且数万斤，推之通省，又不知费几巨万？制造之精而古，殆难遍举。来游者见到处皆然，亦以为数见不鲜而易之[6]。使当宣和博古时[7]，不知几许张皇矣[8]。铜

---

① 锣锅：圆形如锣的铜制小锅，可供炊用。

② 走私禁严：明、清厂铜，俱由官府运销，严禁私人贩运。

③ 太和宫铜瓦寺：康熙《云南通志·寺观》，"太和宫在鸣凤山，明巡抚陈用宾建。铸铜为殿，环以砖城，规制极其弘丽，崇祯十年，巡按张凤翮移之鸡足山，本朝康熙九年重建"。清陈鼎《滇黔纪游》："（太和宫）一名铜瓦寺，在（昆明）城东十余里金马山西北麓。铜为瓦，覆寺三楹，春日游人毕集。今称'金殿'"。

④ 玉皇阁：《新纂云南通志·祠祀考》，"玉皇阁即旧禹王庙，在（昆明）城南门外风翥村，俗名螺蛳湾。明万历三十五年黔国公沐昌祚修。……咸丰七年毁于兵"。

⑤ 斑剥陆离：杂色曰斑，脱落曰剥。陆离，光华耀射之状。形容香炉古色古香。

⑥ 易之：不注意。

⑦ 宣和博古：宋徽宗建宣和殿藏古器物，并敕王黼等撰《宣和博古图》以纪殿内收藏。

⑧ 张皇：惊奇。此处意为重视。

炉制各异，而色俱古。无论士庶家①，必烧铜炉。烧至数年，起野鸡斑②，则夏鼎商彝比费矣③。此出人力而妙得天然者也。

绿矿器

绿矿器具尤奇，有得之天然生成，有出于人力因势点缀者。尝见一瓶，高尺余，深称之，苍郁碧绿，作翡翠鹦鹉色，贮水久不坏，而值不高，不过一二金。其供文房之设者颇多④，尤古雅也。

容　刀

容刀⑤，出于武定，用禄劝铁就郡城铸之⑥。每刀碪一"朱氏"⑦，盖朱氏铸为工⑧。其鞘则装于省城，可比京刀⑨，但略宽耳。

---

① 士庶家：读书做官或平常百姓人家。

② 野鸡斑：铜表面出现花纹如雉鸡羽毛花纹状。

③ 夏鼎商彝：谓夏代之鼎，商代的彝器。此处泛指极珍贵的古文物。比费：价值可以相比。

④ 文房：读书习文之处，俗称书房。

⑤ 容刀：装饰所用之刀，俗称配刀。《毛诗·大雅·公刘》："维玉及瑶，鞞琫容刀。"

⑥ 郡城：旧称府城为郡城。清代禄劝县属武定府，此处即指武定府城，即今武定县城。

⑦ 碪（读若枕）：疑为錾，意为镌刻。

⑧ 工：善其事者曰工，即工艺精好。

⑨ 京刀：京城所制的刀。

玉 器

玉器物名目最多。玉自南金沙江来，大理玉匠治之，省城玉匠治之，大则玉如意，或长一尺、二尺。次则圭、璧、璋、琮①，其他仙佛古形像无不具，一切盘、碗、杯、彝、文玩尤佳②。玉扳指、玉手圈③，官吏无不带之。女钏同男④，或一手双钏以为荣，而玉烟袋嘴则遍街，虽微贱吃烟，亦口衔玉嘴。至于耳坠、帽花之细，又不足论者。其滥于用器如此。

尝记吉六孔修为余言⑤，其罢官闲居，亏空大，不能偿，因煮玉⑥。时重玉器，充贡物，得弥补亏空至五六千金之多，而因得脱然去。盖吉君少游京师，得其法，因出其书以示予，欲相传。予谢"今老矣，不能为也"。乃悟金曰雕、玉曰琢，良工不示人以璞⑦，圣人已言之矣。吉公借此以脱累，正如唐若山在润州⑧，炉火成，补亏空，上遗表，泛金山寺而仙去⑨，谁能拘之哉⑩？

---

① 圭：瑞玉，古代公、侯、伯所执。璧：瑞玉，古代子、男所执。璋：瑞玉，半圭为璋，礼天地四方所用之器。琮：瑞玉，以礼天地四方。

② 文玩：书房内所摆设的供欣赏的文具。

③ 扳指：《中文大辞典》扳指条，"搬指、斑指。本射箭用，后为装饰品，以象牙或晶玉为之。著于右手大指，为射时钩弦之用"。手圈：手镯。

④ 钏：臂环。《南史·王玄象传》："女臂有玉钏。"

⑤ 吉六孔修：吉孔修，人名。古人常以其人的兄弟姊妹排行次序而相称。六，谓吉孔修排行第六。

⑥ 煮玉：做玉石买卖。

⑦ 良工不示人以璞：璞，未经加工的玉石，喻为才华内蕴而不外露。璞、朴二字，古代通用。

⑧ 唐若山在润州：润州，旧州名，隋置，今江苏镇江市。唐若山在润州事，不详，待考。

⑨ 金山寺：在江苏镇江市金山上，为我国著名佛寺之一。

⑩ 拘：留住。

楚石器

楚石器物，惟屏与桌面及小几，而制作甚精。高制府十咏未能尽也①。间多有鸟兽人物形，皆因质地，墨涂火灸，以油发其光，即似生成，不可辨矣②。王守槐庭树为予言③："外边所传至佳，非真佳也。某从家君居太和久，得楚石一方，真天然绝胜，举世无双者，藏之不敢以示人，恐见夺。"因出之示吾，方六尺，高三尺，山水人物，妙丽得未曾有。予讶之，曰："卿覆败之余④，百物俱尽，何犹保此？"曰："拟归献之王氏宗祠，令后世子孙知吾父子不虚在云南走一遭耳。"

大理攻楚石者几百家⑤，皆资以养活，未可尽以为累民⑥。楚石屏闻于天下，而滇之玉器，行于江、浙、岭表，此外无闻。滇中豪僧⑦，以楚石磞地拜赞⑧，王藩使以楚石令刘璿写八分磞壁⑨，意虽佳而亦俗矣。

---

① 高制府十咏：参见本书《志金石》楚石条注。
② 不可辨：不易辨别。意为楚石的天然生成和加工痕迹难以分别。
③ 王守槐：字庭树，湖南湘乡市人。父王孝治，官云南太和县（今大理市）知县，守槐随父居大理。
④ 卿：古人对人的尊称。覆败：王守槐父孝治居官得罪，故云覆败。见檀萃《滇南诗话》。
⑤ 攻楚石：以开采、加工楚石为业。
⑥ 累民：为人民之累。见清冯甦《滇考·珍贡》。参见本书《志金石》楚石条注。
⑦ 豪僧：有权势财力的僧侣。
⑧ 磞地：嵌镶于地。
⑨ 王藩使：姓王的云南布政使。清乾隆间任云南藩司者有王太岳、王昶，不知确指。八分：八分书体，见《宣和书谱·八分书叙论》。磞壁：刻嵌于墙壁。

雲南文庫·大家文丛

缅　佛

　　缅佛，石作①，新出于滇，滇匠刻之以更缅贡②。盖缅贡之有玉佛，非玉佛也，固琢石为之者也，滇山亦多此石。土司进贡，重在驯象，玉佛、金塔，不过借以陪陈③。故其制作颇陋，不及滇匠雕琢之工。滇匠审其实石也，与滇山石同，潜取滇石，照其元像尺寸④，另雕一尊为更易，豪光焕发，惊动天人，巧夺神工，殆过如肪之质⑤，自是滇石又俨以缅佛传名矣。乃叹物本无常，用之则贵。刻玉徒为虚饰，雕珉转以腾光⑥，则神灵之所寄也。

　　缅柔而诈⑦，是时困于暹罗⑧，欲假面内赐封⑨，以威诸蛮，而惮于自发⑩。故意遣丑类⑪，往来炫耀于江边。顺宁守全保诇得其

---

　　① 石作：以石制成。

　　② 以更缅贡：以代替缅甸所进贡的缅佛。

　　③ 陪陈：陪伴进呈。意为非主要贡品。

　　④ 元像：元同原。意为缅甸原来所制作者。

　　⑤ 如肪之质：肪，脂肪。意为如脂肪之质地白腻。《新纂云南通志·物产考》："滇产玉石，分软玉、硬玉两种。……软玉……色灰绿，路有脂光，腾冲、丽江均产之。俗名羊脂玉，可供装饰，或琢为佛像。"

　　⑥ 珉：石之美者。全句意为雕琢过的石头，反而更显示出耀眼的光彩。

　　⑦ 缅柔而诈：缅甸人柔弱而奸诈。此盖当时对缅人的误解。

　　⑧ 困于暹罗：为暹罗所困扰。清乾隆时，缅、泰之间常发生战争，缅甸经常受到泰国的威胁，故云。

　　⑨ 欲假面内赐封：内，指中国，面内即倾向依附中国。赐封：中国给予封号。全句意为希望借着依附中国，得到封号和支持。

　　⑩ 惮于自发：不愿意主动表示。

　　⑪ 丑类：丑，戏剧中的丑角，每扮以形容猥琐滑稽之类人物。丑类：中国封建王朝，每以文明自居，而视外国为蛮夷之邦，称其民人为丑类。

情[①]，使耿马土司为之招纳[②]，尔时唯耿马黑山厂旺，[③]资力有余，送往迎来，差无竭蹶[④]，禀闻见恙[⑤]，迁延久之，殆为达忱[⑥]，而柔远之恩数倍加[⑦]，竟至逾于格外。一切因依附会，莫不气象轩昂[⑧]，全守首建招来大功[⑨]，独以向隅泣死[⑩]。"玉作弹棋局，中心最不平"[⑪]，殆类此矣。

缅得人贡之利，年年而来，数见不鲜，且以滋内地之靡费，因琢滇石代其制，且定岁数[⑫]，限其来云。

《范志》谓[⑬]：南杂蛮俗，器多诡异，外蛮兵甲，边镇所宜知。故《志器》先军装[⑭]。

---

①　全保：满洲人。清乾隆五十一年至五十三年任顺宁府知府。守：知府简称守。诇（读若侦）：侦察刺探。

②　耿马土司之招纳：耿马土司即耿马宣抚司，清置。招纳：招之使归附纳贡也。见道光《云南通志稿·食货志》引檀萃《悉宜厂记》记载。

③　旺：发达兴盛。

④　差无竭蹶：力虽不逮，勉可趋事，没有困难。

⑤　禀闻见恙：恙，病也。意为招纳缅人之事禀告上司知道，而上司反认为不是好事。见道光《云南通志稿·食货志》引檀萃《悉宜厂记》记载。

⑥　达忱：上达诚意。此处指缅人归诚之事，上奏朝廷。

⑦　柔远之恩数倍加：按道光《云南通志稿·南蛮志》引《大清会典事例》记载，乾隆帝厚赠缅甸贡使，以示惠加远人。

⑧　一切因依附会莫不气象轩昂：意为因缅甸归诚纳贡一事，各方面都借以牵扯附会，归功自己，神气活现，不可一世。

⑨　招来：招之使来。即指招缅人贡事。

⑩　向隅泣死：向隅，面向居室墙角，喻人的孤独失望。道光《云南通志稿·食货志》引檀萃《悉宜厂记》云："荣宠及于诸人，而全保不得与，即罕土司之所以招来，与陈令宪之再使缅甸，亦皆没之，不复见也。惜哉！居久之，始移全保于普洱，又移之元江，不得意，以瘴卒。"此处故云向隅泣死也。

⑪　玉作弹棋局二句：弹棋局，古人博戏之一。李商隐诗云："莫近弹棋局，心中意不平。"此处即依李商隐诗句而字略异。意为以玉石作弹棋的棋盘，实属大材小用，使人心意不平，故不愿近之。借此表达为全保鸣不平也。

⑫　定岁数：定缅甸入贡的年数，以示限制。

⑬　《范志》谓：《桂海虞衡志·志器》小序云，"南州风俗，猱杂蛮瑶，故凡什器，多诡异，而外蛮兵甲之制，亦边镇之所宜知者"。

⑭　《志器》先军装：本书《志器》亦本《桂海虞衡志》之意，先记军事装备如竹弓、蛮甲等。

竹　弓

竹弓，《范志》云："以篁竹为之[1]。筋胶一如角弓[2]，而揭箭不力[3]。"蛮弩，《范志》云："西南诸番造作略同。硬木为弓，桩甚短[4]，似中国射猪弩差大耳。"按蒙细奴逻初居垅圩图山[5]，常执木弓药矢，遇禽兽辄射之，鲜不获者，今摩察犹然[6]。蛮弩盖其遗制也。《唐书》载瞑弓[7]，谓"永昌之西，野桑生石上，其材上屈两向而下直，取以为弓，不胶漆而自利[8]，名曰瞑（原注：同眠）弓"。皆此类也。

---

① 篁（读若斤）竹：也称薰竹。《本草纲目·竹》（苏）颂曰："按《竹谱》：'篁竹坚而促节，体圆而质劲，皮白如霜。大者宜刺船，细者可为笛。'"《六部成语》薰竹条注云："以火熏为黑色之竹也。"按：篁竹为竹名，薰竹为加工后之名，实一物也。

② 筋胶：弓以筋为弦，以胶粘固，制弓必用筋胶。角弓：弓之有角为饰者。

③ 揭箭：揭，举也。意为举箭而发射。

④ 桩：击木入土以支持物体者，如马桩之类。此处指支持弩弓的木器。

⑤ 蒙细奴逻：蒙，姓，后即以蒙为南诏大蒙国的简称。细奴逻，南诏大蒙国建立者。蒙舍川垅圩图山，在今巍山县西北三十五里。岅岅，本书作垅圩，或作岅圩，均同声异字。

⑥ 摩擦：部族名。明景泰刻本《云南图经志书》蒙化府下云："境内有摩擦者，乃黑夷之别种也。"本书《志蛮》爨条云："又有摩擦者，亦黑罗罗也。"

⑦ 《唐书》载瞑弓：见《新唐书·南蛮传》。按：唐樊绰《蛮书》云，"野桑木，永昌、巴西诸山谷有之，生于石上。及时月，择可为弓材者，先截其上，然后中割之，而向屈令至地，候木性定，断取为弓，不施筋漆，而劲利过于筋弓，蛮中谓之为膜弓者是也"。

⑧ 自利：不必多加工即成利器。

蛮 甲

　　蛮甲，《范志》云："大理国最工^①，用象皮，胸背各一片，如龟壳，坚厚与铁等。联缀小皮片，披膊护项，皆朱之，间贲黑漆。作百花虫曾纹，极工妙。又以小贝络中缝及装兜鍪^②，犹贝胄朱绂遗制^③。"予尝上幸丘山岩^④，其藏旧甲亦然。

云南刀

　　云南刀，《范志》云："大理所作。铁青黑，沉之不锗^⑤。象皮为鞘，鞘两室，各插一刀。靶缠皮条，贵人以金银丝。

峒 刀

　　峒刀，《范志》云："峒刀^⑥，一鞘二刀，同云南^⑦。"

---

　　① 大理国：此处泛指今云南省地区。
　　② 兜鍪：即胄，头铠也，护头用。
　　③ 贝胄朱绂：按《桂海虞衡志》原文作"贝胄朱缕"，朱缕，为染朱之线，缀贝于胄。此处"朱绂"当系"朱缕"之误。
　　④ 幸丘山：康熙《云南通志·山川》，"幸丘山在（禄劝）州北二百里。四面陡绝，顶有三峰，可容万众。昔为罗婺寨，上有天生城"。
　　⑤ 沉之不锗：沉之，《桂海虞衡志》原作"沉沉"，意为沉重，锗，宽大。全句意为很沉重，但不宽大，言刀重而窄。
　　⑥ 峒：贵州、广西部分苗族、侗族、壮族聚居区，泛称为峒。
　　⑦ 同云南：与云南刀相同。

蛮 鞍

蛮鞍，《范志》云："鞍不用鞯①，空垂两木镫，刻小孔藏足趾，避棘刺。"今犹然。

铜 鼓

铜鼓，粤人以为伏波②，滇人以为诸葛③，而实蛮之自铸也。会集击之，声闻百里以传信。

芦 笙

芦笙④，《范志》谓之胡卢笙。喜庆吹芦笙，唱跌脚歌⑤，迎春亦集于县廷⑥。

---

① 鞯：用草织成，以垫马鞍。

② 伏波：东汉马援平交趾，封伏波将军、新息候。《后汉书·马援传》："援好骑，善别名马，于交趾得骆越铜鼓，乃铸为马式。"此处传铜鼓为马伏波所遗，实际上，早在2700多年前，云南土著民族即已制造出最早的铜鼓了。

③ 诸葛：三国蜀汉诸葛亮，率师平云南。李根源《云南金石目略》（初稿）："诸葛铜鼓十四，散在云南各地，均道、同、光间出土。

④ 芦笙：即胡芦笙。唐刘恂《岭表录异》："交趾人多取无柄之瓠，割而为笙，上安十三簧、吹之音韵清响，雅合律吕。"今云南少数民族中所吹葫芦笙亦有六簧、十三簧者。

⑤ 跌脚歌：以脚跌地而歌。

⑥ 迎春：《礼记·月令》，"迎春于东郊"。旧时迎春于立春前一日行之。县廷：县署中的庭院。

口 琴

　　口琴①，剖竹成篾，取近青长三寸三分②，宽五分，厚一分。中开，如笙之管。中簧约二分，簧之前笋相错处，状三尖大牙，刮尖极薄，近尖处厚如纸。约后三分，渐凹薄，至离相连处三四分复厚。两头各凿一孔，前孔穿麻线如缳③，以左手无名指、小指挽之，大、食二指捏穿处，如执柄，横侧贴腮近唇，以气鼓簧牙。其后孔用线长七八寸，尾作结。穿之，线过结阻，以右手之食、中二指挽线头，徐牵动之，鼓顿有度④，其簧闪颤成声。民家及夷妇女多习之⑤，且和以歌。又一种，宽仅半，两端瘦削作一牙簧，无孔线，三片并用而音各异。以左手前三指平执而吹，以右手前三指参差搔其末，亦咿唔可听，似有宫商⑥。此惟二别逻及兰州之女盛吹之⑦。

---

　　① 口琴：乐器名，清余庆远《维西闻见录》，"口琴，竹片为之。长四寸，阔三分。刳虚之而中存一线之篾为弦，首尾横处皆存弦。首联于横，尾视横齐处长一分，刳下其横处而弦寄于其间。如是者三，其弦粗细等而下。以左手大指、食指排持三片之头，张口而置其正中于口间，以右手食指、中指、无名指搏上、中、下之弦之尾长处，错落而弹，嘘气大小以定七均之高下。古宗、么些、那马、西蕃皆铜佩之，弹以应歌曲，弹者身舞足蹈而与歌和节"。

　　② 近青：竹皮色青，近青谓近竹皮处。

　　③ 缳（读若环）：包络、网罗。

　　④ 鼓顿有度：吹气和停顿有一定节奏。

　　⑤ 民家：今白族的俗称。

　　⑥ 宫商：古以宫、商、角、徵、羽为五音，宫商系五音中的二音，引申为音乐、音律之义。此处即指有音律。

　　⑦ 二别逻：不详，待考。兰州：元代丽江路宣抚司，明代丽江军民府，清丽江府所属地区均称兰州。

蛮 冶

蛮冶[①]，挟羊皮囊与冶事数件[②]，沿寨卖冶[③]。冶时掘一小窟，置炭其中，上加以铁，以皮囊鼓之[④]。炭炽铁熔，取而锤之，即成什件[⑤]，何其简便。

蛮 织

蛮织[⑥]，随处立植木[⑦]，挂所经于木端[⑧]，女盘坐于地而织之。如息[⑨]，则取植及所经藏于室中，不似汉织之大占地也[⑩]。

蛮 纺

蛮纺[⑪]，用一小胡卢如铎状[⑫]，悬以小铅锤，且行且挼而缕

---

① 蛮冶：边地少数民族的冶铁手工人。
② 冶事：冶炼时所用的工具。
③ 沿寨卖冶：流动于各夷寨叫卖铁器。
④ 鼓之：鼓风。
⑤ 什件：各种铁器。
⑥ 蛮织：边地土著妇女从事织布者。
⑦ 立植木：竖立木棍，插于地中。
⑧ 经：经线。
⑨ 息：停止。
⑩ 汉织：汉族从事织布者。
⑪ 蛮纺：边地土著妇女从事纺线者。
⑫ 铎：铃。

就①，不似汉纺之繁难②，而汉妇亦有能之者。

羊毛布

羊毛布③，禄劝亦有之，不如他处。

毡

毡④，滇各处俱出，以夷人养羊者多如陕西也。

毯

毯亦出⑤，然不甚多。

藏氆氇

藏氆氇⑥，自中甸来⑦，藏人多居其地。

---

① 挼：用手揉搓为挼。缕：细线。
② 汉纺：汉族从事纺线者。
③ 羊毛布：以羊毛织成的布。
④ 毡：明谢肇淛《滇略·产略》，"氍者，织羊毛为之，其细如绒，坚厚如毡。染成五色，谓之缥毡，永昌、丽江人能为之。其在广西者曰氆氇，本一种也。毡则诸郡皆为之，而邓川最良，然亦粗甚"。
⑤ 毯：一名毯布，柔毛织成之席。
⑥ 藏氆氇：西藏所产的毡称藏氆氇，参见上文毡条注。
⑦ 中甸：今香格里拉市，属迪庆藏族自治州。

猾 皮

猾皮①，出禄劝、武定，匠制而货之②。以白羊皮为之，称白猾子。以黑羔皮为之③，称黑猾子。

倮倮锦、倮倮布

倮倮锦、倮倮布④。《汉书》言哀牢"宜蚕桑⑤，知染采文绣、罽旄⑥、帛叠⑦、兰干细布⑧，织成文章如绫锦。有梧桐木华，绩以为布⑨，幅广五尺，洁白不受垢。"今云僗僗帛与布，皆其类，今昔异名耳。幅五尺者，滇南不见，止今洋上所来之哔叽耳⑩。

---

① 猾皮：猾，亦作滑。滑皮即硝皮，皮经硝制，柔和滑润，故名。
② 匠制：经匠人加工。货：售卖。
③ 羔皮：小羊皮。
④ 倮倮：又称僗僗，族名，居云、贵、川等地，今彝族。僗僗有锦、布，如本文所述。
⑤ 《汉书》：此谓《后汉书》。哀牢：哀牢人，以居哀牢山得名。所引文见《后汉书·西南夷传》哀牢夷条。
⑥ 罽（读者寄）：《尔雅·释言》疏云，"罽者，织毛为之。若今之毛罽毹也"。罽旄即毛织之地毯、壁毯。
⑦ 帛叠：蛮夷所产布帛名，亦称白叠。
⑧ 兰干细布：布的一种，古称纻。《华阳国志·南中志》："有兰干细布，僚言纻也，织成，文如绫锦。"按：僚，指边地蛮夷土著人。兰干细布即永昌布，参见后文永昌布条及本书《志花》板枝花条。
⑨ 梧桐木华，绩以为布：华，同花。《后汉书·西南夷传》哀牢夷条注云："《广志》曰：'梧桐有白者，剽国有桐木，其华有白毳。取其毳，淹渍织以为布也。'"按：剽，亦作缥或缥，剽国即今缅甸。
⑩ 洋上：指海外。哔叽：毛织物的一种，亦作哔吱。质坚厚，斜纹，其细者称哔叽缎。

通海缎

通海缎，出通海县①，予上滇犹得衣之②，今无矣，不堪命故也③。古称滇善蚕④，出丝绵，后绝迹，殆即通海缎原有忽无之故乎？

宜良布

宜良布，出宜良县，似贝锦⑤，为被面、坐褥、椅垫。

洱 红

洱红⑥，出洱海⑦，布也。女子、小儿多服之，银红而艳。

---

① 通海县：今属玉溪地区。

② 上滇：云南地处高原，外省人沿江至云南，呼为上。

③ 不堪命：《左传》襄公二十九年，"民弗堪也"。意为赋敛征取无度，民累不堪。此处指通海县出名缎，但为官府所征索，人民难以供应，以致不愿生产，故通海缎绝迹。

④ 普蚕：善于养蚕。

⑤ 贝锦：贝壳有杂错花纹，织锦如贝纹者称贝锦。

⑥ 洱红：明谢肇淛《滇略·产略》，"布以永昌之细布为佳……而洱海红花膏染成最艳，谓之洱红"。

⑦ 洱海：此处泛指大理一带地区。

云南文库·大家文丛

毛 褐

毛褐[1]，出旧阳宗县[2]。

麻 布

麻布[3]，出广西州[4]。

莎罗布

莎罗布[5]，出大姚县与新化州[6]。李石云[7]：骠国诸蛮不蚕，细织娑壳絮服之，谓娑罗龙缎。莎萝出武定[8]，而俗惰，女不纺织，故布出他郡邑。

---

① 毛褐：粗毛布衣。《毛诗·豳风·七月》："无衣无褐。"笺云："褐，毛布也。"

② 旧阳宗县：原为么些蛮所居，号强宗部，后沿讹呼为阳宗。元置阳宗县，旧治在今澄江市东北四十里，此处泛指澄江一带地区。

③ 麻布：以麻织成的布。

④ 广西州：旧州名，今泸西县，属红河哈尼族彝族自治州。

⑤ 莎罗布：用莎罗草或棉织成的粗布。《明一统志》："莎罗布，姚安府大姚县出。"

⑥ 新化州：旧州名，明置，故城在今墨江县北二百里。

⑦ 李石云：宋李石撰《续博物志》。此处所引原文为："骠国诸蛮，并不养蚕，收娑罗木子，破其壳，中如柳絮。细织为幅，服之，谓娑罗龙缎。"

⑧ 莎萝：即莎罗，又名梭罗木。雍正《云南通志·物产》："武定出梭罗木。"

土　锦

土锦[①]，出元江。

缥　氎

缥氎[②]，即白氎，而坚厚缜密类丝绵，出永昌。

永昌布

永昌布[③]，厚而褐色。《明一统志》又载永昌细布，桐花织为布[④]，洁白不受垢。桐同橦，即攀枝花，木棉也[⑤]。是前明犹有织此花为布者，说详《志花》[⑥]。

---

① 土锦：以土法染丝织成彩色锦缎。

② 缥氎：明谢肇淛《滇略·产略》，"氎者，织羊毛为之，其细如绒，坚厚如毡，染成五色，谓之缥氎。永昌、丽江人能为之"。

③ 永昌布：明谢肇淛《镇略·产略》，"布以永昌之细布为佳，有千扣者。其次有桐花布、竹布、井口布、火麻布、莎罗布、象眼布"。是永昌布之种类甚多，此处谓厚而褐色者，盖其中之一种。

④ 桐花织为布：明谢肇淛《镇略·产略》，"有梧木叶，绩以为布，幅广五尺，洁白不受垢污，先以覆亡人，而后服之"。参见前文傈僳锦条注。

⑤ 木棉：《本草纲目·木棉》时珍曰，"交、广木棉，树大如抱，其枝似桐，其叶大如胡桃川。入秋开花，红如山茶花。黄蕊，花片极厚，为房甚繁，短侧相比。结实大如拳，实中有白绵，绵中有子。今人谓之斑枝花，讹为攀枝花"。

⑥ 说详《志花》：本书后文《志花》有板枝花条，说木棉甚详。

抓　绒

抓绒①，出迤西，似内地织绒而成板，且重，不如织绒之似细毛而轻也。其牛绒则似织绒②，但毛粗。

白氎布

白氎布③，出缅甸、千崖各土司④。

兜罗绵

兜罗绵⑤，出缅甸。按此绵屡为佛书所称⑥，而未有行至内地者，至今未之见也，想亦木棉之类。其茸轻软，故以比似佛手。

---

　　① 抓绒：织物之厚而暖者曰绒，以丝与绵纱、羊毛等为之。抓绒，织物面上有粗松细毪毛者，即俗称之毛毯。

　　② 牛绒：以粗毛织成的毛毯。

　　③ 白氎布：即缥氎。参见前文缥氎条及注。

　　④ 出缅甸千崖各土司：康熙《云南通志·土司》载缅甸、千崖土司均产白氎布。

　　⑤ 兜罗绵：《本草纲目·木棉》时珍曰，"段祝穆《方舆志》言平缅出娑罗树，大者高三五丈，结子有绵，纫绵织为白氎、兜罗绵，此亦斑枝花之类，各方称呼不同耳"。

　　⑥ 屡为佛书所称：按《翻译名义集》《慧林音义》《俱舍光记》《瑜珈伦记》等佛书，均载有兜罗绵，但不详也。

红藤篾

红藤篾①，夷姬以为带束腰②，出南甸③。

赤藤杖

赤藤杖④，唐时贡之，今不重。屡问迤西诸生索之，亦眙目不知所谓赤藤杖⑤，不知昌黎当日何费许词⑥？使今日来索于诸生，不亦眙目相对耶？

筇竹杖

筇竹杖⑦，按筇竹与肉桂并称⑧。今走奔云南之肉桂遍天下⑨，

---

① 红藤篾：竹皮称篾。红藤折片如篾状，用为腰带。
② 夷姬：泛指边地土著妇女。
③ 南甸：南甸宣抚司，明置，土目刁氏。在今云南腾冲市南。
④ 赤藤杖：红藤所制手杖。
⑤ 眙（读若怡）目：直视、惊视。意为瞠目惊讶，不知回答。
⑥ 昌黎：唐韩愈，字退之，昌黎人。门人李汉辑其文为《昌黎先生集》，学者均称昌黎先生。韩昌黎有《和虞部卢汀酬翰林钱微赤藤杖歌》，有句云："赤藤为杖世未窥，台郎始携自滇池。滇王扫宫避使者，跪进再拜语嗢咿。绳桥拄过免倾堕，性命造次蒙扶持。途经百国皆莫识，君臣聚观逐旌麾。共传滇神出水献，赤龙拔须血淋漓。"
⑦ 筇竹杖：《新纂云南通志·物产考》，"筇竹，一名邛竹，或罗汉竹、观音竹。枝长丈许，每寸二三节，中实，可作杖。叶长，翠阔夺目。植山寺岩石上，经冬不凋。盘江两岸，皆其自生区域"。
⑧ 肉桂：《本草纲目·桂》时珍曰，"此即肉桂也。厚而辛烈，去粗皮用。其去内外皮者，即为桂心"。
⑨ 走奔：意为贩运售卖。

而筇竹无闻，况能传节于大夏之邑耶①？喧寂悬殊②，则所遭有幸有不幸也。

桃 笙

桃笙③，可席，可杖，注于《尚书》④，赋于《蜀都》⑤，为簟可以简韬⑥。少陵得杖二茎⑦，且恐其为蛟龙神争夺⑧，其珍重至此。东坡跋杜诗⑨，谓"桃笙竹身棕叶，密节实中⑩，尸理瘦骨⑪，天成柱杖。"岭外人多种，不知为桃竹，流传四方。视其为有眼

---

① 传节于大夏：明谢肇淛《滇略·产略》，"汉元狩间，张骞使大夏，见邛竹杖，问所从来，曰：'邛西二千里身毒国所产。'遂遣使至滇，指求身毒。身毒，即今天竺也。距丽江可二千里"。按大夏，今阿富汗北部之地。

② 喧寂悬殊：意为肉桂名传于世，筇竹则默然无闻，二者悬殊。

③ 桃笙：以桃竹皮制作的凉席。

④ 注于《尚书》：《尚书今古文注疏》，"郑康成曰：'云笙镛以间者，东方之乐谓之笙，笙、生也。东方生长之方，故名乐为笙也'"。按《尚书》及注所说之笙，乃乐器名，非本书所谓可席可杖的桃笙，作者误引。

⑤ 赋于《蜀都》：晋左思《吴都赋》，"桃笙象簟，韬于筒中"。按：本书引作《蜀都》，盖误。

⑥ 为簟可以简韬：簟，竹席。韬，收藏。简韬谓桃笙席软，可卷而藏之也。

⑦ 少陵：唐代诗人杜甫，字子美。居杜陵，自号杜陵布衣，又称少陵野老。二茎：参见注⑧。

⑧ 恐其为蛟龙神争夺：杜甫《桃竹丈引赠张留后》诗云，"江心蟠石生桃竹，苍波喷浸尺度足。……梓潼使君开一束，满堂宾客皆叹息，怜我老病赠两茎。出入爪牙铿有声，老夫复欲东南征。乘涛鼓枻白帝城，路幽必为鬼神夺。拔剑或与蛟龙争。重为告曰：杖兮杖兮！尔之生也甚正直，慎勿见水踊跃学变化为龙。"

⑨ 东坡跋杜诗：东坡，宋苏轼，字子瞻，四川眉山人。谪黄州，筑室东坡，因号东坡居士。《杜诗镜铨》杨伦笺注《桃竹杖引赠张留后》诗下云："东坡《跋桃竹杖引后》：'桃竹叶如棕，身如竹，密节而实中，犀理瘦骨，盖天成柱杖也。出巴、渝间，子美有《桃竹歌》。'"

⑩ 密节实中：竹节密而中不空。

⑪ 尸理：苏东坡《跋桃竹杖后》原作犀理。犀角有纹，故又称犀角为文犀。本书引作尸理，疑误。

者①，盖自东坡出。又书柳诗云②："盛时一失贵反贱，桃笙葵扇安可常？"则是宋时已不知桃笙矣③。物之显晦因时，能无慨然！

人面竹杖

人面竹杖④，尝植竹于昆院⑤，得人面竹一丛，以稚小不能为杖。

纸

纸出大理⑥，而禄劝亦出，然不及黔来之多且佳，故省城用黔纸。

---

① 有眼：义不详，疑有误。

② 又书柳诗：苏轼《东坡志林》，"柳子厚诗云：'盛时一失贵反贱，桃笙葵扇安可常？'不知桃笙为何物。偶阅《方言》：'簟，宋、魏间谓之笙。'乃悟桃笙以桃竹为簟也"。

③ 宋人不知桃笙：即指苏轼《东坡志林》中有"不知桃笙为何物"句。苏轼，宋人，故云。

④ 人面竹杖：明王象晋《群芳谱》，"人面竹出剡山（在今浙江省嵊州市），经几寸，近本节密而凸，宛如人面"。《桂海虞衡志·志草木》人面竹条："节密而凸，宛如人面，人采为拄杖。"

⑤ 昆院：昆明住所中的庭院。

⑥ 纸出大理：明代谢肇淛《滇略·产略》，"纸出大理，蒸竹及谷皮为之。其水必用药师井者良。腻而不燥，谓之清抄，可以久藏，但差狭小耳。其用米粉抄者，鲜白有余而善腐蠹，字画易脱，若华亭粉笺，然其制稍长，滇无柬纸，以此代之"。按：粉笺可作柬帖用，故亦称柬纸。

贝　叶

贝叶①，出缅甸。叶似棕榈②，可写书，故缅有贝叶书。西番之贝叶经文③，皆此类也。实可为酒，名树头酒④。

槟榔盒

槟榔盒，见于《范志》，想以为异而志之，而今滇中常有此盒，不以为异。

料丝灯

料丝灯⑤，出永昌。言取药料煎熬，抽丝，织之为灯，故曰料丝。其药料则紫石英、钝磁、赭石之属⑥，不一类也。始出于钱

---

① 贝叶：贝多罗树的叶，印度、缅甸人用以书字写经。明谢肇淛《滇略·产略》："树头酒，缅出，其树类棕榈。……其叶即贝叶也。古以写经，今缅以书字。"

② 棕榈：木名，参见《志草木》棕榈栟榈栟榈椰椰条注。

③ 西番：此处泛指西域各族，如印度、缅甸等。贝叶经文：《宋史·天竺国传》，"僧道圆自西域还，得贝叶梵经四十夹"。

④ 树头酒：参见本书《志酒》树头酒条。

⑤ 料丝：清赵翼《陔余丛考》，"料丝出于滇南，以金齿卫（今保山市）者为胜。用玛瑙、紫石英诸药，捣为屑，煮腐如粉，必市天花菜点之方凝。然后取之以为丝，极晶莹可爱"。

⑥ 紫石英：矿石名，又名紫水晶。《本草纲目·紫石英》（寇）宗奭曰："紫石英明澈如水晶，但色紫而不匀。"钝磁：磁石类的光泽纯黑者，又称玄石。赭石：赤铁矿如土状者，亦称代赭石。

能①，以此进上，不使外人烧造。能去。始习为之，顾更精，长大几二三倍，价甚昂。烧造者死，其子传其法，人竞烧之。江西人以贩于京师，料丝灯遂多，价减半。及官取之，价益贱，为之者遂不能精矣，宦游者罔不取之。李东阳误以为缭丝②，失其义矣。今永昌尚有缭丝灯，大抵穿烧珠而成者③。问之彼地诸生，质以南园所录④，则茫然不知也。

气煞风灯

气煞风灯，又甚俚⑤，滇匠善为之。收之不过盈拱⑥，撑之遂成巨灯，而价廉，能禁大风，灯烛不灭。言风咸不能逞，对之而气煞也。名虽俚而义亦长矣。

竹斗斛、竹釜

竹斗斛⑦，出永昌、顺宁，古濮竹也⑧。但不能如古之竹节相距一丈，可为船也。古人长大，后世降而短小，惟竹亦然。竹釜，

① 钱能：明宪宗时宦官，镇云南，贪婪恣纵。详见《明史·宦官列传》。
② 李东阳误以为缭丝：明李东阳，字宾之，号西涯，湖南茶陵人。孝宗时官文渊阁大学士。东阳有《料丝灯》诗，而诗中书为缭丝。清赵翼《陔余丛考》辩之云："料丝灯，见李西涯诗，而诗用缭丝字，郎瑛谓误也。"按：郎瑛，明人，著有《七修类稿》。
③ 烧珠：即烧料玻璃珠。
④ 南园所录：明张志淳，云南保山人，自号南园野人。著有《南园漫录》及《南园续录》。《南园续录》已佚，今本《南园漫录》未载有关料丝灯事。
⑤ 俚：鄙俗。
⑥ 拱：两手相合为拱。
⑦ 竹斗斛：以竹筒作量器，称竹斗斛。
⑧ 濮竹：《后汉书·西南夷传》，"其竹节相去一丈，名曰濮竹"。

见于《范志》，截大竹为铛鼎①，炊熟而不焦，物理宜然。海边煎盐，织篾为锅，能久用。往时征缅，军行于路，掘窟折蕉叶，泥之为锅，以作饭，炊熟叶不败也。

① 铛鼎：煮食物的金属器具，即锅釜之类。今边地土著人民，习以米入竹筒中，用火烤熟，破竹取食。以内有水，故竹不焦，非可以竹代锅釜也。

志禽第六

《范志》谓："南方多珍禽，非君子所问①。"仅志十三禽②，而滇禽不能以十三限也。故比范为加详。

孔　雀

孔雀出滇③，雀尾一屏④，值不高，人家多列之几。今以翎为冠饰，比于古之貂蝉⑤，而以三眼为尊⑥，故孔雀贵为南方诸禽首。然

---

　　① 君子：泛指上层社会人物。问：过问，关心。全句意为上层社会人士不应关心飞禽之类的事。

　　② 十三禽：《桂海虞衡志·志禽》列载孔雀、鹦鹉、白鹦鹉、乌凤、秦吉了、锦鸡、山凤凰、翻毛鸡、长鸣鸡、翡翠、灰鹤、鹧鸪、水雀十三种。

　　③ 孔雀：《新纂云南通志·物产考》，"孔雀属鹑鸡类，滇近边热地产之。体大于雉，头有羽冠，雄者尾翚（校者注：翚，亦作翅。鸟类尾及翼上长大羽翮），翼端有眼状圆环，光丽无比，羽色亦带金翠，见人则羽翘开，如开屏然。栖息林地，啄食虫蛇。除野外者外，各地亦多养之，羽可作装饰织物，称珍重之名品云"。

　　④ 雀尾一屏：明谢肇淛《滇略·产略》，"孔雀自惜其毛，尝巢深草中，或依灌木，时于杲日舒翼崖阳，文采照耀山谷。尾色最丽，展之如屏，故称孔雀屏也"。

　　⑤ 貂蝉：貂，貂尾；蝉，蝉翼。古以貂尾蝉翼为帽饰，称貂蝉冠。《汉书·刘向传》："青紫貂蝉，充盈幄内。"

　　⑥ 三眼为尊：清代以孔雀羽加官帽上为饰物，称孔雀翎。又有双眼、三眼之分，以示品级。

闻其血能杀人，故梁王使阿禤杀其夫以孔雀胆一具[1]。

《范志》谓民人或以鹦鹉为鲊，以孔雀为腊，以其易得。岂腊孔雀不遇毒[2]，而鲊鹦鹉陋体腥臊，亦劳鼎俎耶[3]？苏恭谓孔雀广有[4]，剑南、楚无，今云南孔雀颇多，则苏言不足信。

鹦　鹉

鹦鹉多于金沙江边[5]，五色俱备[6]。亦有白鹦鹉，如画大士相随

---

① 孔雀胆：明谢肇淛《滇略·产略》，"孔雀惟啖蛇虺，或云亦与恶蛇交，其胆毒人立死"。相传元末，云南大理总管段功，以破红巾有功，梁王以女阿禤妻之，奏授云南平章。后梁王疑段功，命阿禤用孔雀胆毒杀其夫，阿禤私告段功，愿与之偕逃，段功不听，终被梁王所杀。

② 遇毒：意即中毒。《本草纲目·孔雀》时珍曰："熊太古言孔雀与蛇交，故血、胆皆伤人。而《日华》及《异物志》言其血与首能解大毒，似不相合。按孔雀之肉既能解毒，何血独伤人耶？盖亦犹雄与蛇交时即有毒，而蛇伏蛰时即无毒之意耳。"按：《日华》即《日华诸家本草》，药书名。《异物志》，书名，汉杨孚著。

③ 鼎俎：泛指庖厨割烹之具。

④ 苏恭谓：《本草纲目·孔雀》（苏）恭曰，"交、广多有，剑南元无"。按：剑南，唐设剑南节度使，治益州，统今四川西部、云南祥云、姚安以北地区。又：本书引苏恭语"剑南元无"作"剑南楚无"，楚为今两湖地区，与《本草纲目》所引有异。

⑤ 鹦鹉：《新纂云南通志·物产考》，"鹦鹉亦属攀木类。体较雅，稍大，羽毛苍翠，嘴大而短，色褐赤，二端勾曲，舌部肥厚，善学人语。足部两趾向前，两趾向后，适于攀木。群栖森林，啄食果食。滇边常绿林中产之，……而以宁洱及金江边为最多"。

⑥ 五色俱备：《本草纲目·鹦鹉》时珍曰，"鹦鹉有数种：绿鹦鹉出陇、蜀，而滇南、交、广近海诸地尤多，……红鹦鹉紫赤色，大亦如之。白鹦鹉出西洋南方，大如母鸡。五色鹦鹉出海外诸国，大于白而小于绿者，性尤慧利"。

者①。养之，伺以番稻及松子②，其与孔雀皆文禽也③。一被怀毒之疑④，一婴见鲊之难⑤，则所置有幸不幸也⑥。

夫以鹦鹉早著于《礼经》⑦，历代之传其聪慧轶事足以感人者又至多，谅无有出其上者。《范志》谓秦吉了比鹦鹉尤慧⑧，鹦鹉声似儿女，秦吉了声似丈夫。按秦吉了形状，殆即鸜鹆之产外番者⑨。惟黄嘴黄距，异于中土耳⑩。乌凤亦然⑪，皆头有肉冠，谓非鸜鹆类哉？二禽固聪慧能言，比于鹦鹉，以言语而兼文章⑫，则不及远甚。任情轩轾⑬，未为得其平也。（原注：大为鹦鹉，小为鹦鹆⑭。）

---

① 白鹦鹉：《新纂云南通志·物产考》，"毛色纯白者别名白鹦鹉，滇中亦偶见之，颇名贵"。大士：观音大士简称。世俗画观音大士像，每有一白鹦鹉飞随，或口含念珠，故本句云然。

② 番稻：田中刈稻后自出稻茎，结实而不饱满，称为番稻。又说指晒收稻谷时筛扬出来的瘪谷。松子：松的种实。芳香可食，云南产特佳。参见本书《志果》松子条注。

③ 文禽：毛羽有文采之禽称文禽。古书中尝以文禽为山雉、孔雀、鸳鸯、鹦鹉等的别称。

④ 一被怀毒之疑：意为孔雀被疑为有毒，胆置杯中，能杀人。

⑤ 一婴见鲊之难：婴，遭遇。意为鹦鹉遭遇到被作鲊食的灾难。

⑥ 置：遭遇。

⑦ 《礼经》：《礼记·曲礼上》："鹦鹉能言，不离飞鸟"。

⑧ 《范志》谓秦吉了比鹦鹉尤慧：见《桂海虞衡志·志禽》。秦吉了：《本草纲目·鹦䳡》时珍曰，"（秦吉了）即了哥也。《唐书》作结辽鸟，番音也。出岭南容、管、廉、邕诸州山峒中。……能效人言，音颇雄重"。

⑨ 鸜鹆：《本草纲目·鸜鹆》时珍曰，"鸜鹆巢于鹊树穴及人家屋脊中，身首俱黑，两翼下各有白点。其舌如人舌，剪剔能作人言"。按：鸜鹆即鸲鹆，俗名八哥。

⑩ 中土：此处泛指中国境内。

⑪ 乌凤：见《桂海虞衡志·志禽》乌凤条。

⑫ 文章：此处指有色彩的羽毛。

⑬ 轩轾：车前高曰轩，后低曰轾，借喻议论有所抑扬褒贬也。

⑭ 大为鹦鹉小为鹦鹆：按《本草纲目·鹦䳡》时珍曰，"熊太古云：'大者为鹦䳡，小者为鹦哥。'则䳡义又取乎此"。本书原注以大者为鹦哥，小者为鹦鹉，与《本草》言相反。

白　雉

　　白雉①，产于滇南，故《左赋》以配孔翠②，导乎"绝景""曜仪"之先，亦太平献瑞之祥禽也。故越裳氏贡之③，以表中国之有圣人。则志滇禽而配乎孔雀、鹦鹉者，舍白雉而谁属？今滇多箐鸡④，尾长二三尺，毛白而尾间杂细黑点，或以为白雉，然白雉必全身俱白，无微玷⑤，方得称之。越裳之贡白雉，犹《王会篇》蜀人之贡文翰⑥，远人来宾⑦，不以其物而取其诚，故礼受之而不辞。且越裳远隔重洋，所产白雉，羽毛鲜洁，必有异于中土，未可执内地所有而议其贡之轻。《蜀都》既郑重而言白雉，《吴都》至以白雉与黑鸩同⑧，供獠者零落之资⑨，何其亵用耶⑩？赋家之论，未可

---

　　① 白雉：《新纂云南通志·物产考》，"白雉或即《尔雅》之鵫雉，白者亦云白鷢，滇中或作鷐鸡，腾冲亦谓之糠鸡，华坪则谓之寒鸡"。

　　② 《左赋》：晋左思《蜀都赋》，"孔翠群翔，犀象竞驰，白雉朝雊，猩猩夜啼。金马骋光而绝景，碧鸡倏忽而曜仪"。全句意为左思以白雉配上句的孔翠，且列在金马绝景、碧鸡曜仪之先，可知是一种祥瑞珍奇的鸟类。

　　③ 越裳氏贡之：《孝经·援神契》，"周成王时，越裳氏献白雉"。按越裳，古国名。故地在今越南南部。

　　④ 箐鸡：参见后文箐鸡专条。

　　⑤ 无微玷：玷，瑕疵。意为没有一点其他颜色。

　　⑥ 《王会篇》蜀人之贡文翰：《逸周书·王会篇》，"蜀人以文翰，文翰者如皋鸡"。注云："文翰，鸟有文采者。"

　　⑦ 来宾：来作宾客。外夷朝贡，待之如宾，故曰来宾。

　　⑧ 《吴都》：晋左思《吴都赋》，"白雉落，黑鸩零"。刘渊林注云："鸩鸟一名云白，黑色，长颈，赤喙，食蝮蛇，体有毒，古人谓之鸩毒。"

　　⑨ 獠者：猎人。零落：丧败。此处指猎人猎取白雉、黑鸩。

　　⑩ 亵：亵慢、亵渎。此处意为白雉是祥鸟，黑鸩是毒鸟，左思以二者并列，谓为均供猎人猎取，是对白雉的亵渎不敬。

执一概以相量也[1]。夫时之献白雉、连理木者[2]，以为祥瑞耳。高欢薪连理木以烹白雉而食之[3]，何卤莽乃尔耶？此与烧琴煮鹤[4]，同一可笑者也。

凤 鸾

凤、鸾[5]，为古滇时所自有。迤西接连氐羌[6]，凤卵是食[7]，以为俗。迄陈《王会》[8]，西申以凤[9]，氐羌以鸾[10]，方扬以皇[11]，随巴之比

---

① 相量：相比。

② 连理木：两干相连为一之木称连理木，古以为祥瑞之征。《孝经·援神契》："德至草木，则木连理。"

③ 高欢：字贺六浑，北齐渤海修（今河南内乡县西北）人。事东魏，封渤海王。子洋纂魏，尊为神武皇帝，庙号高祖。《太平御览》卷九一七引《三国典略》云："渤海王高欢攻邺时，瑞物无岁不有。令史焚连理木煮白雉而食。"

④ 烧琴煮鹤：喻败兴之事。唐李商隐《义山杂纂》："杀风景：花间喝道，背山起楼，煮鹤焚琴，清泉濯足。"

⑤ 凤、鸾：传说中的神鸟。凤，又称凤凰。

⑥ 氐羌：古称西方夷狄之国为氐羌。按：羌族，晋时为五胡之一，姚秦即其族也。其后散居于今甘肃临洮县、漳县、岷县及四川松潘、茂县等地。此处所言氐羌，即指在川西部的羌族，故与云南迤西地区相接连也。

⑦ 凤卵是食：以凤卵为食品。

⑧ 迄陈《王会》：《王会》，指《逸周书·王会解》篇。意为篇中陈述到有关凤鸾之事，见下。

⑨ 西申以凤：西申，西戎古国名。《逸周书·王会解》：西申以凤鸟。"以凤，谓以凤为贡品。

⑩ 氐羌以鸾：《逸周书·王会解》，"氐羌以鸾"。意为氐羌以鸾鸟为贡品。

⑪ 方扬以皇：方扬，古西戎种族名。《逸周书·王会解》："方扬以皇鸟。"注云："方扬，亦戎之别名。皇鸟，配于凤者。"按皇同凰。

翼①，方之孔雀而并进②，则亦以家畜视之耳。迨其后揽辉而去③，千仞高翔，而遗迹犹存者。故永昌有吊鸟山④，浪穹有凤羽山⑤，黑井有凤凰台⑥，台者，凤卵所遗也，井民往往掘得之。乾隆间⑦，有得以献张提举⑧，张君记云："大如僧钵，正圆，色深碧，外肤如凤尾芭蕉叶交护⑨，剥尽，中空，缀黄十余枚⑩，如枇杷⑪，壳如栗⑫，肉白，味如生银杏⑬，微涩，食之固精气。"据此，则知凤亦曾集于其地焉。

---

① 随巴之比翼：随，跟随。巴，古国名，故地在今重庆巴南区一带。比翼，鸟名。全句意为西申、氐羌、方扬跟随着巴人献比翼鸟为贡品。

② 方之孔雀：方，比方、类似。全句意为西申以凤，氐羌以鸾，方扬以皇，都是因类似孔雀才进贡朝廷的。

③ 揽辉：看见光辉。此处喻为凤凰飞去。

④ 永昌有吊鸟山：《水经注》叶榆河下云，"汉武帝元封二年，使唐蒙开之，以为益州郡，郡有叶榆县，县西北八十里有吊鸟山。众鸟千百为群，其会鸣呼啁哳。每岁七八月至，十六七日则止，一岁六至。雉雀来吊，夜燃火伺取之。其无嗉不食，似特悲者，以为义，则不取也。俗言凤凰死于此山，故众鸟来吊，因名吊鸟"。按：叶榆，今大理市，吊鸟山在市西北。汉益州郡所属甚广，包括清之永昌、大理等府地，故本书又言永昌吊鸟山也。

⑤ 浪穹凤羽山：《明一统志》，"凤羽山在浪穹县（今洱源县）西南三十里，旧名罗浮山相传蒙氏细奴逻时，有凤翔于此，故名凤羽。后凤死，每岁冬，众鸟哀吊其上，故又名鸟吊。至今土人于鸟来时举火取之，鸟见火则赴火自死"。按：凤羽山又名鸟吊山。大理、浪穹相邻，大理之西北即浪穹之西南。凤羽、鸟吊、吊鸟实一山，非有两处，本书失考。

⑥ 黑井凤凰台：黑井，黑盐井，在旧广通县境，今并入禄丰县。

⑦ 乾隆：清高宗年号。乾隆共60年（公元1736至1795年）。

⑧ 张提举：明代于定远县（今牟定县）宝泉乡设黑井提举司，清康熙四十五年改直隶司，置提举，综理司务。《嘉庆黑盐井志》载乾隆三十年至三十七年有提举张珑，此处张提举或即张珑。

⑨ 凤尾芭蕉：清吴其浚《植物名实图考》，"凤尾蕉，南方有之，安南尤多。树如鳞甲，叶如棕榈，坚硬光滑，经冬不凋"。

⑩ 黄：卵黄。

⑪ 枇杷：果名。参见本书《志果》葡萄条注。

⑫ 栗：果名。参见本书《志果》桃条注。

⑬ 银杏：果名。参见本书《志果》葡萄条注。

世俗莫不以凤之见为瑞，然瑞一而妖四①，瑞之少不敌妖之多。一曰鹔鹴，其身义，戴信、婴礼、膺仁、负智，俨然凤也，至则疫。二曰发明，其身仁，戴信、婴义、膺智、负礼，犹之凤也，至则丧。三曰焦明，身义，戴信、婴仁、膺智、负礼，犹之凤也，至则水。四曰幽昌，身智，戴信、负礼、膺仁，犹之凤也，至则旱。此四凤者，皆托于仁、义、礼、智、信，以诱于人而济其私者也。一真挠于四伪，凤其如之何②？故记之，以为他日求凤者知所辩也。

乌凤、山凤皇、绿毛么凤

乌凤、山凤皇③、绿毛么凤等④，滇南尽有之。虽托凤名而无所假，亦不愧为南方珍禽矣。

箐 鸡

箐鸡⑤，生长于箐⑥，滇南多箐，故箐鸡为多，即白雉、白鹇之

---

① 瑞一而妖四：凤为一瑞，似凤的鹔鹴、发明、焦明、幽昌为四妖。见《后汉书·五行志》。

② 凤其如之何：意为凤对与己相像的四种妖鸟，亦无何办法。

③ 山凤皇：鸟名。《桂海虞衡志·志禽》："山凤皇状如鹅雁，嘴如凤，巢两江深林中。"

④ 绿毛么凤：一名桐花凤或桐花鸟。宋苏轼《西江月词》："海仙拾遗采芳丛，倒挂绿毛么凤。"唐李德裕《画桐花凤扇赋序》："成都夹岷江矶岸，多植紫桐。每至暮春，有灵禽五色，来集桐花，以饮朝露，谓之桐花凤。"

⑤ 箐鸡：《新纂云南通志·物产考》，"箐鸡即耳雉（原注：按即俗称之野鸡）之另一变种。羽毛白色，胸及翅黑色，背及尾部灰白。尾羽长而屈，梢头黑色。喉部有白纹路，上连头部。其左右之耳状毛丛，使呈不祥好斗之状态。面部亦裸出，呈鲜红色。腿部亦作深红色，与常雉无异"。

⑥ 箐：滇、黔称大竹林为箐。云南山中多大竹林，故又称山箐，土人呼为箐沟。

类也^①。《尔雅》五雉^②，岂独江、淮而南，伊、洛之间哉^③？滇亦备有之矣。

摆夷鸡

摆夷鸡^④，鸡身而凫脚^⑤，鸣声无昼夜，寺庙多畜之。镇沅谓之小鸡^⑥，南甸谓之叫鸡。然鸡非小也，以为叫鸡，又不应司晨之节^⑦，且好逐小儿而啄其眼，故人家不敢畜，多送之寺院。

鹧鸪

鹧鸪^⑧，亦鸡类，农部至以名其河^⑨，则以出之多也。

---

① 白鹇：鸟名。《新纂云南通志·物产考》："白鹇与白雉相似而实不同，状类家鸡，可供驯养。初时尾秃首小，毛色微黄。及长，长颈修翎；鸟喙丹趾，首翘朱冠，目荧金弹，遍身白质黑章，绉纹蹴踏。"

② 《尔雅》五雉：《尔雅·释鸟》，"伊、洛而南，素质五采皆备成章曰翚。江、淮而南，青质五采皆备成章曰鹞。南方曰翟，东方曰鹐，北方曰鵗，西方曰鷷"。

③ 江淮：长江、淮水。伊洛：伊水、洛水。全句意为五雉不仅产于江淮之南、伊洛之间，云南亦有之。

④ 摆夷鸡：《新纂云南通志·物产考》，"矮鸡，小于家鸡，足短鸣长，应时无差，距长寸许。……缅宁亦名矮脚鸡，镇沅并名小鸡。以其长鸣，故又云长鸣鸡。……此鸡来自沿边夷地，故通常更名摆夷鸡"。按：滇人俗称傣族为摆夷或摆衣。

⑤ 鸡：即普通家鸡。凫（读若扶）：野鸭。

⑥ 镇沅：今镇沅县，属普洱市。

⑦ 司晨：鸡鸣报晓，晋陶潜《述酒诗》，"流泪抱中叹，倾耳听司晨"。节，意为职责。全句意为摆夷鸡鸣声无昼夜，不能司报晓之事。

⑧ 鹧鸪：《桂海虞衡志·志禽》，"鹧鸪大如竹鸡而差长，头如鹑，身文亦然，惟臆前白点正圆如珠，人采食之"。

⑨ 农部至以名其河：雍正《云南通志·山川》，"鹧鸪河在（禄劝州）治南五里。源出治西北二十五里之核桃箐，南流入禄劝掌鸠沟"。

迦陵鸟

迦陵鸟[①]，绛云露山有之，人但闻其鸣，不能见也。交响彻于瑶空，所以谓迦陵之音。盖乌蒙气与天通[②]，此鸟居之。予长农部[③]，曾宿山下，得闻之也。

灰　鹤

灰鹤[④]，《范志》云大如鹤，灰惨色，能鸣舞。予居农部，署有二灰鹤，月夜交舞，小子惊之[⑤]，以为见鬼。而凌霄之恣，乃为近玩，且蒙见鬼之巫，命长其翎而纵之。

鹄

鹄[⑥]，即为鹤，仙禽也。白者谓鹤，黄者谓鹄。二者皆不见，惟灰鹤多。仆居滇十余年，早见诸鹤飞出，晚则归来，分栖于寺院

---

① 迦陵鸟：迦陵，佛家语，迦陵频迦之略，鸟名。《正法念经》："山谷旷野，多有迦陵频迦，出妙声音，若天若人。紧那罗等无能及者。"紧那罗，佛家语，乐神名。

② 乌蒙：乌蒙山，即绛云露山。

③ 长农部：为蒙部之长，即禄劝县令。

④ 灰鹤：《新纂云南通志·物产考》，"灰鹤亦名高鹤，鹤庆有之。全身灰色，惟沿颈背至肩部，羽色始白，与丹顶鹤不同。"

⑤ 小子：役仆。

⑥ 鹄：《新纂云南通志·物产考》，"鹄亦属游禽类。较雁稍大，颈部特长。羽毛纯白，飞翔甚高，噪声洪亮，滇名天鹅，亦名野鹅。武定、鲁甸、宣威、通海、大理、永平等处，秋后往往见之，亦候鸟也"。

及文庙之大林，嘲哳之声彻晓夜。《本草》列鹄于鹤外[①]，谓之天鹅。夫天鹅下湖渚以啄鱼，列阵而前。捕之者先插留于前[②]，而从后徐驱之。距留尚数丈，急惊群起，肥重不能遽翔，拍水而飞，已陷于留不能去，故曰留天鹅。若黄鹄则弋而下之[③]，故曰下高鹄。彼其一举千里，能留之哉？天鹅即鹔鹴鹅，郭注谓之野鹅是也[④]。

信天翁

信天翁[⑤]，《丹铅录》云[⑥]："鸟名，滇中有之。其鸟食鱼而不能捕，候鱼鹰所得偶坠者，拾食之[⑦]。"兰廷瑞诗云[⑧]："荷钱荇带绿江空，唼鲤含沙浅草中。波上鱼鹰贪未饱，何曾饿死信天翁？"亦可以为讽矣。廷瑞，滇之杨林人[⑨]，信天翁即鹭泽虞也[⑩]，俗名护

---

① 《本草》列鹄于鹤外：《本草纲目》鹤、鹄分为二条。"鹤大于鹄，长三尺余。喙长四寸，丹顶赤目，赤颊青脚，修颈凋尾，粗膝纤指，白羽黑翎，亦有灰色，苍色者。尝以夜半鸣，声唳云霄。""鹄大于雁，羽毛白泽，其翔极高而善步。所谓鹄不浴而白，一举千里是也。亦有黄鹄、丹鹄，湖海江汉之间皆有之，出辽东者尤甚，而畏海清鹄。其皮毛可为服饰，谓之天鹅绒。"

② 留：笼络。以竹篾编为幕络，插于水中，飞禽触及，则难起飞。

③ 弋：缴射，谓以丝缕系矢而射。

④ 郭注：《尔雅·释鸟》，"鹔鹴（读若六楼）鹅"。郭璞注云："今之野鹅。"

⑤ 信天翁：《中文大辞典》，"游禽类。体灰白色，长约二尺，嘴长，上嘴尖端稍稍钩曲，两翼与尾端淡黑。翼狭长，飞力甚强，不畏风暴。脚短，色淡红，无后趾。前三趾有大蹼，善游泳。群居海岛中，南方海洋常见之，捕食介等类。羽毛可制褥及装饰品，粪为最良肥料"。

⑥ 《丹铅录》：书名，明杨慎撰。此处所引见清大理梁佐辑《丹铅总录五·鸟兽》。

⑦ 鱼鹰：鸟名。《本草纲目·鹗》："鹗，雕类也，似鹰而土黄色。深目，好峙。雄雌相得，鸷而有别。交则双翔，别则异处。能翱翔水上，捕鱼食。江表人呼为食鱼鹰。"

⑧ 兰廷瑞：嵩明杨林人，兰茂之弟。

⑨ 杨林：杨林镇，属嵩明县。

⑩ 鹭泽虞：鹭，《尔雅·释鸟》郭璞注云，"今婟泽鸟，似水鸮，苍黑色。常在泽中，见人辄鸣唤不去，有象主守之官，因名云。俗呼为护田鸟"。

田鸟。守水圳^①，俟鱼过，啄食之。此语早传于天下，不知发自兰止庵也^②。盖鸟之安命而知所止也，品高亦亚于鹤矣。（原注：俗誉久住不动者为青鹲，音庄。）

吐金鸟

吐金鸟^③，古出昆明^④。《丹铅录》引《酉阳杂俎》为魏明帝时昆明国贡辟寒鸟^⑤，常吐金如粟。昆明今无此鸟，以为段成式虚言。然此出王子年《拾遗记》^⑥，成式引之耳。其时所谓昆明夷者^⑦，在宁远、丽江之西^⑧，非今昆明县也^⑨。盖其地接西藏，已成佛国，佛地何所不有？鸭食沙而粪金^⑩，鸟食沙独不可以嗽金乎？今无，仍不妨于古有，并存之可也。

---

① 水圳（读若镇）：田畔水沟。

② 兰止庵：明兰茂，字廷秀，号止庵，嵩明杨林人。著有《韵略易通》《滇南本草》等书。本书作者误以兰廷瑞为兰止庵，故有此语。

③ 吐金鸟：一名嗽金鸟，亦名辟寒鸟。秦王嘉《拾遗记》："（魏）明帝即位二年，起灵禽之园，远方国所献异鸟珍兽，皆畜此园也。昆明国贡嗽金鸟，形如雀而色黄，羽毛柔密，常翱翔海上。帝得此鸟，畜之灵禽之园，饴以珍珠，饮以龟脑，鸟常吐金屑如粟，铸之可以为器。"

④ 昆明：古昆明有二，一为今四川盐源县，唐置，后没于吐蕃；一为今云南昆明市，此处之昆明指昆明国。

⑤ 《酉阳杂俎》：唐段成式撰。书中引王嘉《拾遗记》文。

⑥ 王子年：秦王嘉字。

⑦ 昆明夷：汉时西南夷有昆明国。见《史记·西南夷传》及《索隐》。

⑧ 宁远：旧府名。汉初邛都国地，武帝开置越嶲郡，清置宁远府，今四川西昌市。

⑨ 昆明县：旧县名，今昆明市。

⑩ 鸭食沙而粪金：《太平御览》卷九一九引《岭南异物志》云，"广州浛洭县金池黄家，有养鹅鸭池，尝于鸭粪中见麸金片，遂多收淘之，日得一两，缘此而致富"。

鸬鹚

滇南多山河，人畜鸬鹚以捕之①，虽不致"家家养乌鬼②"，亦到处有之。养鹰以捕雉、兔③，养鸬鹚以捕鱼，此禽之听命于人而效所用者也。一名水老鸦，能合众以擒大鱼，或啄眼，或啄其翅，或啄其尾与鬐④。鱼为所困，而并舁以出水⑤，主人取之，可谓智矣。

鹰

滇人喜赶山⑥，多畜鹰⑦，臂之者盈市⑧。此皆效用于人之良禽也。故连类而记之。

---

① 鸬鹚：《新纂云南通志·物产考》，"鸬鹚属游禽类，似鸦而黑，喉部裸出，喙长微曲，滇中水鸟。渔户畜之，用以捕鱼，俗名水老鸦"。捕之：疑为"捕鱼"之误。本条下文云："养鸬鹚以捕鱼。"

② 家家养乌鬼：唐杜甫《戏作俳体诗》，"家家养乌鬼，顿顿食黄鱼"。按《夔州图经》云："峡中人以颅鹚捕鱼，谓之乌鬼。"

③ 鹰：鸟名，参见下文鹰条注。兔：动物名，参见本书《志禽》兔条注。

④ 鬐：鱼脊鳍。

⑤ 舁（读若于）：扛抬。

⑥ 赶山：云南土著居民称围猎为赶山。

⑦ 鹰：《新纂云南通志·物产考》，"鹰属猛禽类，嘴及脚与雕相似而较为小，习性亦相类。毛色苍，翼极强健。猎者驯致饲养，行猎时臂之入山，使捕诸禽"。

⑧ 臂之：使鹰立臂上。

鹫

鹫[1]，大鹰也。西方人谓之鹫，滇山往往见之。

雕

雕居大泽[2]，飞则盘空如大车盖，滇人取其翎以饰箭。李时珍谓"雕即鹫也。羌雕出西南夷，黄头赤目，五色皆备。雕类能博鸿、鹄、獐、鹿、犬、豕[3]。又有虎鹰[4]，翼广丈，能博虎。鹰、雕虽鸷而畏燕[5]，盖禽之制以气，物无大小也"。院丁山荣[6]，得其爪，挂于前楼，盖新见获者也[7]，为予述滇雕之状，殆即羌雕也。

---

① 鹫：《新纂云南通志·物产考》，"鹫属猛禽类。……鹫鸟之王，外观极盛。常潜伏静处，俟鹰捕得食物，即突起而夺之。宁洱、芒遮板、丽江、华坪等山地产"。

② 雕：《新纂云南通志·物产考》，"雕属猛禽类。体形巨大，而翼广尺许。嘴强大，上端钩曲。趾强健，有钩爪。力强视敏，眼眶凹陷。雌雄双栖，而雌大于雄。栖息高山大泽间及山中乔木上"。

③ 鸿：鸟名。《中文大辞典》，"鸿，鸿鹄也。属鸟类游禽类，为雁之最大者。翼长一尺八寸，额颈及背面暗黄褐色，翼黑褐色，尾灰褐色，先端白，嘴尖黑，脚黄，为猎鸟中之重要种类。"鹄：鸟名，参见上文鹄条注。獐：兽名。参见本书《志兽》麋麚条注及猫、黄鼠狼条注。鹿：兽名，参见本书《志兽》麋麚条注。犬：家畜名，俗名狗。豕：又称为猪，参见本书《志兽》狗条注。

④ 虎鹰：鹰之一种。晋郭义恭《广志》："虎鹰能飞捕虎豹，大如牛，翼广二丈。"

⑤ 燕：《新纂云南通志·物产考》，"燕属鸣禽类，体形较小，嘴部扁平，而口特大。羽色暗褐青紫，尾羽分叉若剪。春来秋去之候鸟也。仲春以后，营巢人家，驱食蝇蚊等，为滇常见之益鸟"。

⑥ 院丁：仆役。

⑦ 新见获：新逮住的。

鱼膺

鱼膺，鹗也①，雎鸠也②。五鸠鸠民③，此其一也。鸷鸟累百，不如一鹗④，而被以鱼膺之名，失其义矣。

雁

雁⑤，滇南始未有⑥。黄夫人诗⑦："雁飞曾不到衡阳⑧，锦字何由寄永昌⑨。"即升庵《始于滇池泛舟见新雁》诗云："忽见行行

---

① 鹗：《本草纲目·鹗》时珍曰，"鹗状可愕，故谓之鹗。其视雎健，故谓之雎。能入穴取食，故谓之下窟鸟。翱翔水上，扇鱼令出，故曰沸波禽"。

② 雎鸠：《尔雅·释鸟》"雎鸠"郭璞注云，"雕类，今江东呼之为鹗，好在江渚山边食鱼"。

③ 五鸠鸠民：《左传》昭公十七年，"祝鸠氏，司徒也。雎鸠氏，司马也。鸬鸠氏，司空也。爽鸠氏，司寇也。鹘鸠氏，司事也。五鸠，鸠民者也"。全句意为《左传》所言五鸠，都是治理人民的官，雎鸠氏即五鸠之一。

④ 鸷鸟累百不如一鹗：《汉书·邹阳传》，"臣闻鸷鸟累百，不如一鹗"。注云：孟康曰，"鹗，大雕也"。师古曰："鸷击之鸟，鹰鹯之属也。"全句意为鹰鹯之类的鸷鸟，虽聚集百数，但不如一鹗。

⑤ 雁：《新纂云南通志·物产考》，"雁属游禽类，体形似鹅，故俗称雁鹅，滇中候鸟也。旧时鸿、雁并称，惟鸿背颈色淡黑，体大，雁体较鸿稍小，额白，项颈均呈褐色。入秋北来，春至则归。趾间具蹼，成群善飞，亦适游泳"。

⑥ 滇南始未有：意为云南初本无雁。《新纂云南通志·物产考》云："考雁类之迁徙往来，基于食物气候，至有定则，应候渡来，年年如是，未足为奇。不过明、清以前，鲜人注意，或记载稍疏所致耳。"

⑦ 黄夫人诗：黄夫人，明杨慎妻。康熙《云南通志·补遗》："用修（杨慎字）久戍滇中，妇黄寄一律云：'雁飞曾不到衡阳，锦字何由寄永昌？三春花柳妾薄命，六诏风烟君断肠。日归日归愁岁暮，其雨其雨怨朝阳。相闻空有刀环约，何日金鸡下夜郎？"

⑧ 衡阳：今湖南衡阳市。古传雁南飞至衡阳而止。

⑨ 锦字：妻子的书信。

雁，来应自故乡。天涯多少路、云际几番霜。滇水饶葭菼①，禺山足稻粱②。金河尔休恋③，无限塞弦张④。"则为雁初入滇也。今则结阵联行，排空而至，不知纪极矣⑤，然犹有去来也。客某言于滇之西境，见雁抱子将雏⑥，人过，则负四雏于背而飞，几以滇为所家矣⑦。古今地气之异，不能以常情论也。鲥鱼竟过小孤⑧，且至于常德⑨；雁竟过衡阳，且至于滇海矣；谁能格之哉⑩？

又《滇志》云⑪："顺治庚子冬⑫，鸿雁来。"分注谓"云南旧无鸿雁⑬，至是百十为群，日数过，皆西去。自后年年皆有，不见回。"据此，则嘉靖中雁始至⑭，犹在昆池⑮。顺治庚子，雁大至，

---

① 葭菼（读若佳炎）：初生芦苇，此处指苇获初生，遍于滇池。
② 禺山：即禺同山，在今大姚县境，此处借指云南。
③ 金河：汉云中郡有金河，因泥色紫得名，即今呼和浩特市南流入黄河的黑水。此处借指北方。
④ 塞弦：《升庵文集》万历刊本作"虏弦"。塞弦意为塞外边地的弓弦，虏弦意为边地胡虏的弓弦，含义相同。此处借喻北方射雁者多，雁北归有危险，不如在滇南为好之意。
⑤ 纪极：数量极多，纪不胜纪。
⑥ 抱子将雏：鸟伏卵为抱，持护为将。意为雁正伏卵，护持雏儿。
⑦ 所家：以此为家。
⑧ 鲥鱼：《本草纲目·鲥鱼》时珍曰，"鲥鱼形秀而扁，微似鲂而长。白色如银，肉中多细刺如毛。大者不过三尺，腹下有三角硬鳞如甲"。小孤：小孤山，在江西九江市南大姑塘，俗称孤山。以鄱阳湖中有大孤山，故此名小孤山。鲥鱼生活于太平洋，五六月间为产卵期，此时朔江河水而上，择地产卵，我国南方江河中多有之。古人传说鲥鱼由长江而上，但不过小孤山。
⑨ 常德：常德市，属湖南省。
⑩ 格：阻拦。
⑪ 《滇志》：指雍正《云南通志·祥异》。
⑫ 顺治庚子：顺治，清世祖年号。顺治十七年庚子，即公元1660年。
⑬ 分注：雍正《云南通志·祥异》，"十七年庚子冬，鸿雁来"。句下有双行小注，如正文中所引。
⑭ 嘉靖：明世宗年号。嘉靖共45年（公元1522至1566年）。
⑮ 昆池：即滇池。

径往滇西而不复回，则客言为不爽矣①。既以西澨为金河②，将雏养子，则从升庵之祝矣。不知羽翼既成，更随阳向别方否③？予在滇久，但见雁秋来，而不闻春归，心窃讶之，征于此益信，雁且安于滇不复回，农部五六月间，山箐溪河，往往见雁，土人呼为雁鹅，以为另有一种。今合诸志参考，乃知本鸿雁也。藏诸深箐，人不能见，夏暑仍在，亦不他翔，各处如农部者谅更多，皆来而不回者也。升庵谓由蜀至，或然。

盖自开辟而后④，南北往来，徒充雁户，燕弦楚缴⑤，常涉艰难。江湖之居已多，稻粱之求未足。滇地广莫⑥，相率而来，更不念归，以为世守⑦。此又翻开辟未有之局⑧，故为发明之⑨。

鸡、鸭、鹅、鹜

《范志》谓：“南方多禽，非君子所问。”然则所问者，终以闾阎所畜⑩，民生利赖者宜先。鸡、鸭、鹅、鹜⑪，生民之常产，

---

① 不爽：无出入，意即正确。

② 西澨：澨，水涯。西澨即西方的水涯。此处泛指滇南有水处。全句意为滇南可视为塞北。

③ 随阳向别方：跟随阳光到温暖的他方。

④ 开辟：开天辟地，意即有史以来。

⑤ 燕弦楚缴：燕，古燕国，在北方。楚，古楚国，在南方。全句意为雁在北方南方，都有被弋缴的危险。

⑥ 广莫：莫同漠，意为地域广阔。

⑦ 世守：世代居住下去。

⑧ 局：格局，情况。

⑨ 发明：说明前人所未知者。

⑩ 闾阎：里中门也。此处泛指民间。

⑪ 鹜：即鸭。《中文大辞典》：“鹜属鸟类游禽类。嘴扁颈长，翼小尾短，体形扁，腹面如舟底。脚四趾，前三趾有蹼，后一趾略小。羽毛甚密，尾端有分泌脂肪之尾脂腺，时时以嘴取油涂羽，故入水不濡。善游泳，拙于步行。食谷物、蔬菜、鱼虫等。人多饲养之，俗呼为鸭，亦称家鸭，古名舒凫。”

番、汉胥同①。虽大小肥瘦，各处不同，而亦颇为丰裕。往者，所值甚贱，鸡蛋至八文可十枚②，滇、黔一也③。自缅甸军兴④，凿破浑沌⑤，无复淳古之风，民畜渐衰，物值大长⑥，一蛋至四五文。军营，一枚且至银三四分，由凋耗之太甚也⑦。民俗利在鸡鸭，入街子则鸡满笼，鸭满围，以易米、盐、布匹。故《志禽》自孔翠之属外，终归于家畜。《职方》纪十二州⑧，必辨畜所宜⑨。滇南多水似江、湖，故所畜鸡及鹅、鸭之利，是在司牧所以教之者⑩。山居之民，又畜鸬鹚捕鱼，以为生理。人家又多养鸽⑪。天日晴朗，滇人多放鸽，散于满城，铃叫盘空，笙箫响逸，此皆生理所资者。其他娇民笼袖⑫，髀袋鹤鹑⑬，浪子提笼，面矜黄豆⑭，虽亦俗之所尚，吾无取焉耳。

---

① 番汉胥同：番，外族；汉，汉族。全句意为全国各族人民都相同。
② 八文：明清以铜制成货币，名为制钱。一钱称为一文。八文即八个制钱。
③ 滇黔一也：云南、贵州都相同。
④ 缅甸军兴：军兴，谓发生军事行动。清乾隆三十二年及三十四年，两次对缅用兵。
⑤ 凿破浑沌：意为打破了原来长期停滞不前的社会状况。
⑥ 物值大长：长，同涨，意谓物价大涨。
⑦ 凋耗：凋，凋敝。耗，消耗。意为生产少而消耗大。
⑧ 十二州：《尚书·舜典》蔡传，"十二州：冀、兖、青、徐、荆、杨、豫、梁、雍、幽、并、营也"。
⑨ 辨畜所宜：辨明各州所宜畜养的家畜。
⑩ 司牧：抚养百姓，以养民为事者，谓国君或地方长官。
⑪ 鸽：《新纂云南通志·物产考》，"鸽属鸠鸽类，滇中常鸟，到处养之，体形似鸠，羽毛有青、白、绿、灰、斑等色。性耐飞翔，且具认识力"。
⑫ 娇民：娇生惯养，不务生产之人，即下句"浪子提笼"的浪子。笼，饲养鸟雀的竹笼。袖：藏于衣袖中。全句意为城市中的娇民，常以鸟笼饲养鸟雀，或藏于袖中。
⑬ 髀袋：系袋于髀部，内藏鹤鹑。鹤鹑：《新纂云南通志·物产考》，"鹤鹑属鹑鸡类。体较鸡小，羽多苍黑，或呈黄褐，间以黑白斑纹。滇山麓草丛及田野间产之。昼伏夜出，性喜近人，故或笼为玩鸟。昆明、蒙自旧有斗鹤鹑之赌赛，此风今犹未息"。《中文大辞典》："鹤，鸟名，属鸟类鹑鸡类。形体与鹑相似，背面全呈胡桃色，腹面胸部淡青色，至下方亦渐呈胡桃色。字亦作鷃。"又云："鹑，鸟名，属鸟类鹑鸡类。形似鸡，体长约六寸，头与嘴皆小，尾短、体上面赤褐色，有暗黄色条纹，胸侧至腹侧赤褐色，腹白。……俗名鹤鹑，实则鹤与鹑非一物。"
⑭ 黄豆：义不祥。全句或意为浪子提着鸟笼面有自矜之色。

雉

武定之民善射雉①，以媒诱野雉而射之②，如《潘赋》所云也③，谓之游子。当雉少时，大厨索之急④，不得已以媒进。嗟良游之呃喔⑤，供汤片于暖锅⑥，岂不可惜？（原注：游当作由⑦，吕温有《由鹿赋》⑧。）

朱 凤

朱凤，如指头大，能作声。生于深林，儿童折树枝，以饧水引之⑨，得五六枚，绕树枝上不去，犹蜜之引散蜂也⑩。插华堂上，飞鸣上下，不过七八尺，极可玩，尝于刘开化邸见之⑪。

---

① 雉：亦称野鸡。《本草纲目·雉》时珍曰："雉，南北皆有之，形大如鸡，而斑色绣翼。雄者文采而尾长，雌者文暗而尾短，其性好斗。"
② 媒：又称游子。猎人以驯化的雉来诱捕野雉的称为雉媒。
③ 《潘赋》所云：晋潘岳，字安仁，撰有《射雉赋》。有句云："良游呃喔，引之规里。"徐爱注云："良游，媒也。言游呃喔其声，诱引令入可射之规内也。"
④ 大厨：官府厨房。
⑤ 呃喔：媒所发的诱引声。
⑥ 暖锅：火锅。
⑦ 游当作由：按古游、由二字相通用。
⑧ 吕温：字和叔，一字光化，唐贞元进士，官左拾遗，贬衡州刺史。著有《吕衡州集》。
⑨ 饧：麦芽糖。
⑩ 散蜂：不归巢的蜂。
⑪ 刘开化：人名。或系指清乾隆时任云南开化府知府的刘青照。

芦 燕

　　芦燕①，栖滇池芦荻中，池人捕之以贸于市，炙而荐酒②，味甚美。夫其畏人也，不袭诸人间而避诸海上③，以为远于人患矣，卒相与俱糜④，非失其托也哉⑤？故书之以为戒。

---

①　芦燕：《新纂云南通志·物产考》，"颇似今之荷花雀也"。

②　荐酒：进酒，即佐餐下酒。

③　袭：藏匿。

④　糜：糜烂。

⑤　托：依托。

志兽第七

按：《范志》谓"兽莫巨于象，莫有用于马，皆南土所宜"也，故《志兽》首之，况出自滇产，因之而不后①。

象

象②，出云南诸土司。《明统志》云："缅甸、八百皆有象。"然不独二土司也。夫教象以战为象阵，驱象以耕为象耕，南中用象殆兼牛、马之力③。

明万历中，邓子龙御缅，靴尖起处，踢死一象，蛮大惊，以为神将军④。盖象胆随时运于四支⑤，蹴其胆而杀之，知将略在有学问也。

---

① 因之而不后：依《桂海虞衡志》例，列象、马于首，而不列于后。

② 象：《新纂云南通志·物产考》，"象属长鼻类，陆栖哺乳类之最大者。滇沿边热地如腾冲、思茅、车里、镇越等处产之"。

③ 兼牛马之力：《新纂云南通志·物产考》，"象之野生者百十成群，徘徊林野，但其性易驯。思、普属沿边土司、豪族，尚有畜养之，以负重致远，若腹地之使牛、马者然"。

④ 神将军：清杨琼《滇中琐记》，"子龙征蛮时，蛮驱象进战，子龙足踢一象死，蛮大惊奔溃。世传邓将军一脚踢死象，盖知象胆之所在，伤即毙焉"。

⑤ 象胆随时运于四支：支，同肢。意谓象胆依时间的不同，运转于四肢。按：此无科学论据，不足为信。

天启间①，安效良叛②，攻马龙③，调景东土兵统象兵逆战，一象奋勇冲阵，土兵乘之，大破蛮兵。象归营，犹气勃勃始毙，箭镞满身。巡抚王佐立碑建坊，葬之马龙北关外，表曰忠勇义象④。此事著于《黔书》及《滇志》⑤。

予居滇久，屡见缅甸、南掌贡象至⑥，养于城东报国寺后园⑦，无绝殊者⑧，而供亿亦烦费矣⑨。

马

南中民俗，以牲畜为富，故马独多⑩。春夏则牧之于悬岩绝

① 天启：明熹宗年号。天启共7年（公元1621至1627年）。

② 安效良叛：安效良，沾益土酋。《新纂云南通志·土司考》："效良弟效贤，娶水西女设科，作乱，逐（沾益州土官）安远。天启三年，官兵擒设科诛之。是时，滇、蜀、黔诸土司往往出为边害，安效良附逆于水西土舍安邦彦，且合永宁宣抚奢崇明诸部三十六营，直抵沾益，对垒城下五日。副总兵袁善、宣抚使沙源等力战，出奇破之，效良败死。"

③ 马龙：今马龙区，属曲靖市。

④ 土兵统象兵逆战：道光《云南通志稿·杂志》引杜其渐《义象传》记载，天启初，滇、蜀、黔西土酋叛乱，攻至马龙，大中丞闵洪学，调景东陶氏劲兵和战象讨之，一象中药箭仍横行贼阵中，无人阻挡，最后破贼取胜。回营后检视兹象，中箭多于蓬麻，过三日死去，葬于城北。巡抚王佐立碑建坊，按明天启、崇祯时任云南巡抚者无王佐，崇祯时王伉任云南巡抚，本书盖误。

⑤ 《黔书》：清田雯撰。《滇志》：指云南旧通志。

⑥ 南掌：旧云南边外土司，今老挝国。

⑦ 报国寺：雍正《云南通志·寺观》，"报国寺在（省）城东门内。本朝康熙四十三年，巡抚石文晟建。内有御书楼，奉圣祖仁皇帝诗赐讲经僧溥畹"。

⑧ 绝殊：特别出众，不同一般。

⑨ 供亿：供养费用。

⑩ 马：《新纂云南通志·物产考》，"马属有蹄类。体高大，耳壳短，尾全部被有长毛，毛色各种，马之命名亦因以异。乘骑致远，滇中最重要之家畜也。旧志称云南自古多产名马，……今大理三月街，鹤庆七月松桂会，八月邓川鱼塘坡，均有骡马市场，远近争集，一切选种购买，均于此等市行之。……按本省为产马名区，十年前之调查，现有马数，已逾三十万匹，产量超过甘、新两省"。

谷，秋冬则放之于水田有草处，故水田多废不耕，为秋冬养牲畜之地。重牧而不重耕，以牧之利息大也。马、牛、羊不计其数，以群为名，或百为群，或数百及千为群。论所有，辄曰某有马几何群，牛与羊几何群。其巨室几于以谷量马牛①，凡夷俗无处不然。马产几遍滇，而志载某郡与某某郡出马，何其褊也？夷多牲畜，而用之亦甚费。疾病不用医药，辄祷神，贵者敲牛至于数十百②，贱者敲羊至于数十百，究无救于疾，而牛羊之用已不可纪极。巨室丧事来吊，但驱牛马羊成群，设帐幕于各山，牵牛诣灵位三匝③，而敲之以成礼，仍归所敲于各帐，计费牛羊亦不可胜计。故禄劝州虽僻处，而鼠街所出之皮草几半滇④，由用之多也。

《范志》："蛮马出西南诸番，多自毗那、自杞等国来⑤。自杞取马于大理，古南诏也，地连西戎⑥，马生尤蕃，大理马为西南蕃之最。"彼时所谓大理国者，盖统全滇而言之，非大理一郡也。桂林，故静江也。宋时于静江府设马政，以茶易西蕃之马⑦，故《范志》自谓"余治马政"。今滇马虽多，未有鞭缰⑧，佑客驱而成群，贩之以出滇境者，但供脚人驮运⑨，驿号收买而已⑩。至缅甸军兴，反驱天下之马牛以入滇，死者不可胜计，道路臭秽，几不可

---

① 巨室：大家旺族，拥有巨资的富室。谷：以放牧山谷来计马牛数量，意为难计细数。

② 敲：敲击，杀。

③ 三匝：三周。《史记·汉高祖本纪》："围宛城三匝。"

④ 皮草：有毛为皮，去毛粗制为草，亦名皮草。

⑤ 毗那：即毗罗那。毗罗那、自杞，均西南蕃古国名，产马。宋周去非《岭外代答·产马之国》列有毗罗那、自杞二国名。

⑥ 西戎：西方夷夷的总称。此处泛指云南西部边外地区。

⑦ 西蕃：古称西藏为吐蕃或西蕃。此处泛指位于广西西部的大理国（即云南）及西藏等边地。

⑧ 鞭缰：鞭，马鞭。缰，缰绳。此处借指马具。

⑨ 脚人：赶马人。以马驮运货物，供客雇用，结队成行。主其事及参与劳动者均系称脚人。为首者亦称马锅头。

⑩ 驿号：驿站。

行。无济于军兴，徒为靡费，岂非不考之过哉？《传》云①："古者大事②，必乘其产，安其水土，而知其人心，随年向无不如志。"夫以郑驷尚败晋戎③，况驱天下之马，万里入滇，道死已过其半。迨抵军前，马已尽矣，不得已潜买滇马以充之，滇马值遂高。夫内地之马，撒蹄而驰④，于平原广地便。滇马敛蹄⑤，于历险登危便。古称"越睒之西多莎草⑥，产善马，世谓越睒骏。始生若羔，岁中纽莎縻之⑦，饮以米沈，七年可御，日驰数百里。"又夷人攻驹⑧，縻驹崖下，置母崖颠，久之，驹恋其母，纵驹冲崖，奔上就母，其教之下崖亦然。胆力既坚，则涉峻奔泉⑨，如履平地。此滇马之可用于滇，而入内地，技亦穷矣。南渡偏安，于静江易马⑩，终不闻赖西蕃之马以济军政，想亦徒为烦费矣。

---

① 《传》云：《左传》僖公十五年，"（晋惠公）乘小驷，郑人也。庆郑曰：'古者大事，必乘其产。生其水土，而知其人心，安其教训，而服习其道。唯所纳之，无不如志。今乘异产，以从戎事，及惧而变，将与人易。乱气狡愤，阴血周作，张脉偾兴，外强中干，进退不可，周旋不能，君必悔之。'弗听。……壬戌，战于韩原，晋戎马还泞而止，……秦获晋候以归"。

② 大事：军事也。

③ 郑驷尚败晋戎：郑驷，郑国献纳给晋的马，名小驷。晋戎：晋国人的军事行动。

④ 撒蹄：放蹄急驰。

⑤ 敛蹄：收蹄缓行。

⑥ 古称：见《新唐书·南蛮传》，原文云，"越睒之西多荐草，产善马，世称越睒骏。始生若羔，岁中纽莎縻之，饮以米沈，七年可御，日驰数百里"。越睒：古国名，在今丽江地区西北部。莎草：植物，根名香附子，可供药用，其草可为笠及雨衣。

⑦ 纽莎縻之：用莎草扭成绳索以系之。

⑧ 攻驹：训练小马。

⑨ 涉峻奔泉：涉，疑作陟，登高。意为越山涉水。

⑩ 静江易马：静江，宋静江府，治桂林。《文献通考》载南宋高宗绍兴三年，"大理国人欲进奉及卖马，上曰：'令卖马，进奉可勿许'"。清毕沅《续资治通鉴》绍兴六年："翰林学士朱震言：'今日干戈未息，战马为急。桂林招买，势不可缀。……愿密谕广西帅臣，凡市马之所，皆用谨信可任之士，勿任轻狷生事之人，务使羁縻而已。异时西北路通，渐减广马。'"

果下马

果下马①"，滇亦有，然不多，但供小儿骑戏，故不畜之也。果下马，即古褭骖也②。夫马高八尺，绝有力曰駥③，俗取驼运，岂弃駥而畜褭骖哉？

驴、骡

黔无驴而滇独多④，驼运入市，驴居十之七八。骡马供长运而已耳⑤，每家必畜数驴。亦有高大者，不解骑乘，但驾驮鞍以驼运。盖乘骑怕人笑，犹京师以乘驴车为耻。常欲买驴骑之，效孟襄阳寻梅⑥，为此方开一风气，而病废不能，缺此一快事。

滇虽南土，马之所生。《尔雅·释马》所谓駒駼、野马、駮马、駏蹄、駏駼、小领⑦，谅多有之。其善升虪者，即駏蹄、駏

---

① 果下马：《资治通鉴·汉纪》昭帝元年注，"汉厩有果下马，高三尺，以驾辇。师古曰：'小马，可于果下乘之，故曰果下马。'"

② 褭骖（读若鸟参）：《尔雅·释畜》注云，"玄驹，小马，别名褭骖耳"。

③ 駥（读若戎）：《尔雅·释畜》邢疏云，"马绝有力者名駥。"

④ 驴：《新纂云南通志·物产考》，"驴，滇到处产之，耳壳长，尾基部无长毛，体小于马，毛色灰褐，后肢无髀胝。驼运入市，可供短运，亦重要之家畜也"。

⑤ 骡：《新纂云南通志·物产考》，"骡，牡驴与牝马交配而生，体格强健，能任长途力役，山谷地尤宜。滇到处畜养之，兰坪尤著。但苦无蕃殖力"。

⑥ 孟襄阳：唐孟浩然，襄阳人。工诗，有《孟襄阳集》。相传上诗忤唐玄宗，放还，骑驴寻梅，不问世事。

⑦ 駒駼（读若陶涂）：《山海经·海外北经》，"北海有兽，状如马，名駒駼，色青"。野马：《尔雅·释畜》注云，"如马而小，出塞外"。駮（读若剥）马：《尔雅·释兽》，"駮，如马，倨牙，食虎豹"。駏蹄：《尔雅·释畜》，"駏蹄趼，善升虪"。注云："虪，山形似甑，上大下小。駏蹄，蹄如趼，而健上山。"駏駼：似马而有牛蹄。小领：颈小之骏马。

驹骎之类，但蹄不歧耳。他如宜乘、减阳、茀光、阒广①，夫岂少乎？惟垂耳伏车没齿耳②。滇骡健于马，耐驮运，故骡亦贵于滇。

牛

《范志》阙牛③，然牛亦国计民生大用，不可不载也。自前明开屯设卫以来④，江湖之民⑤，云集而耕作于滇，即夷人亦渐习于牛耕，故牛为重。牛分两种：水牛、黄牛⑥。黄牛特多，高大几比水牛。以耕田，以服车。车轮皆轻，即平地任载之车也⑦。其犁田也，驾双牛，前一人引之，后一人驱之。驾车亦然，双牛较少，一人可护数车，故牛之用大。而通省名都大镇多教门⑧，食必以牛。其宰割以膳者，大都日数十，皆肥牛之腱也⑨。故皮角之外，而乳

① 宜乘减阳茀光阒广：茀光、阒广，《尔雅》作，"茀方""阒广"。按《尔雅·释畜》疏云：此别马旋毛所在之名也。旋毛在膺者名宜乘。旋毛在肘后者名减阳，旋毛在胁者名茀方。旋毛在背者名阒广。

② 没齿：终生也。

③ 《范志》阙牛：谓《桂海虞衡志·志兽》中没有关于牛的记载。

④ 开屯设卫：明初，傅友德等平云南后，实行军垦、屯田，统率机构，名为卫、所。度要害地系一郡者设所，边郡者设卫。大率五千六百人为卫，千一百二十人为千户所，百十有二人为百户所。详见《明史·兵志》。

⑤ 江湖之民：明初入滇军队，以江苏、浙江、安徽等省籍人为多，大部分留军屯田，故云江湖之民。

⑥ 水牛、黄牛：《新纂云南通志·物产考》，"水牛体大七尺以上，高达四尺，额比黄牛短狭，且呈弓状之角，弯曲有粗环节。毛短而硬，其色灰褐，性适游水泽，好食杂草。力比黄牛为大，除耕作外，又适于搬运重物、原产印度，今云南多处畜养之"。"黄牛体躯肥壮，高大几比水牛。毛短，色有黄、黑、赤、白等。角粗，几在头顶，分向外方弯曲，两角末端，复相接近，雌雄匀具之。放饲山野，食植物。耕田服重而外，肉、乳均供食用。"

⑦ 任载：胜任载重。

⑧ 教门：云南称信奉伊斯兰教者为教门。

⑨ 腱：随意筋的两端为腱。此处泛指肥美牛肉。

扇、乳饼、醍醐、酪酥之具[1]，虽僧道亦资养于牛，可以忽乎哉？

《尔雅》释牛，分犘、犦、犤、犩、犣、犝、犑[2]，凡七种。郭注举南中牛为证[3]，皆非耕牛。唯曰："犦牛健行，日三百余里。"则任载之牛也。滇夷有旄牛[4]，夷因以名，则犣牛也。取其毛长，朱湛之以为帽缨[5]，贵者一头须数金，皆滇产之所出。夷人畜牛以为食，市于汉人以耕田，以服车，故牛为汉民一家之命，如吴、楚农。至于觭、觢、犉、犚、牧、犈、犻、欣犌之状[6]，水牛、黄牛皆同，不必厘也[7]。

① 乳扇：以乳煮沸，取其浮酥，卷为扇形，阴干后可调制佐餐。乳饼：取乳如制豆腐法，压紧作饼状，供食用。醍醐：亦作醍醐（读若提胡），酪之精者。酪酥：即酥酪，由乳制成。

② 犘（读若麻）：犘牛，亦名牦牛。犦（读若豹）：犦牛，亦名犎牛，力大健行。犤（读若陂）：犤牛，亦名犪牛，矮小。犩（读若巍）：犩牛，亦名犪牛，肉多。犣（读若猎）：犣牛，亦名旄牛。犝（读若同）：犝牛，亦名无角牛。犑（读若嗅）：犑牛，未详。

③ 郭注：指《尔雅》郭璞注。

④ 旄牛：《新纂云南通志·物产考》，"旄牛亦有蹄类，一名牦牛，或名氂牛，亦曰犛牛。阿墩（今德钦县）则云毛牛，丽江则云麾牛，永北、华坪则云旄牛，字虽各异，实一物也。体高五尺余，普通毛色暗褐，亦有为纯白或褐色者，皆畜养而变种者也。肩高腿短，角类圆锥。颔下、肩、腿、尾部有长毛，余皆短毛，尾毛尤长，有似马尾，故与他牛不类，古时用饰车纛，或作帽缨及蚊帚用。嗜食粗草，成群生活。除引重致远外，其脂油可和酥略、青稞、麦粉，制为糌粑，为维西、中甸、阿墩等处有名之常食，原产西藏，今滇西北高寒地，拔海在四千英尺以上者均产之"。

⑤ 朱湛之：朱，红色。投入水中渍之为湛。意为以红色浸渍之。

⑥ 觭（读若奇）：牛角一俯一仰。觢（读若适）：牛两角竖立。犉（读若舜）：黑唇牛。犚（读若袖）：牛眼眶黑。犚（读若尉）：牛耳黑。牧：牛腹黑。犈（读若卷）：牛脚黑。犻：牛体长。欣犌（读若加）：牛力壮大。

⑦ 厘：厘正，考正，订正。

野牛、犀牛、兕牛

野牛①、犀牛②、兕牛③皆牛也，滇多有之。野牛能斗虎④，割其肉，即复生，所谓视肉也⑤。犀牛伏于潭，禄劝镌字崖有犀牛潭。犀夜出有光，见之者不利。兕嗜丛棘，一曰舐铁，然舐铁者貘⑥，

---

① 野牛：此处泛指野生之牛。

② 犀牛：《新纂云南通志·物产考》，"犀亦属有蹄类，比牛肥大，皮肤有厚绉襞，质坚，不能贯入枪弹。古以其皮为甲，称犀甲。头部有角，乃皮肤分泌物之凝结而成者。位置一在鼻部，一在额部。体色稍黑，微带淡紫。栖息河沼泽畔低湿之地，徘徊森林薮丛，或泳水中，或转泥地，水犀之得名以此"。又云："滇产犀类，据旧分为水犀、兕犀及山犀三种，且引《本草纲目》云：'滇产水犀，出入水中，最为难得，并有二角，鼻角长而额角短，皮有珠甲。'等语。此为真正之犀，且可为水犀属印度犀之明证。兕犀、泸西亦产，或即野牛。山犀名虽为犀，但旧传居山林，亦有二角，并无珠皮，是仍属野牛一类，非真犀也。马关产野象，似牛，角直生，只蹄趾三岔，其大如象，当系野牛之指为山犀或兕犀者。"

③ 兕牛：《尔雅·释畜》疏云，"《说文》云：'兕如野牛，青毛。'其皮坚厚，可制铠"。

④ 虎：《新纂云南通志·物产考》，"滇中不产狮而产虎，体躯亦较狮稍长。牡者约六尺，尾长三尺以上，合尾计之，长达丈余。牝则较牡为小。赋性孤独，常徘徊林莽间，袭食水牛、野猪等"。

⑤ 视肉：《山海经·海外南经》，"爰有熊、黑、文虎、蜼、豹、离朱，视肉"。郭璞注云："聚肉，形如牛肝，有两目也。食之无尽，寻复更生如故。"袁珂《山海经校注》云："《古小说钩沉》辑《玄中记》云：'在月氏及西胡有牛，名曰日反。今日割取其肉三四斤，明日其肉已复，创即愈也。汉人入此国，见牛不知，以为珍异。'《蜀典》卷九稍割牛条引《凉州异物志》云：'月支有羊，尾重十斤，割之供食，寻生如故。'均郭说视肉类也。"

⑥ 貘：《尔雅·释兽》，"貘，白豹"。郭璞注云："似熊，小头痹脚，黑白驳。能舐食铜、铁及竹骨。"《说文》："貘似熊而黄黑色，出蜀中。"段玉裁注云："即诸书所谓食铁之兽也。"

非咒。第猎云梦之兕①，燀赫千里②，射随兕者不利，则与貘皆同类。兕角为觥③、祝、射皆用之④。犀角骇鸡⑤，夫岂易得？晋制犀比⑥，或骚人寓言⑦，而今药铺动以犀角为矜，恐非真犀也。邹经元言⑧，九龙江某土司家，有犀角一具，宝之累世，一方无灾眚⑨，此其通天者欤？李石云⑩："越嶲杀犀，震雷暴雨。"真灵物也。

羊

羊于滇中为盛⑪，故太和古城曰羊苴咩城⑫，苴者，幼也。咩者，幼羊呼母之声也。俗杂氐、羌⑬。氐者，羊之多须也。羌者，

---

① 猎云梦之兕：《吕氏春秋·至忠》，"荆庄哀王猎于云梦，射随兕，中之。申公子培劫王而夺之。不出三月，子培疾而死。荆兴师战于两棠，大胜晋，归而赏有功者。申公子培之弟，进请赏于吏曰：'人之有功也于军旅，臣兄之有功也于车下。臣之兄尝读《故记》曰：杀随兕者不出三月，是以臣之兄惊惧而争之，故伏其罪而死。'王令人发平府而视之于《故记》，果有，乃厚赏之"。

② 燀赫：炽威，火光照耀。

③ 觥：酒器。

④ 祝：祝祷。射：古礼之一。清惠士奇《礼说》："射礼四：将祭择士为大射；诸侯来朝，天子与之射为宾射；诸侯相朝，与之为燕射；乡大夫州长为乡射。"

⑤ 犀角骇鸡：通天犀之角名为骇鸡犀，中有一孔，上下贯通。

⑥ 犀比：犀皮制为带钩，称为犀比，西域人取以为腰带之饰。

⑦ 骚人：屈原作《离骚》，后人仿其《楚辞》骚体为文者称骚人。今为诗人文士通称。

⑧ 邹经元：本书作者友人。

⑨ 灾眚：灾难。

⑩ 李石云：宋李石《续博物志》云，"犀出越嶲，以陷阱取之，天辄暴雨"。

⑪ 羊：《新纂云南通志·物产考》，"羊属有蹄类，为滇中重要之家畜，各处均畜养之。最普通者绵羊，身体细长，额下无须，角猛曲至后下方，先端向外，亦有无角者。毛色白、黑不等，肉、脂肪俱供食用，皮革可作器物，羊皮且为出口货之大宗"。

⑫ 羊苴咩（读若疽弭）城：咩，亦作咩。《唐书·南蛮传》："南诏……王都羊苴咩城。"羊苴咩城古为叶榆城，即今大理。

⑬ 氐羌：氐、羌，均古西南夷种族名。参见《志禽》凤鸾条注。

羊之引足也①。故滇俗以养羊为耕作。其羊脂满腹，肥者不能行。牧者破其皮，卷脂而出之成筒，以货于人，羊得快利，健行如故。省城每日必刲数百②，四季无间。时亦有大尾羊③，皆来自迤西者。古云④："使马如羊，不以入厩；使金如粟，不以入怀。"甚言羊之多且贱也。

　　四季之皮，皆可以为表⑤，表之值且倍于肉。其长养之羊，岁剃其毛，以为毡、罽、毯、氈。氈之深须者，割而染以充帽缨，故养羊出办多，利息大也。《范志》谓南中无白羊⑥，有花羊，多黄褐白斑如黄牛，又有深褐黑脊白斑似鹿。又乳羊食仙茅，举体化肪无血肉⑦，又诸蛮有绵羊，与胡羊不异。其云蛮国，即指云南。所谓绵羊，即今大尾羊也。范公当南渡偏安后，仅使于金，南来帅广。广、滇同俗，声教不通，划滇南为西蕃，为蛮国，故为言依稀约略而不能详。然马、牛、羊三者，为畜牧之上计，而羊之孳生蕃息倍于马。此地方民俗之赖以生育长养者，不可不筹之备也，故重为志之。

---

① 引足：牧羊群者，一羊在前，众羊随之，谓之引足，亦名引羊。

② 刲（读若亏）：刺割。

③ 大尾羊：《新纂云南通志·物产考》，"大尾羊者，即绵羊之一种。来自滇西，形近黄羊。雄者角向外，排列如倒八字形，雌者无之。角鞘略有轮节。全体呈黄白色，皮毛之用亦多"。

④ 古云：《后汉书·张奂传》，"永寿元年，迁安定属国都尉。……羌豪帅感奂恩德，上马二十匹。先零酋长又遗金镮八枚，奂并受之，而召主簿，于诸羌前以酒酹地曰：'使马如羊，不以和厩；使金如粟，不以入怀。'悉以金、马还之"。四句意为假如马有羊之多，就不必关入厩中；假如黄金有米粟之多，就不必藏之怀内。言物少则贵，多则贱也。

⑤ 表：上衣、外衣。《说文》：古者衣裘，故以毛为表。南唐徐锴《说文系传》："古以皮为裘，毛皆在外故衣毛为表。"

⑥ 范志谓：《桂海虞衡志·志兽》花羊条，"南中无白羊，多黄褐白斑如黄牛。又有一种深褐，黑脊白斑，全似鹿"。又乳羊条："乳羊本出英州，其地出仙茅，羊食茅，举体悉化为脂，不复有血肉，食之宜人。"又绵羊条："绵羊出邕州溪洞及诸蛮国，与朔方胡羊不异。"

⑦ 肪：宋戴侗《六书故》，"肪，脂膏之厚者也"。

岩　羊

岩羊，即山羊也①。得之颇难，血可入药②，皮亦可揉，然板厚，以作坐褥可也。此虽野羊，而功用与畜羊等，故附著之。至于吴羊之分牡羒、牝羖③，夏羊之牡羭、牝羖④，今滇羊黑白俱有，种盖兼乎吴、夏。而觟、羷之异角⑤，羳、羜、羒之异名⑥，亦无不同矣。

麢羊、羱羊

麢羊⑦、羱羊⑧，滇多崖，亦俱有，而非常畜，故略之。

---

① 岩羊：《新纂云南通志·物产考》，"据旧志及各县物产报告，多分为两类，而以山羊为家畜，以岩羊为野兽。即岩羊为野生之山羊，能走悬崖，善坠角（原注：据《农部琐录》），不能驯养，山羊则可供驯养者也。……但《本草》所云之羱羊，即今之野山羊，殆山羊之原种，故动物学家名曰原羊，当为真正之岩羊也。……皮可制领挂，血可入药，称山羊血。据《本草》言，谓能治扑跌损伤及诸血症（原注：祛疯治痨）。但真血颇不易得"。

② 血可入药：《本草纲目·羊》，"血治女人血气、中风及产后血闷欲绝者，热饮一升即活。（苏恭）热饮一升，治产后血，攻下胎衣。治卒惊九窍出血，解莽草毒、胡蔓草毒，又解一切丹石毒发（时珍）"。

③ 吴羊之牡羒（读若汾）、牝羖（样同牂，读若臧）：《尔雅·释畜》释公羊为羒，母羊为牂。

④ 夏羊之牡羭（读若渝）、牝羖（读若古）：按《尔雅·释畜》，"夏羊，牡羭、牝羖"。疏云："云夏羊者，黑羖䐁也。其牡者名羭，即黑羝也，其牝者名羖。"

⑤ 觟（读作诡）按《尔雅·释畜》羊角不齐名觟。羷：《尔雅》作羷，疏云："羊角卷三匝者名羷。"

⑥ 羳（读若烦）、羜（读者柱）：按《尔雅·释畜》释，黄腹羊名羳，羊羔名羜。羒：《尔雅·释畜》疏云，羊"壮大绝有力者名羒"。

⑦ 麢羊：《尔雅·释兽》注云，"麢羊似羊而大，角圆锐，好在山崖间"。《本草纲目·麢羊》时珍曰："按王安石《字说》云：'鹿则比类而环角，外向以自防。麢则独栖，悬角木上以远害，可谓灵也。故字从鹿、从灵省文。后人作羚。'"

⑧ 羱羊：《尔雅·释兽》注云，"羱羊似吴羊而大角，角椭，出西方"。

狗

狗、豲与鸡、豚并畜①，为养老食肉计，则食犬在所先②，而守犬、猎犬在所后③。顾今周行天下，未见有卖狗肉之市，公然自命为屠狗之人。即有屠者，皆攫人家之守犬而屠之、鬻之。良以民间不复养食狗，则生资又阙其一端矣④。曾见粤市肩狗肉而卖之，讳其名曰地羊⑤。黔省狗场有卖狗肉者，但数家耳。滇俗多回教，以犬、豕肉为忌，而道家说又重戒犬、牛，故食犬由是遂废。然犬、豕所字⑥，多争畜之，必犬蕃如豕⑦，所谓三猣、二狮、一猗⑧，举其少者言之，而每字不止此数也。

蛮 犬

蛮犬⑨，《范志》云："如猎犬，警而猘⑩。"

---

① 豲：《说文》，"豲，豕也"。《新纂云南通志·物产考》："野猪自昔经人驯养，犬齿退化而成今日之家畜，滇中到外养之。"豚：《说文》，"豚，小豕也"。

② 食犬：专供食用之犬。

③ 守犬：专用于守护门户之犬。猎犬：专用于狩猎之。

④ 生资：生活所赖者，即生活资料。

⑤ 地羊：狗的讳称。《本草纲目·狗》时珍曰："齐人名地羊。"

⑥ 字：此处意为生养。魏张揖《广雅·释诂》："字，生也。"下同。

⑦ 蕃：繁殖。

⑧ 三猣（读若宗）、二狮、一猗（读若祈）：《尔雅·释畜》，"犬生三猣、二师、一猗"。注云："此与猪生子义同，名亦相出入"。疏云："云此与猪生子义同者，按《释兽》注云：'猪生子常多，故别其少者之名。'犬生子亦常多，而此亦别其少者之名，故云义同。云名亦相出入者，谓此猣、师、猗与彼豵、师，特字虽小异，大意则同，故云亦相出入。"

⑨ 蛮犬：《新纂云南通志·物产考》，"猎犬，蛮犬，形皆相类，且近狼形，亦名狼犬。双耳戟立，吻部尖削，嗅觉锐敏。滇东北山地猎户常畜养之。变种甚多"。

⑩ 猘（读者制）：蛮强威猛。

拳尾犬

拳尾犬①，极高大，垂耳拳尾。《范志》以为郁林犬②，滇中多有之。

长喙猃

长喙猃③，短喙猲猗④，猎犬也。滇猎户畜之。

猇狮狗

猇狮狗⑤，出迤西。高四尺，甚猛猁，即西域旅底贡之獒也⑥。滇人多畜之，锁于柱。

---

① 拳尾犬：《新纂云南通志·物产考》，"拳尾犬来自广西郁林，变种甚多。尾部上拳，体多黑、白两色，亦为滇中常犬"。

② 《范志》：《桂海虞衡志·志兽》原文云，"郁林犬出郁林州，极高大，垂耳拳尾，与常犬异"。郁林：今广西郁林市。

③ 长喙猃（读若险）：《尔雅·释畜》，"犬长口者名猃"。

④ 短喙猲猗（读者歇器）：《尔雅·释畜》，"短口者名猲猗"。

⑤ 猇（读若晓）狮狗：《新纂云南通志·物产考》，"大犬，猇狮犬、《滇志》引《古今图书集成》谓'大犬出丽江，即獒也。'……大犬、猇狮犬仍是一物，即今之西藏犬。体高四尺，毛色黑褐，形态狞猁，垂唇极大，目眶深陷，尾拳耳垂，栖高寒地，毛皮深厚，为世界著名之猛犬。守住宅，护牧场，间能荷重。镇西北部毗连藏境，此犬之饲养者多。大理三月街，藏商常携此犬，随护货驮"。

⑥ 西域旅底贡之獒：《尚书正义》，"西方之戎，有国名旅者，遣献其大犬，其名曰獒"。按：底，《尚书》原作厎（读若指），本书误。

海叭狗

海叭狗①，长毛庳脚②，出顺宁，滇人亦多畜之，即《王会》短狗也③。

豕

仓颉制字④，必畜豕而成家⑤。周公著《经》⑥，次豕于麋、鹿、麇、狼、兔之后，不以畜名之者，盖兼野豕而为言也。夫执于牢豢之家矣⑦，而五豲、五豝⑧，私豵献豜⑨，非狩之于野乎？蛮俗养豕至多，未有囚而豢于室者，故其产益蕃。豨、豶、幺幼、奏豱

---

① 海叭狗：亦作哈巴狗。《新纂云南通志·物产考》："短狗、短犬、哈叭狗，不过一物之古今名。今哈叭狗已传至北方，为爱玩犬之优种，滇西顺宁反不多见。"

② 庳（读若卑）脚：短脚。

③ 《王会》：《逸周书·王会解》原文云，"正南产里、百濮，请以象齿、短狗为献"。

④ 仓颉制字：传说中国文字为仓颉所制。

⑤ 畜豕而成家：家字从宀从豕，本义为畜豕之处，故必畜豕，始成为家，可见古人家必畜豕也。

⑥ 周公著《经》：周公，周武王弟姬旦。《经》指《周礼》。《周·礼·天官·庖人》有六兽，注云："郑司农云，六兽：麋、鹿、熊、麇、野豕、兔。"全句意为周公著《周礼》把豕列于麋、鹿等野兽之后，盖以豕包括野兽而言。

⑦ 牢豢：牢，养猪之圈。豢，以谷圈养猪为豢。全句意为豕由野生而为人所畜养于家。

⑧ 五豲、五豝：《说文》，"豲，生六月豚，从豕，从声。一曰，一岁豲"。又云："豝，一曰二岁豕。"

⑨ 私豵献豜（读若坚）：《毛诗·豳风·七月》，"献豜于公"。郑笺云："三岁曰豜。"

无论矣①，巨者乃数百斤，割即腊之为琵琶形，曰琵琶猪。蛮女争负而贸于客，此丽江之俗也。而其他自夷地赶把猪以市于大城及各街子者②，尤不可纪极，而皆出自野牧，故知家豢不及野牧之蕃。汉儒传经③，多因牧豕以集生徒，此《尔雅》所以列豕于《释兽》之中，公盖有深意矣。

野　猪

野猪④，田豕也。一名懒妇猪。如山猪而小，喜食禾。田夫以机轴织纴之器挂田旁，则不近⑤。蜡祭迎虎⑥，为食田豕也。

---

①　豨獳（读若隋贲）：豨、獳，皆经阉割的豕。幺幼指最后生者，俗呼为幺豚。奏猭（读若温）：谓皮理腠蹙者名猭。

②　把猪：即豝猪，牝猪为豝。

③　汉儒传经：《后汉书·承宫传》，"承宫，字少字，琅邪姑幕人也。少孤，年八岁，为人牧豕。乡里徐子盛者，以《春秋经》授诸生数百人，宫过息庐下，乐其业，因就听经，遂请留门下，为诸生，拾薪执苦数年，勤学不倦。经典既明，乃归家教授"。又《吴佑传》："吴佑，字季英，陈留长垣人也。……年二十丧父，居无担石，而不受赡遗。常牧豕于长垣泽中，行吟经书。"

④　野猪：《新纂云南通志·物产考》，"野猪亦属有蹄类，栖山野丛林间，嗜食玉蜀黍等物。犬齿强大，突向上外方，此与家猪不同处。其皮可作马鞍。滇产处极多，颇害农作"。

⑤　田夫二句：《新纂云南通志·物产考》，"按田夫挂机，本附会懒妇之义而起，传说荒谬，不足为信"。

⑥　蜡祭迎虎：岁十二月祭为蜡祭。《新纂云南通志·物产考》："蜡祭迎虎，则自古即有此祭典，但今亦不闻举行，礼失而求诸野矣。野猪本为虎特嗜物，野猪出现之地，多为虎出没之地，故往往以野猪之产地为虎类分布之考索云。"

山　猪

山猪①，豪猪也。其豪如箭，能振拨以射人。二三百为群，以害禾稼，山民苦之。

麋、麚

麋、麚②，总统于鹿③。滇南神鹿④，能噬毒草。而鹿茸、鹿筋⑤，尽出于大理迤西，为贵货上品。鹿皮之用尤多，古者俪皮为礼⑥，即鹿皮也。

---

① 山猪：《新纂云南通志·物产考》，"豪猪属啮齿类，一名山猪。毛长而粗，刚硬如棘，故宁洱、景谷等处称刺猪。栖息山野间，往往百十成群为害禾稼，山民苦之"。

② 麋：《本草纲目·麋》时珍曰，"麋、鹿属也，牡者有角。鹿喜山而属阳，故夏至解角。麋喜泽而属阴，故冬至解角。麋似鹿而色青黑，大如小牛。肉蹄，目下有二窍，为夜目"。麚（读若因）：金韩教彦《篇海》，"麚，牝鹿也"。

③ 鹿：《新纂云南通志·物产考》，"鹿亦属有蹄类，滇山地陂泽间产之，种类甚多，体高大有过于驴者。由其皮毛颜色互异，分为红鹿、青鹿（原注：即黑鹿。）、白鹿三种。……其有斑点者，思、普间特呼为大鹿，或云梅花鹿。角之长大，达头长二三倍，由骨质构成，无角鞘，常分数枝，年年脱落更生，仅雄者有之"。

④ 滇南神鹿：《后汉书·西南夷传》，"云南县有神鹿，两头，能食毒草"。《新纂云南通志·物产考》："志载大理神鹿，武定仙鹿，则系旧时传说，不足凭信。"

⑤ 鹿茸：《新纂云南通志·物产考》，"鹿角之产物即鹿茸，为滇山货品之大宗。西北部鹿茸集中下关，西南各猛鹿茸集中思茅，然后入省。每年运销外出，其量颇巨。至茸之构成，初时仅皮肤小突起，有无数细血管绕护之，呼为血茸。渐大则皮质化骨，分歧成角，每岁脱落，每岁更换。积久枝多，枝末又更分歧，以是而构成巨角。今滇产有名之鹿茸，即采自鹿角初成分枝未多之时者也"。鹿筋：鹿的筋腱，为馔肴珍品。《本草纲目·鹿》："鹿筋主治劳损，续绝。"

⑥ 俪皮：两鹿皮。《史记·三皇妃》："始制嫁娶，以俪皮为礼。"

麝

麝^①，亦鹿类而有香。《范志》云："自邕州溪洞来者名土麝^②，气燥烈，不及西蕃。"谓云南也。是知滇麝甲于天下。李石云："天宝中^③，渔人献水麝^④，诏养之。滴水染衣，衣敝而香不散。"夫有山獭^⑤，即有水獭^⑥，有山麝独无水麝乎？但不易得，得之且不识耳。

兔

滇南兔亦多^⑦，白兔且为人家所养，但穿房地为厌耳。穴竹林者为竹貀^⑧，亦兔类也。肉肥美，皮可为袖，以御冬也。

---

① 麝：《说文》，"麝，小如麋，脐有香"。《新纂云南通志·物产考》："麝与獐相类，亦无角。牡之下腹，具有一囊，分泌腺质，能放芳香。取制入药，即有名之麝香也。……滇中真品，称为西香，入药有力，故至今仍珍视之。"

② 邕州：旧州名，唐置，今广西南宁市。

③ 天宝：唐玄宗年号。天宝共15年（公元742至756年）。

④ 水麝：《本草纲目·麝》（苏）颂曰，"又有一种水麝，其香更奇。脐中皆水，沥一滴于斗水中，用洒衣物，其香不歇"。

⑤ 山獭：《桂海虞衡志·志兽》，"山獭出宜州溪洞，俗传为补助要药，洞人云，獭性淫毒，山中有此物，凡牝兽悉避去。獭无偶，抱木而枯。洞僚尤贵重，云能解箭药毒"。

⑥ 水獭：梁顾野王《玉篇》，"獭，如猫，居水食鱼"。《本草纲目·水獭》时珍曰："獭状似青狐而小，毛色青黑，似狗，肤如伏翼，长尾，四足，水居食鱼。"

⑦ 兔：《新纂云南通志·物产考》，"兔亦啮齿类。耳壳长大，唇由正中分裂，后肢较前肢为长。滇产有家兔、野兔两种。家兔，体长数寸，色白，睛红，滇各处喜豢养之。但食植物嫩芽，为园艺害。亦有灰、褐、黑诸色。肉嫩可食，皮毛亦有用。野兔，耳壳特长，毛色灰、褐、栗色。蕃殖极昌，亦为山地农田之害。晋宁、墨江、保山产之"。

⑧ 竹貀：亦名竹𪕌。《本草纲目·竹𪕌》时珍曰："竹𪕌，食竹根之鼠也。出南方，居土穴中，大如兔。人多食之，味如鸭肉。"

猿

猿与猴为一类①，《范志》言猿不言猴②。滇南有玉面猿③，出于广西府。《范志》独金丝、玉面难得。猿长臂善啸，而猴不能。各省俱多，不必滇也。至《博物志》称"猿玃每掠人妻以生子④，送还其家，故蜀西边多姓杨"，恐谤南人之言也。唐人之谤欧阳询⑤，亦出于此。

熊

滇为《禹贡》梁州⑥，梁州之贡，熊、罴、狐、狸、织皮⑦。此亦任土作贡⑧之宜志者。

---

① 猿：《新纂云南通志·物产考》，"猿亦类人猿之一类，智识稍逊于猩猩。最大者体长三尺，长臂善啸，结群生活，产亚洲东南部"。"猴亦名猕猴，形似猿，有长尾，与猿非一类，为滇常产。"

② 《范志》言：《桂海虞衡志·志兽》，"猿有三种，金丝者黄，玉面者黑，纯黑者面亦黑"。

③ 玉面猿：《新纂云南通志·物产考》，"玉面猿，志载出广西，即今泸西县。据该县物产报告谓玉面猿即白面猿，为邑特产"。

④ 猿玃（读若觉）：玃，大猿。晋干宝《搜神记》："蜀中西南高山上有物，与猴相类。长七尺，能作人行，善走逐人，名猳国，一名马化，或曰玃猿。"

⑤ 唐人谤欧阳询：欧阳询，唐湖南长沙人，博通经史，善书。贞观中，为太子率更令，弘文馆学士，封渤海男。时人诬询为猿所生，事见《唐宋传奇集》无名氏《补江聪白猿传》。

⑥ 禹贡梁州：《禹贡》《尚书》篇名。《禹页》分天下为九州，其中有梁州，区域包括云南在内。

⑦ 熊、罴、狐、狸均见下文。织皮：谓四种兽毛所织物也。

⑧ 任土作贡：《书序》传云，"任其土地所有，定其贡赋之差"。

熊①，类至多，有马熊、人熊、猪熊、狗熊②，滇南多有之。予常至农部汤郎、马蹦厂③，其地多熊。仰视大栗树，其大枝坠地盈堆，熊啮而堕之以食其实者。此四种疑兼罴在内。但人所献熊胎、熊掌④，余则无所用，不闻取其皮。

虎、豹皮

猎户得虎、豹⑤，必献皮以取赏⑥，故署中虎、豹皮为多⑦，祠祀演剧，以包柱满台⑧，视之不重⑨。迄离农部，觅炳蔚之文⑩，欲

---

① 熊：《新纂云南通志·物产考》，"熊属食肉类，我滇山深林密，此兽产出较多。普通色黑，其次褐、灰、黄、白。体长五尺至七尺，能以趾行。趾具钩爪，前肢甚短，后肢较长。偶然直立，能攀木掘地。昼匿夜出，有冬眠性，寒时蛰伏穴中。觅取果实、蔬菜、虫蚁等为其常食。有臆病，时露盘旋不安状。熊滇产有狗熊、马熊、牛熊、猪熊等"。

② 马熊：《新纂云南通志·物产考》，"马熊，即黑熊中之大而凶猛者。毛粗而长，作深褐色。栖息高寒有林木之山地，不常见。其皮可作床褥。墨江、文山、马关、陇川产之，亦产腾冲之明光、古永山谷"。人熊：即罴。猪熊：《新纂云南通志·物产考》，"猪熊色较黑褐，罗平、马关产"。狗熊：《新纂云南通志·物产考》，"狗熊即普通之黑熊。有五六尺长，皮毛黑亮，顶具白色月轮。直立趾行，啮食栗实及玉蜀黍茎秆。能栖息至八九千尺之高地，但千尺内外人烟稀少之平地亦常生活。禄劝、罗平、下关、彝良、文山、马关、墨江、缅宁有之，而尤以上帕、贡山为其名产地"。

③ 汤郎、马蹦厂：均禄劝县所属地名。

④ 熊胎：熊胎儿，可入药。熊掌：熊脚掌，为珍美食品。

⑤ 豹：《新纂云南通志·物产考》，"豹亦食肉类。产豹区域，我滇百数十县中，至少百县以上。……高二尺五寸许，全长七尺。其毛皮有灿烂之斑点，普通带赤黄色，文采蔚然，状若金钱，故又有金钱豹之称。另有云豹一种，亦滇产。体形与普通者同大，尾部较巨，毛色淡灰，密被近黑色之斑纹。豹虽栖息滇中山林，有低地、高地之不同，但行无常路。所嗜动物如猪、羊及其他小哺乳类，而以犬为其特嗜之物。皮殖与虎相埒，同为本省之贵重山货云。"

⑥ 献皮以取赏：贡献虎豹皮于官府，取得赏赐。

⑦ 署：禄劝县署。

⑧ 包柱满台：戏台上柱子，均以虎豹皮包饰。

⑨ 视之不重：对虎豹皮并不重视。

⑩ 炳蔚之文：文采鲜明蔚美，全句意为自离禄劝后，想看到文采蔚美的虎豹，已不能了。

窥一斑，亦不可得矣。

狸、狐、猯、貊

狸、狐、猯、貊丑①，其足蹯②，其迹瓜③，皆为一类，宜其为
用相似。今之天马、干箭、麻叶豹④，一切奇样怪名，皆出于滇，
由滇匠缀缉狐皮而并成之者也。一领之料⑤，辄数十金，且有百
金，故狐之为用至大且至贵。尝闲游滇郊，见晒狐皮于地者⑥，动
百千张，略无可盼⑦，而缉成之，即为席珍⑧。滇产固多，亦由人工
之至也。昆明人有赶禄劝鼠街，见㑩㑩囊一物⑨，就视乃玄狐也⑩，
以千钱购得，而裁为帽边，价百倍。此见滇南何所不有哉？

---

① 狸、狐、猯、貊：《新纂云南通志·物产考》，"狸亦食肉类。滇中自来狐狸并
称，然狸实猫属，种类亦多"。狸俗称野猫。又，"狐亦食肉类，滇山野间常见之，西北
高寒地产者尤著名，变种甚多。普通体长二尺五寸，四肢较短，长仅一尺。口尖尾丛，足
蹯步捷。普通毛皮赤褐，玄、白两色者较少。居丛林间，育儿岩穴。掠夺鸟、兔、鼠、蛙
等，以为常食。"猯（读若湍）：即野猪。《说文》："猯，兽也。似豕而肥。"参见上
文野猪条注。貊（读若貉）：《说文》，"貊，似狐，善睡兽也"。丑：同类为丑。全句
意为狸、狐、猯、貊皆同类。

② 蹯：足也。全句意为以上四者兽足称为蹯。

③ 瓜（读若蹂）：足迹。全句意为以上四兽的足迹称为瓜。

④ 天马：沙狐腹下之皮也。《清一统志》："沙狐生沙碛中，身小色白。皮集为
裘，在腹下者名天马皮，颔下者名乌云豹，皆贵重。"干箭：《新纂云南通志·物产
考》，"银狐亦黑狐之变种，毛深黑，背上自头至尾有银白色一条，或疑干箭即此"。麻
叶豹：疑即俗称之金钱腿，以花色形似金钱豹斑纹得名。

⑤ 一领：皮裘一件称一领。

⑥ 晒：阳光暴晒为晒。

⑦ 可盼：可取，值得注意。全句意为曝晒于地上的皮虽多，但少有可取的好皮。

⑧ 席珍：席上珍品，借喻为珍贵。

⑨ 㑩㑩：爨蛮之一种，参见本书《志蛮》爨条。

⑩ 玄狐：即黑狐。《新纂云南通志·物产考》："皮板轻柔，毛色深黑有光，为最
贵之山货。"

猫

　　狐、狸并称，而狸之畜于家者名猫①，普捕鼠②，且依人，故蛮重猫鬼③。杀猫如杀人罪④，业报深⑤。而猫生于野为野猫⑥，盗窃人家鸡、鹜、鸭、鹅，多被吞食以肥其身。比猫为大而眼甚恶。《范志》有火狸⑦，即红色野猫也。有豹色狸⑧，即花色野猫也。缉其皮为裘，名九节狸⑨，价亦重。

---

　　①　猫：《新纂云南通志·物产考》，"猫属食肉类，滇中常见之家畜也。毛色不一，变种亦多"。
　　②　鼠：《新纂云南通志·物产考》，"家鼠属啮齿类。毛色灰褐，一名褐鼠。脚短尾长，毛质柔滑，门齿极发达，穴处人家，夜出窃食。生殖力大，产子极繁。不但毁伤器物、仓谷等，又为黑死病等之媒介。滇到处产"。
　　③　猫鬼：借猫为巫蛊害人者称猫鬼。
　　④　杀猫如杀人罪：《新纂云南通志·物产考》，"杀猫之刑，埃及最古。已死猫尸，有涂木乃伊而祭之者。可见重猫之风，由来已久。今滇夷中犹有此遗俗，但稍稍杀矣"。
　　⑤　业：孽的假借字。孽，灾害也。全句意为如杀猫，则灾害之报至深且重。
　　⑥　野猫：《新纂云南通志·物产考》，"野猫一名山猫，比之家猫，胴部稍稍细长，四肢亦巨，惟头部比较为小。状态猛暴，举动猱捷。毛色灰白，有暗褐色之虎斑，一见与家猫易为区别"。
　　⑦　《范志》有火狸：《桂海虞衡志·志兽》火狸条，"狸之类不一，邕别有一种，其毛色如金钱豹，但其钱差大耳"。
　　⑧　豹色狸：又名香猫。《新襄云南通志·物产考》："香猫别名猫狸，向为狸之专称。滇中产地最多，栖息附郭园林。体较猫大，毛皮灰黄，有黑白错杂之斑点。"
　　⑨　九节狸：《新纂云南通志·物产考》，"九节狸，皮粗糙，毛灰褐，但深厚可籍。尾部有九环节，故名九节狸。黑白相间，嵌如垫褥，尤饶美观"。

黄鼠狼

乡间人得黄鼠狼①，恨其食鸡，剥其皮而干之，以为领，人必笑。武昌客染薰以为帽边②，曰海龙，人争购，价大赢，至今人曰武昌海龙皮。又且缉兔皮以充狐裘。貒皮至粗③，乡人服之，今且美之曰南狐。是知物在所有，贵贱亦无常也。蛮俗以射猎为生，自獐、麂、兔、鹿外④，所得野兽，种类必多，亦统付之禹不能名⑤，契不能记而已矣⑥。

山獭、水獭

山獭、水獭俱可裘，《范志》谓山獭抱树枯，解药箭，一枚一金。至于水獭，善捕鱼，畜之者且费百金。其有皮者，由生獭未驯

---

① 黄鼠狼：即鼬鼠。《新集云南通志·物产考》"鼬，最小之食肉类，合尾计之，不满一尺。毛皮色褐赤，入夜掠食鼠、兔、家禽等。吸脑啮颈，备极残忍，黄鼬即其同类，俗称黄鼠狼。"

② 武昌客：湖北武昌皮货商人。

③ 貒：《新纂云南通志·物产考》，"貒亦鼬鼠一类，但体大过之，平均体长二尺数寸，肩高一尺。毛色灰褐，肋及尾部变灰白色。皮粗韧，可制皮包，为旅行用。毛长，可作画刷。其所食物，主为树根、果实、蜗牛、蠕虫等。有时又掠吸蜂蜜"。

④ 獐麂：《新纂云南通志·物产考》，"獐亦鹿类，旧称为麕，又称为麇，滇俗呼为獐或獐子。山泽间有之，比鹿为小，无角，毛褐色。有花面者又名花面獐"。"麂，亦属鹿类，滇俗呼为麂或麂子，孤栖山林间。牡者有短角，不过头长之半。毛色灰褐，脚短身健，跳越自如。其皮柔软耐久，可作挂袋等物，即滇市有名之麂子皮制品也。"

⑤ 禹：夏禹。

⑥ 契：尧臣，为司徒，殷商之祖。二句谓虽如禹、契圣人，亦不能详知各种野兽的种类名称。

习，故杀而取皮，粥以为利耳①。《禹贡》梁州以皮为贡②，滇于三代属梁州③，其于春秋为楚之南陲④，《传》曰⑤："如杞梓、皮革，自楚往。"是知南中之皮革盛于北，北且资用于南。"羽毛齿革，君地生焉⑥。"由来远矣。

猩 猩

猩猩⑦，古传出永昌⑧，今不闻有此物。

---

① 粥：同鬻，售卖也。

② 《禹贡》梁州以皮为贡：此处泛指真南以皮为贡，非确指《禹贡》所列的熊、罴、狐、狸四种皮。

③ 三代：古称夏、商、周为三代。

④ 春秋：孔子据《鲁史》作《春秋》，起自鲁隐公元年，即平王四十九年（公元前722年）。终于鲁哀公十四年，即周敬王三十九年（公元前481年）。凡十二公，计二百四十年。史称此一时期为春秋时期。南陲：南方边境。

⑤ 《传》曰：见《左传》襄公二十六年。文云："声子通使于晋，还如楚，今尹子木与之语，问晋故焉，且曰：'晋大夫与楚孰贤？'对曰：'晋卿不如楚，其大夫则贤，皆卿材也。如杞梓、皮革，自楚往也。虽楚有材，晋实用之。'"

⑥ 羽毛齿革，君地生焉：《左传》僖公二十三年，"（晋公子重耳）及楚，楚子飨之，曰：'公子若反晋国，则何以报不谷？'对曰：'子女玉帛，则君有之。羽毛齿革，则君地生焉'"。

⑦ 猩猩：《新纂云南通志·物产考》，"猩猩属灵长类中猿人之一种。……体长四尺余，毛色赤褐，无尾，前肢最长，直立，能达于踵。性虽温和易驯，但通为孤独之动物，未闻以成群著者"。

⑧ 古传出永昌：《新纂云南通志·物产考》，"旧志引《后汉书·西南夷传》谓哀牢有猩猩。又常璩《华阳国志》谓：'永昌郡有猩猩，能言，其血可染朱罽。'按哀牢旧属永昌府，治保山，腾越、龙陵、永平数县。今废府存县，但均未闻产有猩猩。惟查《腾冲物产报告》载有狒狒一种，产琅琊山、高黎贡山，猿类，有长发披面。高丈许，反踵无膝，俗呼老山人，或即旧时永昌郡之猩猩。又《麻栗坡物产报告》之野人，或者亦猩猩一类。考汉永昌郡辖境，非常辽阔。就地理言，实包括西南沿边一带。其地近连缅甸，远导马来。自动物分类学以观，即属东洋区，猩猩产出，实属可能"。

153 ·

云南文库·大家文丛

志虫鱼第八

按《范志·虫鱼》，外薄于海①，夫海，广右不得而有之也②。滇南界海③，兹著吾海所有者，录其实焉。

龙

鳞虫④，龙为首⑤，天用莫如龙⑥。农部茅山且有九十九龙⑦，

---

① 外薄于海：句见《桂海虞衡志·志虫鱼》小序。薄：逼近。
② 广右不得有：意谓广西不逼近海。按广西实滨海，本书盖误。
③ 滇南界海：按云南实不滨海，或本书作者以滇池、洱海等内湖为海，亦误。
④ 鳞虫：鳞，动物有鳞者的总称。虫：鳞介动物的总称。此处鳞虫即指有鳞介的动物。
⑤ 龙为首：龙，我国传说中的灵物，视为鳞虫之首。《大戴记·曾子天圆》："鳞虫之精者曰龙。"
⑥ 天用莫如龙：《汉书·食货志》，"天用莫如龙，地用莫如马，人用莫如龟"。天用，原意为有用于天，此处借喻龙为天上神物。
⑦ 农部茅山：一名长茅山，即法块山，康熙《禄劝州志》，"法块山在州治北九十里，一名长茅山。四面峭立，惟东南一径，可容车。旁有阿龙山，如九脑芙蓉，雄峙一方"。又云："九龙山在州东北一百二十里绞摆东，上有九十九泉。"此处言茅山有九十九龙，或即因此而传说为龙也。

则全滇之龙，几成龙伯之国①。况龙池泻瀑②，漏江伏流③，以灌稻田，以兴云雨④，故自省、州、县至土司，莫不祀龙，而缅甸且有养龙池。大理李某，吉君世琛之幕友也⑤。李曾三至于缅亲见之。池有三青龙，无角，长数十丈，每日豢以牛肉，每龙二十六挞⑥（原注：读上⑦），如京师象俸⑧。然尝一龙走⑨，追而还之。又其苑养独角兽，云是角䚤⑩。皆所以明其德盛致物⑪，威服夷人也。后儒讥左氏御龙、豢龙之言为诬⑫，今有明征如此，古人岂诬乎？

---

① 龙伯之国：《列子·汤问》，"龙伯之国有大人，举足不盈数步，而暨五山之所，一钓而连六鳌，合负而趣归其国"。此处借龙伯之名，喻滇为龙国。

② 龙池泻瀑：龙池，唐隆庆池。唐沈佺期有《龙池篇》诗，注云："明皇为诸王时，故宅在隆庆坊。宅有井，井溢成池。中宗时，数有云龙之祥。后引龙首堰水注池中，池面遂广，即龙池也。"此处借指有龙池处即有水下泻成瀑布，故下文言以灌稻田也。

③ 漏江伏流：漏江、水名。晋左思《蜀都赋》："漏江伏流溃其阿。"刘渊林注云："漏江在建宁，有水道，伏流数里复出，故曰漏江。"此处借指各处伏流的水道。

④ 兴云雨：传说龙能兴云布雨。

⑤ 幕友：古称将帅幕府中的参谋、书记等为幕友，亦称幕僚。后用为政军各官署中办理文书及一切助理人员的通称。

⑥ 挞：缅语译音，亦译为矴（读若朴）。清彭崧毓《缅述》："轻重之数，一分谓之蕊，四蕊为一拇，十拇为一甲，甲为亢，十亢为一矴。物之轻重以矴计。矴字，专蔼切。"

⑦ 读上：谓挞字应读上声，不能读挞本音。

⑧ 象俸：清朝廷畜象以为銮仪之用，每象均有规定的饲养费用，呼为象俸。

⑨ 走：走失。

⑩ 角䚤（读若端）：《说文》，"䚤，角䚤，兽也。状似豕，角善为弓"。

⑪ 德盛致物：意为皇帝有圣德，则祥瑞之物即出现。

⑫ 御龙豢龙：《左传》昭公二十九年，"古者畜龙，故国有豢龙氏，有御龙氏"。注云："豢、御，养也。"疏云："豢，养也。食谷曰豢。御亦养也。……龙亦食谷也。御与圉同，言养龙如养马，故称御。"

海　贝

　　介虫①，龟为长②。《范志》不著龟而著贝③，滇南旧用贝④，谓之海𧋈⑤。𧋈者贝之薄而颏也⑥，本出金江，后则市于海南⑦。一贝曰庄，五庄曰手，四手曰苗，五苗曰索，以索贯之，则八十贝⑧。一索之贝，准钱二百四十。故胜国以前文契及碑志⑨，尚称海𧋈若干索。《南园漫录》云⑩：云南用𧋈不用钱。𧋈即古贝，今士大夫以为夷俗⑪，不亦异乎？

　　滇南半是水国⑫，产鱼处甚多，亦不过数种，不甚杂，而已足

---

　　① 介虫：有甲之虫，指龟鳖之类。

　　② 龟为长：龟为介虫之首。元黄公绍《古今韵会》："龟，甲虫之长。"

　　③ 《范志》不著龟而著贝：《桂海虞衡志·志虫鱼》没有记载龟而记载了贝。文云："贝子，海旁皆有之，大者如拳，上有紫斑。小者指面大，白如玉。"

　　④ 贝：水中介虫。宋玉《登徒子好色赋》："齿如含贝。"李善注云："贝，海螺，其色白。"

　　⑤ 海𧋈（𧋈）：《本草纲目·贝子》时珍曰，"古者货贝为宝龟，用为交易。以二为朋，今独云南用之，呼为海𧋈"。

　　⑥ 颏（读若葵）：《尔雅·释鱼》，"𧋈，薄而颏"。注云："颏者，中央广，两头锐。"

　　⑦ 海南：海之南。此处泛指海滨出贝之地。

　　⑧ 则八十贝：按以本文所列庄、手、苗、索之数计之，一索当为一百贝。明谢肇淛《滇略·俗略》："海内贸易皆用银钱，而滇中独用贝，贝又用小者。……俗名为𧋈。其用以一枚为一庄，四庄为一首，四首为一缗，亦谓之苗，五缗为一弄，弄即索也。一索仅值银六厘耳。"一索正为八十贝，本书"五庄为手"，当是"四庄为手"之误。

　　⑨ 胜国：已亡之国。此处胜国指明朝。

　　⑩ 《南园漫录》云：原文，"云南用𧋈不用钱，𧋈即古之贝也。今士夫以为夷俗，殊不知自是前古之制。至周始用钱，故货贝每见于古书。……而故以用𧋈不用钱为讥诮，不亦异乎？"

　　⑪ 士大夫：有职居官者之称。此处泛指一般自命为有识的人士。

　　⑫ 滇南半是水国：按云南有金沙江、南盘江、元江、澜沧江、怒江、独龙江等河流，又有滇池、洱海、抚仙湖、异龙湖、杞麓湖等高原湖泊，故云半是水国也。

以供食料矣。兹录滇池之所日夕而见①，且尝馔而味之者②，以著明之，而他郡邑可以类推矣。

鲤

鲤最美③，小者不能盈掌，且满腹鱼子，此江乡所不见者④。大或重至七八斤且十余斤，味甚佳。鲤之小者与鲫似⑤，滇人多不能分，又不解糟⑥。鲤正发时，绍兴人糟池鲤以货于官⑦，曰江乡糟鱼上来，价数倍。

鲫

鲫本为鲋⑧，滇池多草，产鲫多，皆白鲫，颇肥美，无淮扬之

---

① 日夕而见：早晚随时可见，常见。

② 馔而味之者：可供馔肴的鱼类。

③ 鲤：《新纂云南通志·物产考》，"鲤，滇湖沼中常见之硬骨鱼也，体重有至十余斤者，鳞大，口有触须，味甚佳，为食用鱼中之最要者。种类甚多，如新平、元江、镇雄产红尾鲤鱼，亦有名"。

④ 江乡：水乡，水国，泛指多江河湖泊地区。又本书作者檀萃为安徽望江人，每自称其故乡为江乡。此处即指望江。下文"江乡糟鱼"句的江乡，则又泛指江、浙一带水乡。

⑤ 鲫：《新纂云南通志·物产考》，"鲫，一名鲋，与鲤相似，但无触须。滇池多草，产鲫皆白，一名白鲫。颇肥美，入冬更佳，另称冬鲫，微嫌刺多。蒙化、大理所产，有重至五斤以上者。他县亦常见，惟地方土名甚多"。

⑥ 糟：以盐、酒渍物为糟，云南人称腌。

⑦ 绍兴：今浙江省绍兴市。

⑧ 鲫本为鲋：《本草纲目·鲫鱼》释名，鲋鱼。时珍曰："按陆佃《埤雅》云：'鲫鱼旅行以相即也，故谓之鲫。以相附也，故谓之鲋。'"

草鲫、乌鲫者^①。间亦有面肠鲫^②，味亦颇同。

鳏、白鱼

鳏^③，鳏额白鱼。滇亦多鳏，然无江乡重数斤且数十斤者之肥腴也。此之白鱼^④，极大不过一斤而止，江乡所谓白雀子，而滇人亦甘之。

鳢鮦、乌鱼

鳢鮦^⑤，一名鲣^⑥。大者鮦，小者鲵，今乌鱼也^⑦。滇池多乌鱼，大鮦绝少。官厨剥其皮以炒鱼片，极白嫩。

① 淮扬：指原江苏省淮安、扬州二府地。民国置淮扬道，在江苏省东北部。
② 面肠鲫：即面条鲫。参见后文面条鲫条注。
③ 鳏：《尔雅·释鱼》注云："今鳏额白鱼"。即下文之白鱼。
④ 白鱼：《本草纲目·白鱼》释名，"一名鲦鱼"。时珍曰："白亦作鲌。白者色也，鲦者头尾向上也。"
⑤ 鳢鮦（读若礼同）：鳢即鮦也。《本草纲目·鳢鱼》时珍曰："鳢首有七星，夜朝北斗，有自然之礼，故谓之鳢。……其小者名鮦鱼。"又曰："形长体圆，头尾相等。细鳞、玄色，有斑点，花纹颇类蝮蛇，有舌，有齿，有肚，背腹有鬣连尾，尾无歧，形状可憎。"
⑥ 鲣：《尔雅·释鱼》，"鲣、大鮦。小者鲵"。
⑦ 乌鱼：《新纂云南通志·物产考》，"乌鱼与鳢同属。因其体色苍黑，亦云黑鱼。……滇池及各处池沼中均常有之。普通长尺许，色苍灰，细鳞黏滑，上有黑斑，分向两侧，各成二列。腹鳍全无，胸鳍一对甚大，作团扇状。背鳍与臀鳍均延长，尾系扇尾。此鱼为食用美品，今市食馆及筵席上，每剥其皮，以焙鱼片，谓之乌鱼片，极白嫩鲜，惜有微刺，为不足耳"。

鮎、鳠

鮎、鳠相似而异①，滇池俱多。鮎背青而肉嫩，鳠则花斑，鳠一名鮊②。鮊，大鳠，小者鮡。鮎、鮡大者少，重一斤即为大，余皆小鮡之类耳。

细 虾

鰝虾③，海虾也。江乡且无，何况于滇？滇池多藻，出细虾④，渔人干之鬻于市，百钱一筐，由滇人不知重也⑤。土人言亦有大虾，长数寸，渔人匿之而私市⑥，恐官之诛求也⑦。

---

① 鮎、鳠（读若护）：《本草纲目·鮠鱼》时珍曰，"鮎乃无鳞之鱼，大首偃额，大口大腹，鮠身鳠尾，有齿，有胃，有须。生流水者色青白，生止水者色青黄，大者亦至三四十斤。俱是大口大腹，并无小口者"。"鳠即今之鮰鱼，似鮎而口在颌下，尾有歧。南人方音转为鮠也。"

② 鮊：《说文》，"鮊，大鳠也。其小者名鮡"。

③ 鰝（读若皓）虾：《尔雅·释鱼》，"鰝，大虾"。注云："虾大者出海中，长二、三丈，须长数尺。今青州人呼虾鱼为鰝。"

④ 细虾：又名油虾。《新纂云南通志·物产考》，"油虾属十脚类中之长尾类，与沼虾同属，体形极小，长不盈寸，细碎如米粒，故滇俗有虾米之称。产池沼中，以陆良、剑川产者为著"。

⑤ 重：重视。

⑥ 私市：不公开出售。

⑦ 诛求：诛，责让。诛求意为凭借官府势力强迫索取。

云南文库·大家文丛

鲨鮀

鲨鮀①，吹沙小鱼。体圆而有点文，即丽罶之鲨也②。滇多沙河，到处颇有，其名不同，味俱佳。惟滇池海口之金线鱼名特著③，滇人艳称之。故是鲨也，多金线纹一痕耳。江乡土名鲨为冷骨，有白冷骨、黑冷骨、花冷骨、船丁、痴胖之名不一。痴胖即虎头鲨④，小不过三四寸，能啖鱼。海鲨能变虎，巨细悬殊，其种一也。

鮋

鮋、黑鲦⑤，即白鲦鱼⑥。滇池多白鲦，予每以为鲊。

---

① 鲨鮀：《尔雅·释鱼》，"鲨鮀"。注云："今吹沙小鱼，体圆而有点纹。"

② 丽罶（读若柳）之鲨：《毛诗·小雅·鱼丽》，"鱼丽于罶，鲿鲨"。郑笺云："丽，历也。罶，曲梁也，寡妇之笱也。鲿，杨也。鲨，鮀也。"又云："鲨，音沙，亦作鲦，今吹沙小鱼也。"《本草纲目·鲨鱼》时珍曰："鲨鱼，大者长四五寸，其头尾一般大。头状似鳟，体圆似鳝，厚肉重唇细鳞。黄白色，有黑斑点纹。背有鬐刺甚硬，其尾不歧。小时即有子，味颇美，俗呼为呵浪鱼。"

③ 海口：在云南晋宁区昆阳街道北，滇池水由此泄出。金线鱼：《新纂云南通志·物产考》，"金线鱼，金色细鳞，侧线明显，颇似白鲦，长不盈尺。肉多刺少，质亦细腻，为滇池珍品。晋宁牛恋乡金线洞产者尤佳，罗次、嵩明、寻甸及易门大、小龙泉亦有之，但不可多得"。《徐霞客游记》："金钱泉自太华西山透腹出注海，海中细鱼溯流入洞，名金钱鱼。"按：金钱泉注出处即海口。

④ 虎头鲨：《佩文韵府》引《鸟兽考》云，虎头鲨，体黑纹，鳖足，巨者余二百斤，常以春晦，行于海山之麓，旬日化为虎，惟四足难化，经月乃成矣"。按：海鲨形似虎，非真能变虎也。此处名痴胖之虎头鲨，亦属吹沙之鲨鮀，非海鲨。

⑤ 鮋（读若囚）：《尔雅·释鱼》，"鮋，黑鲦"。注云："即白鲦鱼，江东呼为鮋"。

⑥ 白鲦（读若条）鱼：亦名白鲦鱼。《新纂云南通志·物产考》："白鲦鱼，或单名为鲦。细鳞白色，滇沼泽河渠产之。水涨时，污泥中亦可得。……普通呼为细鳞鱼，食用中鱼之至美者也。……鳞粗者别名粗鳞鱼，华宁、河西产者尤著。又石屏异龙湖之杆条鱼，亦白鲦鱼类。"

黄师鱼

　　黄师鱼①，即鳝鱼也②。字从尝，取尝祭之义也③。江乡名黄颊鱼，为其颊之黄也。《山海经》作师鱼④，谓獭祭鱼⑤，捉鳝为巫师，能作声以祭天也。又曰杀人，谓其颊骨鲠人至死也。滇池多黄师鱼，亦鲜美。俗讹师为丝，失其义矣。

鳛　鳅

　　鳛鳅⑥，今泥鳅。鳅、鳝皆穴于泥。《尔雅》释鳅而遗鳝⑦，统鳅以为言也。滇池多鳅、鳝，然无巨者。滇人四季皆剥鳝成条盈把而卖于市，不似江乡过六月不食鳅、鳝，谓鳝之生毛也。但夏鳝不如春鳝之鲜美，岂生毛哉？宜滇南无月不食之也。

---

　　① 黄师鱼：即黄鳝。《新纂云南通志·物产考》："黄鳝，河沟泥穴中常有之。体形如蛇，俗呼蛇鱼，亦名黄师鱼。身长至尺许者体黄色，有黑小点，无鳞，夏日最多，可供食用。"

　　② 鳝（读若常）鱼：前蜀杜光庭《录异记》，"鳝鱼状如鳢，其文赤斑，长者尺余，豫章界多有之。多居污泥地中，或至数百"。按：黄师鱼与黄鳝鱼非一物，本书盖误。

　　③ 尝祭：周代秋季祭宗庙称尝祭。

　　④ 《山海经》作师鱼：《山海经·北山经》，"其中有师鱼，食之杀人"。

　　⑤ 獭祭鱼：《吕氏存秋·孟春纪》注云，"獭，水禽也。取鲤鱼置水边，四面陈之，世谓之祭"。按：捉鳝为巫师能作声祭天之说，今本《山海经》未载，前蜀杜先庭《录异记》谓鳝鱼"能为魁鬼幻惑妖怪，亦能魅人"。或因此而附会其说，不足为信。

　　⑥ 鳛鳅（读若习秋）：即泥鳅。《新纂云南通志·物产考》："泥鳅体长数寸，但稍扁。口有小须，鳞细小，侧线不明。体色上灰下白，上部遍布黑点。夏秋之交，池沼中多产之，可供食。"

　　⑦ 释鳅遗鳝：谓《尔雅·释鱼》中有解释鳅之文而无解释鳝之文。

麦 鱼

滇池附草①，多麦鱼②，黑、白二种，极明透，滇人谓之草鱼，③食之者见笑。予与王若洲调以为羹，甚美，而草鱼从此贵矣。

田 鸡

田鸡④，蛤也⑤。滇池四时皆有，官厨以炒小碟。其大而皮多痱磊者⑥，谓之石黾礧⑦，腿壮如笋鸡⑧，武定山箐多有之，鸣声如鹅鸭，故一名土鸭⑨。纯阳，大补衰损。宋君昌琤少患痨瘵⑩，日购而食之，遂痊。

---

① 附草：附，增益。附草谓多生水草。

② 麦鱼：民国《重修昆明县志·物产志》，"麦鱼又名糠片鱼。小形之鱼，鳞细，出水即死，烹之可荐酒"。

③ 草鱼：《本草纲目·鲩鱼》时珍曰，"俗名草鱼，因其食草也。江、闽畜鱼者，以草饲之焉"。

④ 田鸡：《新纂云南通志·物产考》，"金线蛙一名青鸡，或名田鸡，盖以其后肢多肉，色白而味似小鸡，可食，故得此名称也。……性喜近水，喜食蚊虫，故夏季沟泽畔尝见之"。

⑤ 蛤：亦名蛤鱼，似蛙而生于水中，即俗称之田鸡。

⑥ 痱磊：皮上小肿块。

⑦ 石礧：此名无考，各字书均不载。云南武定山箐溪洞中产石蚌，与此音近，或即是也。

⑧ 笋鸡：云南人称鸡之稚而嫩者为笋鸡。

⑨ 土鸭：清郝懿行《尔雅义疏》，"黾似青蛙，大腹，背有黑文一道，其鸣蛤蛤者是也。鸣声似鸭，故名土鸭"。

⑩ 痨瘵（读若劳绩）：痨，积劳瘦削。瘵，病。痨瘵，今称肺结核。

蚬

蚬①，出滇池最多，土人谓之歪歪。江、浙人取而瀹之②，始知食。有卖于市者。

螺

滇池多巨螺③，池人贩之，遗壳，名螺蛳湾④。尝穿成材书院地⑤，入五六尺深许，即为螺壳，出之堆山，水泉迸出，他穿亦然⑥。疑此地旧亦螺蛳湾，渐成平陆，移湾于其下，则滇嗜螺蛳已数百年矣。剔螺掩肉⑦，担而叫卖于市，以姜米、秋油调⑧，争食之立尽，早晚皆然。又剔其尾之黄，名螺蛳黄⑨，滇人尤矜，以为天下所未有。有曹姓业于此者，居菜海边⑩，人谓之曹螺蛳云。（原

① 蚬（读若显）：《新纂云南通志·物产考》，"蚬属瓣鳃类，产江河沟渠泥沙中，壳背黑色或褐色。内层灰白，有真珠光。……外套嫩美，煮食味佳"。

② 瀹：清朱骏声《说文通训定声》，"以汤煮物曰瀹"。

③ 螺：《本草纲目·蜗蠃》释名，"螺蛳"。时珍曰："处处湖溪有之，江、夏、汉、沔尤多。大如指头，而壳厚于田螺。惟食泥水。春月，人采置锅中蒸之，其肉自出，酒烹、糟煮食之。"

④ 螺蛳湾：在昆明市南原云南纺织厂附近。

⑤ 成材书院：《新纂云南通志·学制考》，"育材书院一名昆明书院，在城南门外慧光寺左，清康熙二十四年总督蔡毓荣、巡抚王继文建"。按慧光寺一名西寺，地近螺蛳湾，本书称成材书院，应是育材书院之误。

⑥ 他穿亦然：意为在育材书院外的地方挖掘，也是如此。

⑦ 掩：夺取。

⑧ 姜米：碎姜如米。秋油：菜油。菜籽秋熟，故称秋油。

⑨ 螺蛳黄：《新纂云南通志·物产考》，"田螺……又剔其尾之黄，滇名螺黄。可入汤馔，味美"。

⑩ 菜海：昆明城内翠湖，旧名菜海子，即今翠湖公园。

注：赵州并产螺蛋。）

蟹

蟹①，亦出滇池。熟卖于市，一枚一文②，贱甚。厨丁细剔以作蟹羹③，陈于官筵④，味亦佳。

通海蟹

通海蟹⑤，螯大似江蟹⑥，而篷脐亦如滇池蟹⑦。酒醉之，装罐以馈送，曰糟蟹。

海　参

滇人言滇池产海参⑧，每年水盛时，渔人于得胜桥柱下⑨，得十

---

① 蟹：《本草纲目·蟹》时珍曰，"蟹：横行甲虫也。……足八螯二，跪利钳尖，爪壳脆而坚，有十二星点。雄者脐长，雌者脐团。腹中有黄，应月盈亏。其性多躁，引声噀沫，至死乃已。生于流水者色黄而腥，生于止水者色绀而馨"。

② 一枚一文：意为一蟹值制钱一文。

③ 蟹羹：以蟹肉制作的羹汤。

④ 官筵：官府中的正式筵席。此处泛指较高级的酒筵。

⑤ 通海蟹：通海县有杞麓湖，水产甚多，亦有蟹。

⑥ 螯（读若敖）：螃蟹第一对脚，形象钳子。江蟹：长江中所产蟹。

⑦ 篷脐：篷，覆盖。篷脐，即蟹脐部覆盖的壳状物。

⑧ 海参：《中文大辞典》，"海参，动物名。体形如胡瓜，有褐色栗色相交错之斑纹，亦有变为暗黑色、暗绿色或白色者。口缘有触手二十个，背面及侧面生疣足数列，腹面具管足三列。由管足与体壁筋肉之作用而移动。有瓜参、光参等种类，多群栖近海"。

⑨ 得胜桥：在昆明市区拓东路与金碧路相接处，盘龙江水从桥下流过。

数枚，长大白色，味美。亦私市，不令官知，恐诛求如大虾也。

驼背鱼

驼背鱼^①，出黑龙潭^②，脊起如蛋，眼如朱砂^③。潭鱼种类多，此鱼亦间出^④，人不敢犯。

花　鱼

花鱼^⑤，长仅寸，面卷而炙之^⑥，美而腴，盖亦吹沙之类也。他如小鳑鲏^⑦、小黄鲴子^⑧、牛矢鱼^⑨，亦尚有之，然不足数也。

---

① 驼背鱼：民国《续修昆明县志·物产志》，"驼背鱼，身长似白鱼，脊凸眼红，黑龙潭有之"。

② 黑龙潭：康熙《云南通志·山川》，"黑龙潭在（昆明县）城北三十里，其水深黝，有鱼二种，各不相浸，祷雨辄应"。

③ 朱砂：又作丹砂，矿物名。参见《志金石》丹砂条。

④ 间出：有时出现。

⑤ 花鱼：《新纂云南通志·物产考》，"花鱼或名沙鳅，体具花斑，味甚美。保山产者著名，弥渡产者口角生须，有青、黄、黑各花色，摩之有浆。石屏异龙湖产者长仅及寸，尤腴美"。

⑥ 面卷：以面粉调为水糊，裹卷在鱼外。炙，烧也。此处意为油炸。

⑦ 鳑鲏（读若旁皮）：俗称旁皮鱼，鲫之一种，又名鲈鱼。《中文大辞典》："鳑鲏鲫俗称旁皮鱼，属鱼类喉鳔类。体长二三寸，状似鲫，背部较驼而扁，眼有五彩闪光，背淡黑微赤，有青翠文。腹部银白色，生于淡水中。"

⑧ 黄鲴子：明张自烈《正字通》，"黄鲴，状似白鱼，长不近尺，阔不逾寸，遍身细鳞，肠腹多脂。南人名为黄姑，北名为黄骨鱼"。

⑨ 牛矢鱼：不详。或系鱼之小而劣者，不可供食用，故以牛矢名之。牛矢，即牛粪。

鲈鱼、鲩鱼

鲈鱼①，出澄江②，方口而仰，头耸起，有四腮，鳞细而薄，长二三尺，重六七斤，肉细如桃花鳜、海黄鱼③，无丝刺，与青鱼绝不相类④。历来以为青鱼，因其身青而名，实非青鱼也。

案青鱼即青鲩⑤。鲩有二种，分青鲩、白鲩，江乡呼青鲩为青鱼。口有齿，能啮草，草饲易长。桐城东乡围田多兼养鲩⑥，名鱼围。其人每言："三条鲩子吃草，敌条牯牛。"盖饲草多而易长。凡三斤重鲩子，饲之一年，即长至数十斤。腊月，江涸湖干，鱼渐稀，围鱼始出。上自九江⑦，下至苏、扬⑧，无不买围鱼，其为钱粮

---

① 鲈鱼：《本草纲目·鲈鱼》时珍曰，"黑色曰卢。此鱼白质黑章，故名。淞江名四腮鱼"。

② 出澄江：《新纂云南通志·物产考》，"滇产本无是专名。《滇海虞衡志》谓澄江所产青鱼即鲈鱼，而青鱼别有其物，即前所云之青鲩也。青鲩与鲈鱼体色虽同是青色，然鲈鱼巨口细鳞，扇尾四腮，显与青鱼不同，且亦多白质黑章者。澄江产鲈鱼，长二三尺，重六七斤，肉细，如桃花鳜，故默斋以为即鳜鱼，肥美可食"。

③ 桃花鳜：《本草纲目·鳜鱼》时珍曰，"鳜生江、湖中，形扁阔腹，大口细鳞，有黑斑采。斑色明者为雄，稍晦者为雌，皆有鬐鬣刺人。厚皮紧肉，肉中无细刺，有肚，能嚼，亦唼小鱼。夏月居石穴，冬月偎泥罧，鱼之沉下者也。小者味佳，至三五斤者不美"。滇人称鳜鱼为桂花鱼。唐张志和《渔父歌》："西塞山前白鹭飞，桃花流水鳜鱼肥。"故又称桃花鳜。海黄鱼：又名石首鱼，俗名黄花鱼。《本草纲目·石首鱼》时珍曰："生东南海中，其形如白鲦，扁身，弱骨，细鳞，黄色如金。首前有白石二枚，莹洁如玉。"

④ 青鱼：《新纂云南通志·物产考》，"青鱼为滇中食用鱼之常品，几于各处产之，黑井产者尤佳。保山澜沧江、腾冲龙川江均出时鱼，即青鱼。或云鲭鱼，鲭即青鱼之旧称也"。

⑤ 鲩（读若浑）：又称鲩（读若患）鱼。今称草鱼。《本草纲目·鲩鱼》时珍曰："其形长，身圆，肉厚而松，状类青鱼。有青鲩、白鲩二色，白者味胜。"

⑥ 桐城：今桐城市，属安徽省。

⑦ 九江：今九江市，属江西省。

⑧ 苏：今苏州市。扬：今扬州市。均属江苏省。

至大①。然鱼带膻气，味不佳，由饲草如牛羊故也。湖鲩、池鲩多肥美，往往跃入湖田，食禾一夕尽，齿利如此。重数斤，江鲩大者且数十斤，皆肥美，不同围鱼。

故鲩，《尔雅》谓之鲩，郭注："鲩，今鳡鱼。似鳟而大。"又注："鲡鳟似鲩子，赤眼。"《本草》于鲩鱼曰草鱼，分青鲩、白鲩是矣。又于下另出青鱼，谓其似鲩，而不知青鲩统谓之青鱼。江乡治青鲩，必取其胆，谓之青鱼胆②，治白鲩则弃胆。亦不闻于青鲩之外。别有青鱼。此则青鱼之考辨，断归青鲩无疑也。

家乡无鲈鱼，而鳜为多，以鳜推鲈，与青鱼可立判。王平彝子音以一尾送予③，曰："此澄江青鱼。"予见之曰："此非青鱼也。细验四腮与肉味，得非松江之鲈④？"然思李氏《纲目》⑤，鲈，白质黑章，四五月出吴中⑥，松江尤盛。长仅数寸，似鳜，色白，有黑点。巨口细鳞，有四腮。因引扬诚斋诗⑦："买来玉尺如何短⑧，铸出银梭直是圆⑨。"以实其长仅数寸之言。今按此鱼长且数倍，为不称，然其白质黑章，巨口细鳞，四腮，无不与鲈同，青鱼何能有一似此也？暇日，以语张君补裳⑩："君往来吴淞⑪，亦食鲈鱼乎？"曰："食之多矣。""鲈鱼亦有大者乎？"曰："大且如巨鲩。"

① 钱粮：此处意为国家税收。

② 青鱼胆：《本草纲目·青鱼》，"胆，腊月取阴干，气味苦寒，无毒。主治点暗目，涂热疮，消赤目、肿痛，吐喉痹痰涎及鱼骨鲠，疗恶疮"。

③ 王平彝子音：王子音名七宝，清乾隆间任平彝县知县。

④ 松江：松江区，属上海市。

⑤ 李氏纲目：即李时珍《本草纲目》。

⑥ 吴中：江苏省苏州市，古称吴中。春秋时为吴国都，故名。

⑦ 杨诚斋：宋人，名万里。《宋史·杨万里传》："光宗尝为书诚斋二字，学者称诚斋先生。"有《鲈鱼》诗云："鲈出鲈乡芦叶前，垂虹亭上不论钱。买来玉尺如何短，铸出银梭直是圆。白质黑章三四点，细鳞巨口一双鲜。春风已有真风味，想待秋风更爽然。"

⑧ 玉尺：古人以玉作尺。此处借指白色鲈鱼，长如玉尺。

⑨ 银梭：古人以银作梭。此处借以描绘鲈鱼如银梭之白且圆。

⑩ 张君补裳：张补裳名霈，浙江钱塘人。清乾隆间任太和县丞。

⑪ 吴淞：吴淞江，太湖支流，自湖东北流，经江苏吴江、吴县、昆山、青浦、松江、嘉定、上海市、合浦江入海。

予因思鲈、鳜为类，但鲈四腮而鳜二腮。味诚斋诗结句①："春风已有真风味，想待秋风更爽然。"言秋深鲈长，味更爽然不同，未尝限定数寸，禁鲈之不长至于一二尺，重六七斤也。且诚斋买鲈正二三月间，此时鲈长数寸，犹桃花鳜，已鲜嫩足佳。夏、秋间鳜长盈尺，味正腴，至冬时鳜且重四五斤，老而味减于前，想鲈亦犹是也。故鲈无论大小，总以四腮为据。兹鱼四腮，可不定其为鲈乎？

世尝谓鲐、鲚及鲥上时②，过全归海，而不然也。鲐即鯸鲐，今名河豚。鲚即薄刀，一名杨花鲚，先鲥鱼而上。鲥上，二鱼皆不见，然皆化子于江湖。五六月间，鲚秧出③，绝流渔之，一网堆山，谓之杉木枈④。白晒入捆⑤，每捆一二百斤。八九月间，鲐子长且二三寸，其网之亦然。连皮炒食，谓之斑子河豚。皆入捆，贩至四远，史所谓鲐鲚千钧也⑥。腊中江涸，渔人往往得鲥秧卖之，长仅寸余。明春，川江涨下，西风暴起，新鲚以口迎之，一夜长尺余。河鲀与鲥亦然⑦，皆出长江，不尽由于海也。谓鲥不过小孤，非也。甲申夏⑧，于黄州目见网获鲥⑨。庚寅夏⑩，过洞庭⑪，

---

① 结句：律诗的最后两句称结句。
② 鲐（读若台）：《说文》清段玉裁注云，"鲐，亦名侯鲐，即今之河豚也"。明陶宗义《辍耕录》："水之咸淡相交处，产河豚。河豚，鱼类也。无鳞颊，常怒气满腹，形殊弗雅，然味极佳。煮治不精则能杀人。"鲚（读若剂）：《说文》，"鲚，刀鱼也"。清段玉裁注云："刀鱼，以其形家刀也。"鲥：《本草纲目·鲥鱼》时珍曰："鲥鱼形秀而扁，微似鲂而长，白色如银，肉中多细刺如毛。大者不过三尺，腹下有三角硬鳞如甲"。
③ 鲚秧：鲚鱼初孵化者。
④ 杉木枈（读若费）：鲚紫秧的俗称。
⑤ 白晒入捆：不用盐而晒干，并包之成捆。
⑥ 鲐鲚千钧：《史记·货殖列传》，"鲐鲚千斤"。此处引作"鲐鲚千钧"。按：古以三十斤为钧，疑误。
⑦ 河鲀：即河豚。
⑧ 甲申：清乾隆二十九年甲申，即公元1764年。
⑨ 黄州：旧州名，今湖北黄冈市。
⑩ 庚寅：清乾隆三十五年庚寅，即公元1770年。
⑪ 洞庭：洞庭湖，在湖南境内，为我国第一大淡水湖。

日馈鲥，且至于常德①。李时珍言②："蜀人见鲥，以为瘟鱼，不敢食。"则鲥之上来，且远至于蜀矣。乃知古人记载之言，多有不足信也。嗟乎！此鱼自吴淞穿洞穴，万里而上滇，犹王鲔自江穿洞穴③，千里而至于秦④。顾秦人犹识为鲔，滇人不识，直以青鱼目之，使张翰秋风之思⑤，不表现于兹方⑥，亦一缺事也。

又滇池海菜⑦，其根即莼，二物皆出于滇，可见天下之大，无所不有，未可专怙此方而轻彼方也⑧。

面条鲫

面条鲫⑨，出东川，巨者重一二斤，满腹如切面细条盘之，无肠，面条即肠也。治鱼，出其肠，亦蠢蠢动，如寄居虫。烹之。面条亦可食，此水族从来所未见者。曰面条鲫，一曰面肠鱼。（原注：

---

① 常德：常德市，属湖南省。

② 李时珍言：《本草纲目·鲥鱼》时珍曰，"蜀人呼为瘟鱼，不敢食"。

③ 王鲔（读若委）：《尔雅·释鱼》疏云，"陆机云：'鲔鱼形似鳣而青黑，头小而尖，似铁兜鍪，口亦在颔下，其甲可以摩姜。大者不过七八尺，益州人谓之鳣。鲔大者为王鲔，小者名鮛鲔'"。

④ 秦：陕西省的简称。

⑤ 张翰：晋吴郡人，字季鹰。善属文，时号为江东步兵。仕齐王冏为大司马东曹掾。因秋风起，思吴中菇菜、莼羹、鲈鲙，遂命驾归。

⑥ 兹方：指云南。

⑦ 海菜：民国《续修昆明县志·物产志》，"海菜，绿藻类。茎长四五尺，软脆，粗仅如钱串绳。茎顶开花，有苞包之，每苞出花四五朵，四瓣，色白。……摘其茎腌藏，可为蔬。《虞衡志》以为其根即莼，是不识莼之误会语。县属滇池中最多"。

⑧ 怙：恃也，依赖之意。此处意为偏袒。

⑨ 面条鲫：《新纂云南通志·物产考》，"面肠鱼，或云面肠鲫，巨者重一二斤，满腹如切面细条盘之，无肠。其面条部脆美可食，且入盛馔，为席面之珍品。但可食之部分，乃寄生鲫内之鱼鲦虫，形似面肠，实非真肠也。受害之鲫，羸瘠异常，除面肠外，不堪入口。……产沼泽中。其曝干之品，远销各县，亦云面鱼"。

按剑湖亦出此鱼①。）

寠𩸄鱼

寠𩸄鱼②，亦出澄江，盐腌之而货于省，如江乡小盐薧子③，不中啖，所见不逮所闻。

工　鱼

工鱼④，出大理，长三四寸，满腹子，可充鲞⑤，炖肉而陈之。禄劝易龙河亦出此鱼⑥。工或作弓。《南园录》⑦谓："应作工，工为江，江鱼也。"此亦牵强。蛮名无正字⑧，工、弓随用耳。

---

①　剑湖：湖名，在剑川县。
②　寠𩸄鱼：《新纂云南通志·物产考》，"寠𩸄鱼一名康郎，旧《临安府志》一名鲌鲜。出抚仙湖，又江川星云湖亦产。凡山麓水涯之石洞，土人挟巨笱承洞口而取之。鳞细味美，长五六寸，腹多腴，干亦不空。多以盐腌之而货于省垣"。
③　小盐薧（读若考）子：即用盐腌过晒干的小鱼。
④　工鱼：《新纂云南通志·物产考》，"工鱼、一作公或弓，鱼似鲦而鳞细，长不满尺，肉细刺少，子腴美，可腌食。大理、弥渡、凤仪特产"。
⑤　鲞（读若想）：鱼之干者为鲞。
⑥　禄劝易龙河：禄劝县掌鸠河上游名易龙河，以流经上、中、下易龙得名。
⑦　南园录：即《南园漫录》。
⑧　蛮名无正字：意为边地土民对字无正式规定的划一写法，故工亦作弓或公也。

珠 鳖

珠鳖之见于禄劝①。戴生言②："尝有罾于河者③，得一物，如牛肺，遍体皆眼。罾者不能胜，物缠于罾不得脱，系罾于柳树，呼其人共脱之。"予曰："此珠鳖也，眼即珠也。"捡《山海经》与视。后遍觅其处，不复见。

蝙 蝠

禄劝悬岩，大蝙蝠极多④，皆倒挂，疑千余年物⑤，厂民每捕而烹食之，卒亦无他。乃知成仙泄死之说⑥，均不足信。

---

① 珠鳖：《山海经·东山经》，"葛山，沣水出焉。东流注于余泽，其中多朱鳖鱼。其状如肺而有目，六足有珠，其味酸甘，食之无疬"。注云："鳖音鳖。毕沅曰：'珠鳖，当为朱鳖。'郭璞《江赋》云颓鳖，则以颓代朱也。"

② 戴生：清戴圣哲，字崧云，檀萃弟子，故云戴生。

③ 罾（读若增）：渔网。

④ 蝙蝠：《新纂云南通志·物产考》，"蝙蝠属翼手类。体形似鸟，实非鸟类。胎生哺乳，体具茸毛，且有齿。前肢成翼，连于胴及肢间之皮膜，故适于飞翔。又具钩爪，倒悬树枝。多属夜性，滇产特多"。

⑤ 千年余物：《本草纲目·伏翼》（苏）恭曰，"伏翼，即仙鼠也。在山孔中，食诸乳石精汁，皆千岁"。

⑥ 成仙泄死之说：《本草纲目·伏翼》时珍曰，"仙经以为千百岁服之令人不死者，乃方士诳言也。按李石《续博物志》云：'唐陈子贞得白蝙蝠，大如鸦。服之，一夕大泄而死。又宋刘亮得白蝙蝠，白蟾蜍仙丹，服之，立死。呜呼！书此足以破惑矣！'其说始载于《抱朴子》书，葛洪误世之罪，通乎天下！"

蛤蚧

蛤蚧①，守宫之巨者也②，《统志》及《滇志》皆云顺宁亦出之③。《统志》云："生枯树中，有雌雄，能鸣。"《纲目》云④："雄蛤雌蚧，自叫其名，声甚大，多穴石壁、榕木、城楼间。牝牡上下相呼累日，情至乃交，相抱坠地，捕亦不觉。以手分劈，虽死不开。"故以为房中之药，功比缅铃。此皆出于南中异闻。

《纲目》又于蛤蚧之后，附载盐龙⑤，言宋时萧注破南蛮，得其盐龙，以海盐饲之，鳞中出盐，取服能兴阳。为蔡京所得⑥，龙即死。按萧注随狄青征侬智高，入广南特摩道，获其母及弟与子，则盐龙殆得自广南，固亦滇产也。

---

① 蛤蚧：《新纂云南通志·物产考》，"蛤蚧亦蜥蜴类。舌短而厚，肢部俱全，惟雌雄稍异，有圆形颗粒，可入药。滇近广西诸县热地产之。又缅宁、墨江、个旧、腾冲、景东亦常见"。

② 守宫：《新纂云南通志·物产考》，"守宫亦蜥蜴类。体长寸许，色灰褐，能匍匐墙壁或承尘等上。身体平扁，趾具吸盘，能吸着他物。舌短厚，捕昆虫，无毒。滇到处产之，如华宁、蒙自、广通，亦名壁虎"。《本草纲目·守宫》（苏）恭曰："蝘蜓又名蝎虎，以其常在屋壁，故名守宫，亦名壁宫。饲朱点妇人，谬说也。"

③ 《统志》：指《大明一统志》。《滇志》：指旧《云南通志》。

④ 《纲目》：指《本草纲目》。

⑤ 盐龙：《本草纲目·盐龙》时珍曰，"按何远《春渚纪闻》云：'宋徽宗时，将军萧注破南蛮，得其所养盐龙，长尺余。藉以银盘，中置玉盂，以玉箸撮海盐饲之。每鳞中出盐则收取，云能兴酒事，每以温酒服一钱七。后龙为蔡京所得，及死，以盐封数日取用。亦有力。'愚按此物生于殊方，古所不载，而有此功，亦稀物也，因附于此以俟"。

⑥ 蔡京：宋浙江仙游人，徽宗时拜太师，凡四出执国政。

钩　蛇

钩蛇①，出永昌，此古所传也。言其尾长，能钩岸上人与物而食，亦鳄之类也②。今不闻有此事，其亦他徙而去欤？潮州无鳄鱼③，永昌无钩蛇，见生聚之盛也④。又按《续传志物》以为出朱提⑤，且言水旁有鬼弹⑥，不见其形，其作有声，中物则折，中人则害，罪人徙此不过十日死。此水土恶劣，阴怪得窟穴其中为虐耳⑦。驱之之法，投以烧石⑧，注以镕铁，万众各鸣瓦盆、瓦器以号呼，其物不死即徙，为政者不可不知也。

---

① 钩蛇：《山海经·中山经·中次九经》注云，"今永昌郡有钩蛇，长数丈，尾歧，在水中钩取岸上人、牛、马啖之，又呼马绊蛇，谓此类也"。

② 鳄鱼：《中文大辞典》，"鳄，动物名，属爬虫类。体长丈余，貌凶恶，头扁，吻突出"。《新纂云南通志·物产考》："鳄鱼，滇西南边地接近暹罗、缅甸，大江大河，常有鳄鱼类栖息。……滇产鳄鱼以佛海之短吻种为著，谓之短吻鳄鱼，亦名大水蛤蚧。栖息河边隰热地，盖当地之特产也。"

③ 潮州：旧州名，今广东省潮州市潮安区。唐韩愈任潮州刺史，有《驱鳄鱼文》，相传此后潮州即无鳄。

④ 生聚：《左传》哀公元年，"越十年生聚，十年教训"。注云："生民聚财富而后教之。"此处意为人口众多，草莱日辟。

⑤ 《续传志物》：诸本均同，疑为《续博物志》的误字。宋李石《续博物志》云："朱提山有钩蛇，长七八丈，尾末有歧。蛇在山洞水中，以尾钩岸上人、牛食之。"

⑥ 鬼弹：瘴毒。《水经·若水注》："禁水在永昌县，水旁瘴气特恶。气中有物，不见其形，其作有声，中木则折，中人则害，名曰鬼弹。惟十一月、十二月差可渡。"道光《云南通志稿·食货志》："谨案永昌无禁水，所言瘴气，盖潞江也。"

⑦ 阴怪：属于阴气的妖异物。

⑧ 烧石：石灰的别名。

鳞　蛇

　　鳞蛇①，出临安、元江、孟养等处，巨蟒也。长丈余，四足②，有黄鳞、黑鳞，能食鹿。春冬在山，夏秋在水、土人杀而食之，取其胆③，治牙疼，解毒药。黄鳞为上，黑鳞次之。邹经元言："鳞蛇眼大如镜，初见者不利，即制而牵行于市，儿童争坐其背以为嬉。"《范志》云④："蚦蛇常逐鹿食，寨兵插满头花赴蛇，蛇喜驻视，竟附其首，大呼红娘子，蛇俛不动，大刀断其首。"近闻捕蚦蛇有蚦蛇藤⑤，束而牵之。按鳞蛇亦食鹿，当即一类而异名耳。蚦蛇胆亦入药⑥，《天问》云⑦："灵蛇吞象。"彼巴蛇也⑧。要皆蟒

　　① 鳞蛇：《新纂云南通志·物产考》，"鳞蛇，马关、文山、麻栗坡等地有是称。新平讹作灵虫，亦称菜蛇，但旧名鳞蛇。蛇之最巨者，滇近边热地有之。墨江、芒遮板、云县、腾冲、金河谓之蟒，佛海谓之巨蟒。体长数丈，能以身盘鹿使毙，而吞食之。鳞有黄、黑两色，均成巨片，故名"。

　　② 四足：《新纂云南通志·物产考》，鳞蛇"寻常蛇足本已退化，此蛇仍于体之两侧留有爪状突起，为后足之遗存物，但非如各志所云之四足也。或以鳄鱼四足误作鳞蛇，则更不眸。因鳄鱼与鳞蛇，截然两物也"。

　　③ 胆：《本草纲目·鳞蛇》，"胆，气味苦寒，有小毒，主治解药毒，治恶疮及牙疼"。

　　④ 《范志》云：见《桂海虞衡志·志虫鱼》篇。

　　⑤ 蚦（读者髯）蛇：《本草纲目·蚦蛇》时珍曰，"蛇属，纡行。此蛇身大而行更纡徐，冉冉然也，故名蚦蛇。或云鳞甲有毛如髯也。产于岭南，以不举首者为真，故世称为南蛇、埋头蛇"。

　　⑥ 蚦蛇胆：《本草纲目·蚦蛇》时珍曰，"蚦禀己土之气，其胆受甲乙风木，故其味苦中有甘。所主皆厥阴、太阴之病，能明目凉血，除疳杀虫"。

　　⑦ 天问：《楚辞·天问》，"灵蛇吞象，厥大何如？"灵，《大藏礼·曾子天圆》："阴之精气曰灵。"

　　⑧ 巴蛇：《山海经·海内南经》，"巴蛇食象，三岁而出其骨。君子服之，无心腹之疾。其为蛇青黄赤黑"。

也①。蟒为螣蛇②，为王蛇③，大小随地为名耳。

雪蛆、雪蛤蟆

雪蛆、雪蛤蟆④，出苍山。二物产于积雪之中，不知几何年。一曰，西藏积雪之中，尚产猪，谓之雪猪，性极热，盖阳极转阴，阴极转阳，理本相因也。又云，雪中产物甚多，不可为名数⑤，而性皆极热。是知天地之大，何所不有。虽深山绝塞，涸阴冱寒，终古不见天日，而生机未尝中绝。天随寒热以为生，物游其中以自乐。火鼠之入火不焦⑥，冰蚕乘冰自缕⑦，彼又奚知火与冰哉？（原注：按，玉龙山产雪茶⑧，亦采自积雪中。）

---

① 蟒：《尔雅·释鱼》，"蟒，王蛇"。注云："蟒，蛇最大者，故曰王蛇。"

② 螣（读若滕）蛇：《尔雅·释鱼》，"螣，螣蛇"。疏云："蛇似龙者也，名螣，一名螣蛇。"

③ 王蛇：即蟒。《新纂云南通志·物产考》："王蛇，《永昌府志》谓之钩蛇，产西南沿边接近缅甸之山野，与鳞蛇（原注：蚺蛇）、蟒蛇等极相类似，能吞人畜之巨蛇也。"

④ 雪蛆：《本草纲目·雪蚕》时珍曰，"按叶子奇《草木子》云：'雪蚕生阴山以北及峨嵋山北，人谓之雪蛆。二山积雪，历世不消，其中生此，大如瓠，味极甘美'"。雪蛤蟆：《大理县志稿·物产》，"雪蛆、雪蛤蟆，二物产于苍山积雪中，皆得之传闻，无人经目睹者"。

⑤ 名数：名称数量。全句意为不能指其名，计其数。

⑥ 火鼠：汉东方朔《神异经》，"火中有鼠，取其毛，纺绩以为布。若有垢，浣以火，烧之则净"。

⑦ 冰蚕：前秦王嘉《拾遗记》，"贝峤山有冰蚕，长七寸，黑色有角，有鳞。以霜雪覆之，然后作茧。长一尺，其色五彩，织为文锦，入水不濡。以之投火，经宿不燎。唐尧之世，海人献之，尧以为黼黻"（注：读若甫拂，衣服上绣的花纹）。

⑧ 雪茶：清余庆远《维西闻见录》，"雪茶，阿墩子、奔子兰皆有。盛夏雪融，如草，叶白色，生地无根。土人采售，谓之雪茶。汁色绿，味苦性寒，能解烦渴，然多饮则腹泻，盖积雪寒气所成者"。

谷　雀

谷雀之名颇佳①，禾间蚱蜢也。收获时多，知风雨。儿童收而卖于市，曰谷雀，言谷中之雀也。又曰山鰌，曰水鸡，讳其名②。蛮字从虫，故南蛮多嗜虫也③。一曰麻蚱。厂民食之，能解炉烟毒。

蝴蝶会

蝴蝶会④，每年来集，圆通寺壁皆满，后不来者二十余年。辛亥四月朔忽至⑤，予与云谷老人、九鲤仙扶杖往看之⑥。于时士女婆娑⑦，门嗌塞路⑧，三老亦竟日始归。老人曰："此为吾辈来者也。"

---

①　谷雀：民国《重修昆明县志·物产志》，"蚱蜢，一名谷雀，俗呼麻蚱。稻麦之害虫，蝗属。体长寸许，有深灰色、黄绿色等数种。头为三角形，前翅成革质，稍能飞翔。后脚腿节壮大，便于跳跃。……买得者掐而去其项与翼，油炸之，蘸以椒盐，味极佳，可下酒。土人又谓能解炉烟毒，消积滞"。

②　讳其名：意为隐讳山鰌、水鸡之名而不呼之也，按滇人对蚱蜢无山鰌、水鸡之名称。

③　南蛮多嗜虫：意为边地土民喜食虫类，故蛮字从虫。此乃本书作者对边地民族污蔑之言，不足为训。

④　蝴蝶会：民国《续修昆明县志·杂志》，"昆明城内圆通山前后，每数十年间，辄有蛱蝶数万，飞集林间，大小连缀，五色迷目，宛然摘锦布绣也。每来，必数月乃去"。据父老言，此景至清末即不复得见。

⑤　辛亥：清乾隆五十六年辛亥（公元1791年）。

⑥　云谷老人：清代黄斌，字景明，外号云谷老人。九鲤仙：清代黄俦，字次庐，外号九鲤仙。二人均本书作者友人，见《镇南草堂诗话》。

⑦　婆娑：形容游人众多，偃息其间。

⑧　嗌：同嗌，咽疼为嗌，借喻为狭窄阻塞，全句意为游人众多，门、路均为之阻塞。

岩　蜂

岩蜂①，在九龙江外，毒螫若昆仑之钦原②，行者畏其蠚③，每迁道而避之。康熙中④，江西某为武官于蛮，蛮来攻劫，闭城不出，载巨箱数十车，当蛮来路。蛮见发之，皆红绿布片，线纩诸物⑤，为蛮妇所喜者，欢呼而去。蛮贪无厌，居数月，侦又欲来，乃装箱加倍陈于路。蛮利汉货，争发之，则盈箱皆岩蜂，迸出螫蛮，蛮死且过半。其王怒，率倾国之蛮，尽出来报复，又为箱加倍陈于路。王以为岩蜂，争投炬焚之，万炮齐发，声震天地，王及群蛮歼焉。王妻美而善战，带诸蛮女来复夫仇，铠服弓刀耀日，索战甚急。某戎装盛服登城，谕其来归。妻亦念国亡王死，无以为也，且悦某美，因归于某。某辞官回，与之偕老焉。则知善用此蜂者，能螫蛮立功，但不知采之之法，用何术也。

乾隆间，川客载十九骡货物，道经岩下，蜂螫之，尽死。客子闻父遭此难，恸之，誓倾家除其祸。走告普洱官，官怜其志，为出示禁夷民毋阻，俾得尽所为。乃为厚布幄数百，壮士负幄，带火药，乘夜，蜂归穴不出，扳崖而上，齐投火药于穴，烟焰蔽空，但听穴中如千万爆竹声。壮士匿幄中，蜂奔出不得螫。迨天明声息，穴蜂已尽死，余蜂散去不复归。入穴寻之，出蜜与蜡盈巨万。彼盖

雲南文庫·大家文丛

---

① 岩蜂：蜜蜂的一种，结穴山岩间。《新纂云南通志·物产考》："普通蜜蜂，遍体有毛，体长四五分，色灰褐，有黄褐斑纹。构成之巢，滇名蜂窝，中贮蜜蜡，供食用及工业用"。参见本书《志果》崖蜜条注。

② 毒螫（读若释）：昆虫以尾针刺人行毒，称为毒螫。昆仑：昆仑山。钦原：钦原鸟。《山海经·西山经》："昆仑之丘，有鸟焉，其状如蜂，大如鸳鸯，名曰钦原。"

③ 蠚：同螫。

④ 康熙：清圣祖年号，康熙共61年（公元1662至1722年）。

⑤ 线纩：棉线、棉絮。

拥其所有，相与屯聚为凶耳，亦诸土司之鉴也[①]。此道今成坦途，客子之功亦巨矣。

《楚辞·招魂》称"赤蚁若象，元蜂若壶"。[②]兹其若壶之蜂乎？数十年前，南中有贡巨蚁者，其重九斤，饲以米花[③]，道经潜山[④]，邑人尽见之。则若象之传，当亦有可信。

螃蟹瘴、蚂蝗瘴

迤南有巨蟹，大盈数亩，其土沮洳[⑤]，四时不干，流出细蟹无数。每起瘴[⑥]，谓之螃蟹瘴。土人聚火器攻之，蟹死而地干，瘴不起，可居可种，成乐土也。蚂蝗瘴亦然[⑦]，出于大树之叶。树成大林，而蚂蝗满之，入林辄中人[⑧]，未有能为之攻[⑨]者也。

---

① 鉴：借鉴。全句意为沿边土司，每有屯聚为凶之事，可以岩蜂之被奸为鉴戒。按此乃作者迂论，不足为训。

② 赤蚁若象玄蜂若壶：玄，黑色。全句意为红蚁大如象，黑蜂大如壶。

③ 米花：以米爆炒成花状，称米花。

④ 潜山：潜山市，属安徽省。

⑤ 沮洳：卑湿之地。《毛诗·汾沮洳》集传云："沮洳，水浸处下湿之地。"

⑥ 瘴：瘴疠。山林间湿热蒸郁而生毒气，人触之得病，参见本书《杂志》滇南瘴气条注。

⑦ 蚂蝗：又作蚂蟥，即水蛭。

⑧ 中（读若重）：意为受蚂蟥瘴毒。

⑨ 攻：攻击扑灭。

蜂　窝

赵朴庵言①："夷人炙带蛹小蜂窝②，以为珍品，恐传之中国，将来贵必如燕窝③。"然此亦古礼，上公④二十四豆，则范⑤与蜩俱列，岂以为虫而轻之？燕窝与海参，见重于中国甫百余年，前此无所著闻。若使滇南蜂窝菜得行，亦可以竞胜于山右天花菜⑥，彼菜犹带蛇臊气，蜂窝则悬结清高。燕窝远隔重洋，蜂窝则稳行陆地。以二窝相较，则蜂窝处其优矣。

蚕、蜂蜜、虫蜡

按《尔雅·释虫》，皆陆虫也⑦。而于蜎、蛭、蚪斗、蟾、

----

①　赵朴庵：即朴庵子，参见本书《志花》龙女花条注。

②　带蛹小蜂窝：有蛹的蜂窝。《新纂云南通志·物产考》："（蜜蜂）寻甸产者有时结蜜至二万斤，每年出产为全省冠。当地土人亦有炙带蛹小蜂，以为珍品者，谓蜂窝味美，优于燕窝云。"

③　燕窝：《中文大辞典》，"燕窝，金丝燕之巢也。……作窝时，先吞食藻类入胃中，经胃液酝酿，复吐出，遂成胶质，或谓此即燕口中分泌之黏液也，燕窝之品质，高下不一。质白微透明，入水即柔软膨大者为上。下品质黄黑，有红斑，甚或羽毛交杂，即所谓毛燕也"

④　上公：周代最高的官职。二十四豆：豆，周代盛菜肴的器皿，木制。上公得食二十四豆。

⑤　范：即蜂，古范、蜂二字通用。蜩：即蝉。全句意为古上公二十四豆中，蜂和蝉都列入食品之内。

⑥　山右：山西省的别称，以其在太行山之西也。天花菜出山西五台山，形如松花而大，香气如蕈，白色。

⑦　陆虫：生于陆地的虫。全句意为《尔雅·释虫》中所列的虫，均为生活于陆地者。

黾、守官之水居者①，统归之于《释鱼》。鱼兼鳞、介以为言②，守官、龙子③，故陆居而附于水族，古人分类之精，至于如此。其《释虫》不过五十余种，琐碎不足为民生日用所取资。未特著蚕，蚕有三种：曰蚕，曰雠由，曰蚖④，皆能成茧。蚕即今蚕，食桑⑤。雠由食樗、棘、栾⑥。蚖食萧⑦。蚕类既多食叶，又兼乎桑、樗、栾、萧，皆叶之蠹也⑧。圣人使之各得成茧，利益于民生日用。夫采蘩可以饲不齐之蚕⑨，则蚖之食萧，岂有不足信者乎？后来失其遗法，仅知桑、柘之能养蚕⑩，而利源不广耳。迩来毛辣虫之患⑪，在山则松柏叶俱尽，入园林则花柳果菜叶俱尽，且有入洲渚食芦叶俱尽者。初生毛戟辣人手⑫，老则刺脱如蠋⑬脊金色，或有角。审老树杈缝间，作茧自裹。入春化为蛾蝶，遗子仍为毛辣虫，其恼人如此。若使蚕失所以畜之⑭，尽化野蛾蝶，恼人更甚于毛辣虫，安望

---

① 蜎（读若渊）：蚊的幼虫。蛭：水蛭，即蚂蟥。蚪斗：即蝌蚪，蛙的幼虫。蟾：蟾蜍。黾（读若猛）：即土鸭，蟾蜍类之生活于水中者。守宫：即壁虎。

② 鱼兼鳞介以为言：意为《尔雅·释鱼》中包括鳞、介二类，是鳞、介都被视为鱼类。

③ 龙子：蜥蜴、壁虎的别名。

④ 蚕：蚕的别名，食桑叶。雠由：蚕的一种，食樗叶、棘叶、栾叶。蚖：蚕的一种，食萧叶。

⑤ 桑：桑树叶。参见本书《志花》板枝花条注。

⑥ 樗（读若初）：樗树即臭椿树。棘：《本草纲目·白棘》时珍曰，"独生面高者为枣，列生而低者为棘。故重束为枣，平束为棘，二物观名即可知矣"。栾：即楝，通名苦楝，或云皮哨子。木质可制用具。

⑦ 萧：按《尔雅·释草》释萧即荻，即蒿。或云牛尾蒿，似白蒿。白叶，茎粗，有香气，故祭祀以脂爇为香。

⑧ 蠹：蚕食木、叶之虫。全句意为蚕食桑、樗、棘、栾、萧等树叶，都是木叶的蠹虫。

⑨ 蘩：即白蒿。不齐：大小不一。

⑩ 柘：柘树叶。参见本书《志花》板枝花条注。

⑪ 毛辣虫：蝶蛾类幼虫。《新纂云南通志·物产考》："此类体毛多，具毒质，能螫人，俗呼毛蜡虫或扬瘌虫者，……害林木果树，为滇产著名之害虫。农林园艺者不可以不加以驱除之，非仅以其毒能螫人已也。"

⑫ 毛戟（读若刺）：即毛辣虫。

⑬ 蠋：以桑叶为食的虫。

⑭ 若使蚕失所以畜之：全句意为假使不像现在养蚕的办法，使之作茧缫丝。

其衣被天下？乃知《周礼》设官分治，虫豸之细①，亦攻治之法所不遗，盖为此也。昆明、拓东②，古有蚕桑之利，后来惟通海工织缎，近岁亦绝迹，则蚕事无可言矣。

次蚕丝以利民者为蜂蜜、虫蜡③，《尔雅·释虫》举土蜂、木蜂④，名见而已，不言酿蜜。郭注⑤："江东呼大蜂，地中作房为土蜂，啖其子，似土蜂而小，树上作房为木蜂，又啖其子。"意谓江东人俱啖其子，比供豆之蝈、范耳。邢疏不甚分明⑥，壹似二蜂自啖其子者，读之令人胡卢⑦。土蜂窠于土穴，木蜂窠于树林，其窠于崖穴，亦土蜂也，皆能酿蜜。即李氏《纲目》于二蜂外，另著土蜂，谓亦能酿蜜，又谓江东人啖土蜂及木蜂子，则知《尔雅》不言作蜜，蜜从蜂出，总括于土、木二窠，但有家畜、野生，形质巨细之异，其实皆酿蜜之蜂也。滇南崖蜜，既有志矣，而以蜜、糖从类，故入于《志果》⑧，而酿出自蜂，故于《虫鱼》之后发明之。至于白蜡生于蜡树，利用更胜于蜜底之黄蜡，故入之《志草

---

① 虫豸（读若蟹音上声）：《说文》，"有足谓之虫，无足谓之豸"。全句意为《周礼》书中所列周代设官，虽细小如虫豸，也有专设的职官负责治理。

② 昆明：今昆明市区。拓东：唐南诏异牟寻立拓东节度，故城在今安宁、昆阳间，现属昆明市。

③ 蜜蜂：能酿蜜的蝉。《本草纲目·蜜蜂》时珍曰："蜂有三种：一种在林木或土穴中作房，为野蜂；一种人家以器收养者，为家蜂，并小而微黄，蜜皆浓美；一种在山岩高峻处作房，即石蜜也，其蜂黑色，似牛虻。"虫蜡：又名虫白蜡，蜡虫所成的蜡。《本草纲目·虫白蜡》（汪）机曰："虫白蜡与蜜蜡之白者不同，乃小虫所作也。其虫食冬青树汁，久而化为白蜡。"时珍曰："其虫大如虮虱，芒种后，则延缘树枝，食汁吐涎，黏于嫩茎，化为白脂，乃结成蜡。"

④ 土蜂、木蜂：见《尔雅·释虫》。

⑤ 郭注：东晋郭璞，字景纯，闻喜人。博学，词赋为东晋之冠，元帝时为尚书郎。尝注《尔雅》，为世所重，称为《郭注》。

⑥ 邢疏：宋邢昺，字叔明，济阴人。太宗时擢九经及第，累迁金部郎中，真宗时为翰林侍讲学士，著有《尔雅义疏》，称为《邢疏》。

⑦ 胡卢：掩口而笑。

⑧ 志果：本书《志果》有崖蜜条。

木》^①，而其发实缘于虫，则昆虫之利于民生日用其表表者也^②。故推原《尔雅·释虫》与《释鱼》，见古经分部列品之精意，使后来览之者，知所原本焉。

---

① 志草木：本书《志草木》有白蜡条。
② 表表：明显，特别突出。

志花第九

志花，就所见而志之。

茶　花

滇南茶花①，甲于天下，昔人称其七绝，而明巡按邓渼以十德表之②，称为十德花。此花宜为第一。

---

① 茶花：《新纂云南通志·物产考》，"茶花属山茶科，有乔木、灌木各种。叶革质，面部浓绿有光。花重瓣，色有红、浓红、绯红、玛瑙、紫红及白色等等。为滇名产，载在志乘，誉满全国。……冯时可云：'滇中茶花，冬末春初盛开，大于牡丹。一望如火齐云锦，铄日蒸霞。'数语诚尽之矣"。

② 邓渼：诸本俱误作邓漾，据各旧志改。邓渼，字远游，明新城人，万历间进士，官云南巡按，有《茶花百咏》诗。诗序云："昔人谓此花有七绝，余以为未尽厥美，有十德焉：色之艳而不妖，一也；树之寿有经二三百年者，犹如新植，二也；枝干高耸，有四五丈者，大可合抱，三也；肤纹苍润，黯若古云气樽罍，四也；枝条黝斜，状似麈尾，龙形可爱，五也；蟠根兽攫，轮囷离奇，可屏可枕，六也；丰叶如幄，森沉蒙茂，七也；性耐霜雪，四时常青，有松柏操，八也；次第开放，近二月始谢，每朵自开自落，可历旬余，九也；折入瓶中，水养十余日不变，半吐者亦能开，十也。此皆他花所不能及者。"

红　梅

红梅①，莫盛于滇，而龙泉之唐梅②，腾越之鲁梅③，见于画与传者，光怪离奇，极人间所未有。此花宜为第二。

紫薇花

紫薇花④，树既高大，花又繁盛茂密，多植于官署庭堂。满院绛云⑤，不复草茅气象。此花宜为第三。

滇无鼎甲⑥，以三花鼎甲之，足以破荒而洗陋矣。此固花王得以开科，花神读之，得以品第进呈者矣⑦。美矣！尚矣！至其他之奇出者⑧，以类次之⑨。

----

①　红梅：《新纂云南通志·物产考》，"梅花属蔷薇科乔木，入冬开花，有红、白、淡绿之殊，单瓣、千叶之别。今滇寺观庭园所植如落凤梅（原注：即罗浮梅）、胭脂梅、照水梅、绿萼梅、红梅、白梅、朱砂、玉剪等等"。

②　龙泉之唐梅：龙泉即今昆明市北郊龙泉观。清伊里布《初游黑龙潭看唐梅感怀》诗有句云："再上再历陟绝顶，忽惊清影绕前后。中有两株老梅树，本根已腐性未朽。偃卧如学老龙眠，花朵肥大香浓厚。古怪不似近时物，种植传出唐人手。"

③　腾越之鲁梅：乾隆《腾越州志》，"鲁梅，鲁家之梅也。在城中西偏，其梅甚古，传为千余年物。李节相曾图其形，上之内府"。又见檀萃《滇南草堂诗话》。

④　紫薇花：《新纂云南通志·物产考》，"紫薇，属千屈菜科。树身高大，呈乔木状。叶苍翠，秋初开花，瓣绯红，花序密集，俨如火树，俗有火把花之称，滇寺观庭园喜栽培之"。

⑤　绛云：绛色之云。喻紫薇花开时，一片深红，视之如云。

⑥　滇无鼎甲：科举时代殿试第一、二、三名为一甲，又称鼎甲。云南自明、清以来，应殿试考无名列鼎甲者。

⑦　品第：品评次第。

⑧　奇出：奇异出众。

⑨　以类次之：依花的类别，列次于后。

龙女花

龙女花①，天下止一株，在大理之感通寺②，犹琼花亦止一株③，在扬州之蕃厘观也④。昔赵迦罗修道于此⑤，龙女化美人以相试，赵以剑掷之，美人入地，生此花以供奉空王⑥，至今数百年，缘分已满。朴庵子，迦罗之后人也，前年来言，此花忽被天上收去，如琼花匿无影矣。

予同官多见龙女，予来此已久，放废羁离⑦，不能自便，而龙女亦不及相待以献珠⑧，何缘分之悭哉？故命一清写其像于《蝴蝶阳秋》⑨，志不忘矣。

---

① 龙女花：道光《云南通志稿·食货志》，"《黄山志》：'龙女花出大理府太和感通寺。树叶全似山茶，蕊大而香'"。

② 大理感通寺：道光《云南通志稿·祠祀志》，"感通寺，旧《云南通志》：'在（大理）城南圣应峰之半，中有三十六院。……甚宏丽'"。

③ 琼花：宋周密《齐东野语》，"扬州后土祠琼花，天下无二本，绝类聚八仙，色微黄而有香"。《中文大辞典》："琼花，植物名，盖珍异植物也，形态与聚八仙大率相类，惟琼花之叶，柔而蓝泽，花瓣厚，他淡黄，花蕊与花平，不结子而香。"

④ 蕃厘观：《中文大辞典》，"琼花观，道观名，汉元延中所建。初名琼花，唐代改名唐昌，宋代改名蕃厘观。在今江苏省扬州市江都区"。

⑤ 赵迦罗：雍正《云南通志·仙释》，"迦罗，姓赵氏，通唐、梵诸书。大德间，昆明池有蛟，化为美少年，挑淫妇女，父老请治之。罗遣黑貌蛮奴擒至，以水噀之，化为蛟，斩之。蛮奴即大黑天神也，后不知所终"。

⑥ 空王：《圆觉经》，"佛为万法之王，又曰空王"。

⑦ 放废羁离：本书作者檀萃于清乾隆四十九年因事被参罢官，故云放废。羁离：离家旅居于外。

⑧ 龙女献珠：佛家有龙女献珠的传说，见《法华经提婆品》。此处借喻未能得见龙女花，好似龙女不相待以献珠，殊属缘悭。

⑨ 一清：人名。《蝴蝶阳秋》：书名。二者均无考。

优昙花

优昙花^①，滇中颇多。花青白无俗艳，诚佛家花也。优钵昙花^②，一年一见。一见之后，于是我佛乃说《妙法莲华经》^③。经流传人间，花亦不复收去，俾人间见花即如见我佛。是从前之千年一见者，今则日日见之矣，亦可以无疑于其多矣。

板枝花

板枝花者^④，木棉花也，金沙江热地方多有之。元谋绕署皆扳枝花^⑤，树高大亦如粤，但花色微淡，且稀疏，不及粤之深红绵密，远望如红锦攒于云端，为差减耳。其花可以炙食，花卸结角如大肥皂^⑥，裂开则柳絮轻盈，飞空卷地，盖瓦萦墙。其茸甚滑，而

---

① 优昙花：《新纂云南通志·物产考》，"优昙花，……或谓即波罗花，常缘乔禾。叶大如广卵形，浓绿花泽。夏初开花，与莲花同大。外苞绿厚瓣片，黄白雄蕊攒聚，如剪黄罗。香远而清，溢芬满院。开后半日，花色渐变淡绿。两日，由黄而萎。俗谓昙花一现，或即指此。安宁曹溪寺中植有此树，邓川别名和上花。大理亦有天女花、龙女花，俱载《府志》"。

② 优钵昙花：又名优昙钵，即优昙华，佛语优昙婆罗华的简称。

③ 《妙法莲华经》：佛经名，简名《法华经》，七卷，姚秦、鸠摩罗什译。

④ 扳枝花：亦名攀枝花，斑枝花。《新纂云南通志·物产考》："攀枝花属锦葵科，一名斑枝花，或云橦华，樊绰《蛮书》则云娑罗树，即一般所云之红木棉也。茎高数丈，大者合抱，古又有树棉之称。枝如梧桐，皮则带绿，叶大如胡桃，边缘有锯齿。春时花开，瓣片殷红，火树亭亭，蒸霞铄日。花后结果，取曝日中，其蒴自开，吐絮如绵，莹白可爱，若以之挟枕褥，性极温暖。或组织为方幅，夷方称为莎罗布，《后汉书》及《华阳国志》则称为桐花布，亦云橦华布。"

⑤ 绕署：全句意为元谋县署周围均植有板枝花。

⑥ 皂：栎树结实，俗称皂斗。肥皂，皂之肥大者。

病于太短，不能如吉贝之易缕牵连①。苟设法而匠运经营，未尝不可同归于杼轴②。古者，布有橦华③，何知不织此花乎？盖橦者高也，木棉高大似建橦，故以橦华名。西方女工，巧过中土，岂肯专用吉贝而舍木棉？吉贝、草棉，对木棉以为配。木棉植中国最早，不知用之。草棉进自宋、元间④，至今衣被天下。自有棉花，桑、麻渐就荒废，此亦物用运会之大变局也。棉花足用，世争莳之⑤，何从复返中国鸡犬桑麻之盛哉？

按橦华不知为何树，考《蜀都赋》注引张楫云："橦华者，树名橦，其花柔脆，可绩为布也，出永昌。"今永昌无橦木，只有板枝木，而故志附板枝花于桑、柘、麻、棉之后⑥，为其可绩为布也。是知攀枝木本名橦木。木高大，必攀枝取花实，故曰板枝木。实有棉，故曰木棉。《后汉（书）·哀牢传》以橦作桐，曰："梧桐木华，绩以为布，幅广五尺，洁白不受污垢。先以覆亡人，然后服之。"注谓"梧桐有白者，剽国有桐木，花有白毳，取其淹渍，缉织以为布"。今广东人见木棉之絮轻滑茸短，不可提缉，间扫地收茸以装袜及坐褥、马屉⑦，市者谓用之则蚀血伤肤，故不售。若按注，必淹渍而后可缉织，犹麻之必沤⑧，丝之必煮，而后可治

---

① 吉贝：木棉的异名，又称古贝。《本草纲目·木棉》时珍曰："木棉有二种，似木者名古贝，似草者名古终。他作吉贝者，乃古贝之讹也。"

② 杼轴：织布工具。杼以持纬，轴以受经。

③ 橦华：橦树的花。以橦花织成的布亦称橦华。

④ 草棉：《新纂云南通志·物产考》，"草棉，属锦葵科，一年生草本。滇温暖地带及金沙江流域元谋、罗平、永北、宾川等处产之，茎高三四尺，叶互生，掌状分裂。夏日开花，瓣片黄白。各片基部微带赤紫，外被绿色总包，内有聚药雄蕊。花后结蒴，蒴裂则种絮飞出，取而集之，即棉花也。种子亦可榨油，称棉子油"。

⑤ 莳：种植。

⑥ 桑：《说文》，"桑，蚕所食叶木"。柘（读若蔗）：柘树，叶可喂蚕。麻：《新集云南通志·物产考》，"滇产麻类，最普通者有大麻、亚麻、苎麻等数种。……考古时桑麻并称，知麻之利，不亚于桑，但滇产麻类，只为副业之一，其用及于绩绳制布而止，且亦仅限于荒瘠地已也"。

⑦ 马屉：马鞍垫子。

⑧ 沤：以水久渍为沤。

也。必经覆亡人而乃服之，或亦厌胜之法，不生他病也。

第棉花之利，虽倍于桑、麻，而种植耘锄，男女奔忙，视夏畦尤病苦①。今内地诸省多种棉花，而两广、滇、黔究不宜于吉贝，炎陬瘴溢②，板枝相望如云。若使远求夷人修治之法，制而用之，出布以济蛮疆，尤为大利。其树既易生长，添种益多，不劳于耕获锄芸，坐收其利，胜于棉花矣。且物产废兴无常，或废弃历数千百年，不知收用。一旦发出，尽识其利，相与从事不倦，殆五六百年，几以棉花为中国从来自有之物，岂知宋、元间中国始大兴哉？

木棉树布于各省，想其有亦自开辟而来，惟夷人或得其用，而汉人不知也。棉花之有，想亦当然，不过自开自落于荒洲孤岛中，岛人入贡，不过曰卉服云耳③。宋、元大兴，中国知棉花，几不知桑麻，而棉花果利于桑麻。若使解制木棉花，得成为布，其便利尤出棉花之上。可惜数千百万木棉，弃之于炎区瘴溢之中，而无以效用于人世也，悲夫！

《明统志》载永昌细布④，桐花织为之，洁白不受垢，则前明固知木棉可织矣。织法须从蛮姝处问之。《滇志》姚安木罗布，即橦布也，橦木皮可为布。（原注：按缅甸亦出草棉，由永昌贩至弥渡⑤，分卖各府，其利甚重。）

① 夏畦：夏月在地冒暑劳动的人。
② 炎陬：炎热山地。瘴溢：有瘴毒的近水地带。炎陬瘴溢泛指热潮湿地区。
③ 卉服：以草制成的衣服。
④ 永昌细布：晋常璩《华阳国志·南中志》，"永昌郡有梧桐木，其华滑如丝，民绩以为布，幅广五尺，洁白不受污，名曰桐华布"。参见本书《志器》永昌布条。
⑤ 弥渡：今弥渡县，属大理白族自治州。

刺桐花

刺桐花①，滇名鹦哥花。叶如梧而蔽芾②，花亦巨而鲜，但取其枝插之即易生，如青桐也③。木质轻松，亦似青桐，官府取以为杖。尝命地方头人取数十捆，分植于农部之南郊官路旁，阴浓花繁，行人悦憩。迨予于役三年回④，而已无矣，所植城中桃李夹街，亦皆伐去，西园花木⑤，废为马队⑥，则接政之为也⑦。败于俗吏，念之能不慨然！

佛桑花

佛桑花⑧，亦佛国花也⑨。枝叶如桑而丛生。花轻红，婀娜可爱。佛坐桑下，僧曰桑门⑩，宜桑之献花绕佛而为供养，此佛桑之

---

① 刺桐花：雍正《云南通志·物产考》，"刺桐，一名苍梧，树高数丈，花开丹红，形如鹦嘴，俗又名鹦哥花。元江产者尤多"。

② 蔽芾（读若废）：盛貌。

③ 青桐：宋罗愿《尔雅翼》，"青桐似梧桐而无子"。

④ 于役：本书作者檀萃于清乾隆四十五年任禄劝县知县。奉调押运京铜入京，于役即指此。

⑤ 西园：汉上林苑别名西园，此处借指禄劝县署内花园。

⑥ 马队：骑兵队。二句意为原所植于西园中花木，亦被伐去，成为养马之地。

⑦ 接政：继任官。

⑧ 佛桑花：《新纂云南通志·物产考》，"佛桑花属葵锦科，一名扶桑花或朱槿花，或状元红，旧志作花上花。亦有红、赭两色，茎高不及五尺，最宜盆景。原产印度，佛桑之得名以此。滇中产者，有时作重台，是皆花瓣之变形，园艺好奇，遂又以为花上花也"。

⑨ 佛国：指印度。佛生印度，故俗以印度为佛国。

⑩ 桑门：即沙门，僧侣也。

义也。妄者改名扶桑①，失其义矣。永昌产吉祥草②，亦佛所坐之草也③。此皆如来遗迹④，滇俗所皈心。儒官为治在因俗⑤，何必执辟佛之见⑥，易其名哉？

《范志》十六花

《范志》载花十六种⑦，除标山茶于前，而凡上元红、白鹤红、豆蔻、泡花、红蕉、拘那、史君子、裹梅、象蹄、素馨、茉莉、石榴、添色芙蓉、侧金盏，共十五花⑧，粤有滇即有。今按红蕉纤细⑨，亦不足睹。裹梅即木槿⑩，插篱落者⑪，亦奚奇？榴花中

---

① 扶桑：《本草纲目·扶桑》时珍曰，"东海日出处有扶桑树，此花光艳照日，其叶似桑，因此比之，后人讹为佛桑"。又曰："扶桑产南方，乃木槿别种。其枝柯柔弱，叶深绿，微涩，如桑。"

② 吉祥草：明王圻《三才图会》，"吉祥草易生，不拘水土石上俱可种，惟得水为佳。用以伴孤石灵芝，清甚。花紫，蓓生，然不易发"。

③ 佛所坐之草：即吉祥草。佛家传言佛将成道时，吉祥童子奉吉祥草于佛。

④ 如来：佛号。《金刚经》："无所从来，亦无所去，故名如来。"

⑤ 儒官：学者仕而为官，故称儒官。因俗：从俗。不高谈阔论，从俗之宜以为治。

⑥ 辟佛：排斥佛家。

⑦ 《范志》载花十六种：《桂海虞衡志·志花》录上元红等十六种花。十六种花名见原志及本条下文。

⑧ 共十五花：本书漏列水西花一种，故仅有十五种。

⑨ 红蕉：美人蕉之一种，形似芭蕉而小。《新纂云南通志·物产考》："红如莲花者名红蕉，据《花镜》则美人蕉即红蕉。审是，则另属县华科植物，亦非真正之芭蕉也。"

⑩ 裹梅即木槿：《新纂云南通志·物产考》，"木槿属锦葵科，花有白、红、紫各种，皆灌木类。纯白者名舜英，红者曰裹梅花，滇园野间植之"。

⑪ 篱落：篱笆。

土最多①。金盏阶砌草②，更不堪入目。至于素馨③，品极贱，蔓延墙壁，曾不能与蔷薇争奇④，而滇人矜之，以为出于大理国主段素兴⑤，因名所爱之花曰素兴花，一曰素馨花。夫段素兴者，则《野史》所谓之天明皇帝也⑥。即位于宋仁宗庆历时⑦，四年见废，是时宋与大理不通。范公作《志》当孝宗时⑧，其外斥滇南，辄曰西蕃、曰南蛮、曰蛮国，不应录其花，著其国主之名。而《志》中已有此素馨花与茉莉为俦⑨，俱出于番隅⑩，不因天明之爱而始著。曰素馨者，为其白而香耳，牵兴为馨，于义安居？今曰木香花⑪。（原注：按，木香花别是一种。木香，木本；素馨，藤本也。）

---

① 榴花：《新纂云南通志·物产考》，"石榴，属石榴科，旧名安石榴。原产高加索，三世纪时输入中国，辗转亦盛植滇中，乔木状之果树也。花色朱红，五月盛开。重瓣者以美花称，全不结实"。

② 金盏：明王象晋《群芳谱》，"金盏花，一名长春花，一名杏草叶。高四、五寸，嫩时颇肥泽。叶似柳叶，厚而狭，抱茎而生，甚柔脆。花大如指，顶金黄色，瓣狭长而顶圆。开时团团，状如盏子，生茎端，相续不绝。结实萼内，色黑，如小虫蟠屈之状"。阶砌草：石阶砌隙中生长的草，意为金盏随处可见，如阶隙之草也。

③ 素馨：明王象晋《群芳谱》，"素馨一名那悉名花，一名野悉蜜花，来自西域。枝干袅娜，似茉莉而小。叶纤而绿，花四瓣，红瘦，有黄、白二色。须屏架扶起，不然不克自竖。雨中妖态，亦自媚人"。

④ 蔷薇：按《本草纲目·营实墙蘼》载，蔷薇，野生林壑间，春抽嫩蕨，四、五月开花，四出，黄心，有白色、粉红二者。花亦厚大，有白、黄、红、紫数色。花最大者名佛见笑，小者名木香，皆香艳可人。

⑤ 段素兴：大理国段思平后，宋庆历元年即位，在位四年，国人废之。明谢肇淛《滇略·杂略》："段氏素兴，以宋庆历中嗣位。性好狎游，广营官室。……今花中有素馨者，以素兴最爱，故后人名之也。"

⑥ 《野史》：即《南诏野史》，明阮元声撰。书中载有大理国天明皇帝段素兴名。

⑦ 庆历：明阮元声《南诏野史》载大理国天明皇帝段素兴即位于宋仁宗庆历元年（公元1041年）。

⑧ 范公作《志》：指范大作《桂海虞衡志》。

⑨ 为俦：俦，伴侣。《范志·志花》并列索馨花，茉莉花二条，故云为俦。

⑩ 番隅：《桂海虞衡志·花》，"素馨花比香禺所出为少"。又云："茉莉花亦少如番禺。"按：番禺，旧县名，今广州市。本书误为番隅。

⑪ 木香花：《新纂云南通志·物产考》，"木香花，属蔷薇科，攀缘性之木本也。茎长，易蔓延。叶自五小叶构成羽状复叶，春末花开，小蕊攒聚，色黄白，有芳香。滇庭园植之，亦有野生于篱落间者"。

兰

　　《范志》十六花不及兰①，滇、粤连界，滇兰多诡异②，粤岂无之？其不入《志》，或偶遗耳。滇中虎头兰③，兰中壮巨者，花而不香。又有风兰④，畜之烟窗风架乃蕃，如仙人掌⑤。李厚冈治恩乐⑥，搜哀牢山兰甚多，以木斗运省⑦，招予赏之。其奇异之品，皆世所未见。近检《张记》⑧，有神品兰，盖朱砂兰也⑨。叶以建兰稍

---

　　① 《范志》十六花不及兰：《桂海虞衡志·志花》录花十六种，未录兰花。

　　② 滇兰多诡异：意为云南兰花多有怪异品种。《新纂云南通志·物产考》："中国产兰之区，福建而外，当推云南。旧志载兰有七十余种，雪兰为胜。桂馥《札朴》则谓访兰于滇，得三十余种。……以其形态各别，遂赋以种种瑰奇之名。花粉块附着柱头，分泌香液，竟体芬芳，韵味琼绝，自古即有香草之称。最宜于山谷阴地，滇西一带如缅宁尤为适当区域。"

　　③ 虎头兰：清桂馥《札朴》，"虎头花最大，品亦最下"。

　　④ 风兰：《新纂云南通志·物产考》，"一名荣兰，或名挂兰，或名吊兰。宁洱、思茅、文山、保山、顺宁、缅宁等处均产之。以其营气生活，故能不著土壤，自凭木石。又借菌根共生，吸收水分养分"。

　　⑤ 仙人掌：《新纂云南通志·物产考》，"仙人掌属大戟科，原产南美，今滇温暖地带野生，多以为障篱之用。茎体绿色，扁平，业已变形。作刺，花黄，赤色，果实梨状，味美多浆。滇西一带取饲家畜者。近时舶来仙人掌，球形，多细刺。莳置盆中，颇耐干燥，园艺观赏珍品也"。

　　⑥ 李厚冈：清李荣升，号厚冈，江西万载人。乾隆进士，五十三年权恩乐（今镇沅县，属普洱市）县令，著有《厚冈诗集》。

　　⑦ 木斗：木瓢。

　　⑧ 《张记》：张姓所著书。本书《志金石》铜条有张君《杂记》，或即《张记》。是书无考。

　　⑨ 朱砂兰：《新纂云南通志·物产考》，"朱砂兰，花叶姿态均似素心，惟花瓣上有朱红、褐色斑点，幽香沁人。缅宁、华宁、富民等处喜盆植之"。

大①，茎高尺，一茎十余花，色如渥丹②，香清洌过诸种，开于夏秋间。本出老挝、孟艮土司地③，新兴人善养之④，蒙化差劣，他郡养之则不花。尝载至维扬，人争来看，门几如市。性不耐寒，冬即槁，故称为神品。又有雪兰⑤，一茎三花，瓣如通草⑥，心吐微红，叶柔如线，迎年而开，秀美怡人。

滇人蓄兰，多建兰、鱼鮸兰⑦，皆来自粤、闽，非滇产。产则虎头、风兰，俱粗觕⑧，惟厚冈所得与张君所记，皆产自滇，一洗虎头、风兰之陋。若使人争畜之，以市于中土，则滇兰未尝不与建兰东西竞爽也。兰为王香⑨，奈何遗之？升庵谪滇，乃赋伊兰⑩，是伊兰又出于滇也。序称江阳有花名赛兰香，不足于艳而有余于香，戴之鬇鬡⑪，经旬犹馨。古者纫佩頮浴者皆是物⑫。西域有伊兰，以为佛供，即《汉书》所谓伊蒲之馔⑬。滇为佛国，宜产此兰，然伊

---

① 建兰：即春建。《新纂云南通志·物产考》："春建，花色净白，微带玉色，香味亦佳。叶浓绿，长劲挺生，极旺。通海名产。夏期开者亦名夏建，缅宁、云县等处亦产之。"

② 渥丹：厚红而有光泽。

③ 孟艮：孟艮土府，明置，在云南西南部边外，今属缅甸。

④ 新兴：旧州名，今玉溪市，属玉溪地区。

⑤ 雪兰：《新纂云南通志·物产考》，"雪兰，亦建兰类。花瓣雪白，亦有清香，大理、顺宁、缅宁、保山名产。贡山产者有大、小雪兰两种。素心兰外，此花推独步云"

⑥ 通草：《本草纲目·通草》时珍曰，"有细细孔，两头皆通，故名通草。即今所谓木通也"。

⑦ 鱼鮸（读若沈）兰：明王象晋《群芳谱》，"鱼鮸兰又名赵花，十三萼，花片澄澈如鱼鮸"，沉水中无影，叶劲绿，此白花品外之奇。山下流聚沙泥种，戒肥腻"。

⑧ 觕（读若粗）：通粗。粗觕：不精致。

⑨ 王香：宋郭茂倩《乐府诗集》引《琴操》云，"兰当为王者香"。

⑩ 伊兰：明王象晋《群芳谱》，"伊兰出蜀中，名赛兰。树如茉莉，花小如金粟，香特馥烈，载之香闻十步，经日不散"。

⑪ 鬇鬡：鬇，各本皆同，此字无考。杨升庵《伊兰赋序》作鬡，盖形近而误写。鬡，发髻，亦与髻同）。

⑫ 纫（读若刃）佩：连缀香兰，以佩于身。頮（读若海）：洗面，浴洗身。

⑬ 《汉书》：指《后汉书·楚王英传》。伊蒲之馔：伊蒲，伊蒲塞的省文。佛家谓受戒行者为伊蒲塞。全句意为伊兰花是佛供，即以香花供佛僧也。

兰即猗兰也。夫子操之①，如来馔之②，其重如此，顾可略乎？猗兰亦作花，古人不取花而取叶，所以为容臭③，今特附于兰花后。朱砂兰即红兰，江淹《别赋》所谓"见红兰之受露"④，是中国原有此兰，今独见于滇也。白兰即粤东素心兰⑤，纯白，品极贵，畜此可防产厄。客粤时，庄生曾以一盆相贻⑥。

木香、粉团、金凤、菊、鸡冠

滇俗重木香、粉团、金凤⑦，小儿女争戴之。木香论围⑧，粉团论朵，金凤作串，插于藁，高至盈丈，如霞之建标，呼于市而货之，顷刻俱尽。此皆穷民赖以为衣食之资者，则花之济于芸芸亦大矣⑨。

①　夫子操之：夫子，指孔子。操，琴谱。传说孔子曾作《猗兰操》，见宋郭茂倩《乐府诗集》。

②　如来：如来佛。馔之：谓受伊兰供养，如供斋食。

③　容臭：香囊。

④　江淹：字文通，梁考城人，著有《别赋》。

⑤　素心兰：《中文大辞典》，"叶长尺许，狭而尖，有平行脉，花黄绿色，每茎一花，香幽而清。瓣无细紫点，故曰素心"。

⑥　庄生：姓庄者，无考。贻：赠送。

⑦　粉团、金凤：《新纂云南通志·物产考》，"粉团花，属蔷薇科常绿灌木，以其四季开花，亦曰月月红或月季花。茎有疏刺，叶自三小叶而成羽状复叶。花开红、紫、橙、黄、白各色，瓣白者尤素洁可爱。插枝分株，均可繁殖，故滇中栽培者多"。"金凤花，属金凤花科，一名凤仙。一年生草本。盛夏花开，有赤、白、红、紫、绯斑诸色。蒴果成熟，能自裂开散播种子，以故庭园各处均甚繁殖。变种极多，重瓣者较名贵。"

⑧　围：计算圆周之名。此处意为束，滇人呼作把。

⑨　芸芸：物多貌，此指芸芸众生。

石虎关民争种菊①，人肩车载而入于市，即以为菊庄收成，可不谓花农平？亦种鸡冠②，供中元祀祖③，即弃之矣，菜海边多花院子④，各花俱备，以供衙门及公馆，名繁不胜计，民生利用，多出于花，故述而载之。

杜鹃花

杜鹃花满滇山⑤，尝行环洲乡⑥，穿林数十里，花高几盈丈，红云夹舆，疑入紫霄⑦，行弥日方出林⑧，因思此种花若移植维扬，加以剪裁收拾，蟠屈于琼砌瑶盆⑨，万瓣朱英⑩，叠为锦山，未始不与

---

① 石虎关：关名，在旧昆明县城外东南，久废。菊：按《新纂云南通志·物产考》此花在菊科合瓣群中，原占最高之位置。寻常植物，集多瓣而成一花，菊花则每瓣即一独立之花，各瓣相聚而成轮状，一朵即一轮，一轮实无数朵花也。五月菊与秋菊，原产滇山野间。五月菊原野草本，茎直立，叶互生，色暗绿，叶脉掌状。花有紫红、绯红各色。至于秋菊，一名油菊，初本野生草本，花亦单瓣。但多年栽培之结果，不惟花色种种，瓣片亦重复变化，抑且傲霜，枝叶偃仰多姿。在百卉凋残之后，此花独出冠时。
② 鸡冠：《新纂云南通志·物产考》，"鸡冠花属苋科，一年生草本。茎高二三尺，叶互生，椭圆形。夏秋间梗生美花，有红、赤、黄、白诸色。花序攒聚，形似鸡冠，故名，殆花梗之变形也"。
③ 中元：唐段成式《酉阳杂俎》，"道经以正月望日为上元，七月望为中元，十月望日为下元"。滇俗以农历七月十五日称中元节，祀祖先。
④ 花院子：种植花木的园庭，即花园。
⑤ 杜鹃花：《本草纲目·羊踯躅》时珍曰，"山踯躅，处处山谷有之，高者四五尺，低者一二尺。春生苗，叶浅绿色，枝少而花繁。一枝数蕚，二月始开，花如羊踯躅，而蒂如石榴花。有红者、紫者、五出者、千叶者。小儿食其花，味酸无毒。一名红踯躅，一名山石榴，一名映山红，一名杜鹃花"。
⑥ 环洲乡：地名，在禄劝县境。
⑦ 紫霄：即云霄，引申为玉殿皇宫，或引申为天上而非人间境界。
⑧ 弥日：累日，连日。此处意为经日。
⑨ 琼砌瑶盆：琼瑶般的花盆。全句意为加工修饰，以为盆景。
⑩ 朱英：明朱谋玮《骈雅·释草》，"朱英，瑞草也"。此处借喻红色花朵。

云南文库·大家文丛

黄产争胜①，而弃在蛮夷，至为樵子所薪②，何其不幸也！

马缨花

马缨花③，冬存遍山，山氓折而盈抱④，入市供插瓶，深红不下于山茶。制其根以为羹匙，坚致胜施秉⑤。又有白马缨，亦可玩，而艳丽终不及红也。粤中亦有马缨花⑥，非此花也。

含笑花

含笑花⑦，土名羊皮袋。花如山栀子⑧，开时满树，香满一院，

---

① 黄产：安徽歙县黄山产杜鹃花。

② 樵子所薪：薪，柴火。全包意为杜鹃花为樵夫所砍伐，以供柴火。

③ 马缨花：《新纂云南通志·物产考》，"马鼻缨属石南科，一名马缨花。（原注：此与夜合之别名马缨花者不同。）滇高寒山地；海拔在三千尺以上者始产之。常绿乔木。叶长几及五寸，面部绿色，背部稍淡，革质薄，有细毛。花大而美艳，数花筒相聚作伞状，色浓红、绯、白不等。滇西大理一带亦移植之，惟不及原产山地之较易生活也"。

④ 山氓：山中土著居民。

⑤ 施秉：施秉县，属贵州省。

⑥ 粤中马缨花：清吴震方《岭南杂记》，"马缨花色亦如马缨，其花下垂，一条数十朵，树高者丈许"。

⑦ 含笑花：《中文大辞典》，"含笑花，植物名，木兰科，木本。高一二丈，叶互生，有柄。花有香气，花瓣长椭圆形，在及嫩枝有暗褐色之密毛。花如兰，开时常不满，若含笑然"。

⑧ 山栀（读若知）子：明王象晋《群芳谱》，"栀子一名越桃，一名鲜支。有两三种，处处有之。一种木高七八尺，叶似兔耳，厚而深绿。春荣秋瘁。入夏开小白花，大如酒杯，皆六出，中有黄蕊，甚芬芳。结实如诃子状，生青熟黄，中仁深红，可染缯帛。入药用山栀子，皮薄，圆小如鹊脑，房七棱至九棱者佳。一种花小而重台者，园圃中品。一种徽州栀子，小枝、小叶、小花。高不盈尺，可作盆景"。

耐二月之久。他如牡丹、芍药、桃、李、梨、杏、海棠之类①，不可胜纪，其艳丽俱与内地同，不赘陈也。

按杜鹃、马缨、含笑三花，开时满山，秋冬则砍以为柴，余干再发，仍满山。惟某厅含笑一株成拱②，余因效之，命山人移一兜植于西园，不及见花而予已去矣。

莲　华

滇南莲华特异③，古云已开为荷花，未开为菡萏，本花而因开与未开以异名。至滇，始知荷花开而结实，菡萏合，终不开，不结实，盖两物也。其最奇者，花一朵而半红半白，广通学宫出此花④，予为记之。

---

① 牡丹、芍药、桃、李、梨、杏、海棠：按《新纂云南通志·物产考》，"牡丹：属毛茛科，落叶灌木也。大者高六七尺。农历二三月花开，硕美绚丽、尽态极妍，有国色天香之誉。滇庭园多盆植之，有白、紫、绯、红诸种。芍药：属毛茛科，有将离、余容、婪尾春诸旧名，今滇园艺家亦盛植之。宿根灌木。春初，赤芽丛生，枝叶三五，叶似牡丹而狭长，浓绿。春暮开花，有红、紫、绯、白诸色，名目亦多。桃：属蔷薇科，温带乔木。二月开花，有粉红、深红及白色。结果实者花概单瓣，惟碧桃以美花著称。李、梨：均蔷薇科。花粉白、淡红，亦春时开。惟李花碎小而密，滇庭园中栽培之。杏：属蔷薇科。春二月开花，单瓣，色较红艳，亦滇常产。海棠属蔷薇科，与樱花相类似，滇产有西府海业、垂丝海棠两种"。

② 拱：两手合抱为拱。

③ 莲华：即荷花。《新集云南通志·物产考》："莲花，属睡莲科，有红、白二色。宜良、澄江多白莲，他处则多红莲。莲花开后，果实嵌入膨大之花托中，是为莲蓬。子实成熟，是为莲子。滇产肥美者较稀，亦有不结子者，名千叶莲。"

④ 广通：旧县名，今并属禄丰县。学宫：即文庙。明、清时，儒学大都设于文庙中，故文庙亦称学宫。

志果第十

《范志》取南果以子名者①，录其可识，皆猿狙所甘之残余②，言不当也③。兹所志归于雅驯④。

松 子

松子⑤，为滇果第一。中国所产⑥，细不中啖⑦。必资于关

---

① 《范志》：《桂海虞衡志·志果》小序，"世传南果以子名者百二十，半是山野间草木实，猿狙之所甘，人强名以为果。故余不能尽识，录其识可食者五十五种"。

② 猿狙（读若疽）：兽类，性狡黠。全句意为《范志·志果》所录的果品，都是猿狙所喜欢的食物。

③ 言不当：所说不恰当。

④ 雅驯：文辞言语典雅而可为后人信赖取法者。此处意为本志所言，均非浮夸乱说，据实收录，足资信赖。

⑤ 松子：果名，松木之子。《新纂云南通志·物产考》："青松名朝鲜松，或云海松，或云五鬣松，但青松之名较为普通。属松科，温带山地之乔木也。滇多处见之，干高十丈，直径有至三尺者。种子圆形，有三棱，长四分，宽三分，末附有翼，故与赤松有别。……今滇市松子皆此青松之种子，亦即所谓海松子也。除食用外，并可取油，材质轻软易施工作，建筑上亦适用之，但不如赤松之坚。此树除朝鲜外、只有云南产之，故亦可谓为滇之特产云。"

⑥ 中国：此处指中原地区。

⑦ 啖：吃。

东①，三棱而黄。滇所产色黑面圆而底平。其松身似青桐②，叶五鬣七鬣而深浓③，高不过一二丈，此结松子之松也。球长一尺④，火煨而剥之，儿童争啖如包谷⑤。迄至成熟，大担而塞于街。值不甚高，市升仅数十钱。

查

查⑥，巨亦甲天下。树高大如柞栎⑦。查饯、查膏尤佳⑧。

苹婆果

苹婆果⑨，南中最少，而滇出盈街。

---

① 关东：指山海关以东之地而言。今辽宁、吉林、黑龙江三省，并在山海关之东，故称关东三省。亦称关外。

② 青桐：梧桐不能结实者。宋罗愿《尔雅翼》："青桐似梧桐而无子。"

③ 鬣：松针。唐段成式《酉阳杂俎》："私第大，堂前植五鬣松，又有两鬣者，又有七鬣者。"

④ 球：果实外皮聚生的刺包。松子聚生的刺包俗称松球。

⑤ 啖：吃。苞谷：云南俗称玉蜀黍为苞谷。

⑥ 查：《新纂云南通志·物产考》，"山楂，属蔷薇科。或云沙棂果、山里红，又或名楂子。茎高数丈，生滇山野间，性适寒地，曲溪产者佳。叶广卵形，五月开花，色白，或淡红。入秋结圆果，顶脚俱凹。入十月果熟，色黄而红。果肉酸涩，不适生食，蜜渍糖渍较佳，木材亦可供用"。

⑦ 柞栎：即栎木。《新纂云南通志·物产考》："栎属壳斗科，落叶乔木，喜生向阳干燥地。……皮厚，适制单宁。木材色淡褐，纹理致密，适作木细工。又薪炭柴之上选，叶亦可养山蚕。"

⑧ 查饯：以山查蜜渍为饯。查膏：山查研细加糖作膏。

⑨ 苹婆果：一作频婆，即苹果。《新纂云南通志·物产考》："苹果属蔷薇科，落叶乔木。以呈贡为特产地，沾益产者亦佳。春季开花，瓣片粉红。六月果熟，凝脂欲滴，甘香沁人，畅销远近。惜水分不足，是其缺点。"

花红、林禽

花红、林禽亦然[①]。

梨

梨[②]，两广无而滇最多。楚雄之梨，黑似坏者，乃系本色，味佳也。

---

① 花红、林禽：林禽亦作林檎。花红、林檎实为一种。《新纂云南通志·物产考》："日本谓林檎为苹果，滇中则以花红为林檎。……是即滇中之花红，非苹果也。其味酢者曰楸子，当是小林柃檎一类，俗称小花红，酸不可食。大理、宾川产之海棠果，亦小花红之别种，但甘酸宜人。花红属蔷薇科，落叶乔木，以佳果著称。昆明、呈贡、大理、宾川、丽江等处，为其著名之产地。"

② 梨：《新纂云南通志·物产考》，"梨属蔷薇科，落叶乔木。春初花开，色粉红，五瓣。秋日时熟，皮色黄绿，多浆汁。品种极多，甘酸各别。……今呈贡之宝珠梨、乌梨，大理之雪梨，甘嫩多浆，与天津哀家梨等。其次则昭通梨，虽属晚成，而甘酸可口。楚雄黑梨、大理乌梨，一云水扁梨，本色味佳，当是一类。陈鼎《滇黔纪游》载太和梨有七斤重，尚不知永昌抓梨其重且在太和上也。省中尚有香酥梨，味甘汁少，火把梨皮红多浆，亦似来自大理。又华宁之木瓜梨，为邑名产。麻栗坡董干冬梨，亦有名。云县之旱谷梨，亦有名。总之，梨类最多，以产于昆明湖、洱湖畔之砂质壤土者，品质最佳。证于宝珠梨、乌梨、雪梨而益信云"。

桃、榴、香橼、佛手

桃①，以富民白皮为上品；榴则重乎阿迷②；梅、杏、李、柿、枣、栗虽多③，不闻有所著名也。著名，则地方官民之累矣。香

---

① 桃：《新纂云南通志·物产考》，"桃属蔷薇科，花供观赏，果供食用，诚滇产之名品也。品种特多，六月果熟。有名黄心离核者，果大多浆，皮色澄黄，味极甜蜜，路南特产。银桃与糯米桃相同，惟浆汁稍逊，滇中产地较多，以宜良、昆明、大理产者为佳。另有扁桃、寿星桃、山桃（原注：即毛桃），以其形奇。滇庭园中植之，或山野自生。果肉、子仁，可供药用"。

② 榴：《新纂云南通志·物产考》，"石榴属石榴科，旧名安石榴，原产高加索，三世纪时输入中国，辗转亦盛植滇中，乔木状之果树也。花色朱红，五月盛开。（原注：重瓣者以美花称、全不结实）果实形圆，种子多肉，有白、红、暗紫各色，甘酸适口，为果品上选"。

③ 梅：《新纂云南通志·物产考》，"梅属蔷薇科，落叶乔木。夏时果熟，嫩黄轻绿，间带橙色。有山梅、盐梅两种、山梅味苦，滇中用以渍物入药。盐梅一名杏梅，味带酸咸，清脆可口，供生食，亦可渍糖蜜及淹藏，通海、河西产者最佳"。"杏，属蔷薇科。初夏果熟，色橙黄，味甘美。滇产即金杏一类。""李，属蔷薇科，落叶乔木。二月开白色细碎之花，夏季果熟。有肉熟而皮犹绿者，谓之脆李，即青霄、御黄一类。黄者更有金沙李之称，其紫色肥大，味甘如蜜者即均亭李，亦即麦李。""柿，属柿科，落叶乔木。茎高数丈，叶椭圆全边，色淡绿，光滑，有短叶柄。五、六月间，自叶腋开淡黄色花，子房八室，各室具一胚珠，果实多浆，秋后红熟，味甘可口，即滇中常见之柿子也。""枣，属鼠李科，落叶乔木。茎高二文许，花小，色黄绿。入秋果熟，外皮红褐，肉质甘美少汁，可生食。滇原野间产之。""栗，属壳斗科，……落叶乔木，亦有作灌木者。叶互生，长椭圆形，先端尖锐，叶脚作斜心脏形，边缘锯齿尖锐，表面深绿滑泽，背带粉白叶脉，有微毛。……至秋熟时，壳裂而坚果出，数单一或二三枚不等，即吾人食用之栗子。此树除果实外，叶可饲山蚕，树皮及壳斗可作褐色染料，又可取单宁酸。皮质朽腐，可培菌类，如香菌、栗窝。木材可作铁道枕木、电杆及薪炭材等。真滇产森林中极有用之植物也。有板栗、毛栗各种。"

橼、佛手柑①之大者②，直如斗，重三四斤，皆可生片以摆盘。二物经霜不落，在枝头历四五年，秋冬色黄，开春回青。吴学使应枚诗③"硕果何曾怕雪霜，树头数载历青黄"是也。

荔支、龙眼

荔支、龙眼④，古书出于川、滇。《左赋》称蜀之前"旁挺龙目，侧生荔枝"，谓滇南也⑤。唐宋时，嘉、戎多有荔枝⑥，白乐天

---

① 香橼：明王象晋《群芳谱》，"香橼一名枸橼，柑橘之属。实大如瓜，皮若橙而光泽可爱。肉甚厚，白如萝卜而松虚，虽味短而香大盛。置衣笥中，经旬犹香，古作五和糁用之"。佛手：明王象晋《群芳谱》，"佛手柑，木似朱栾而叶尖长，枝间有刺，植之近水乃生。其实状如手指，有尺余者。皮如橙、柚而厚，皱而光泽。其色如瓜，生绿熟黄，其核细。味不甚佳，而清香袭人"。

② 柑：明王象晋《群芳谱》，"柑树似橘，少刺，实亦似橘而圆大。霜后如熟，味甘甜。皮色生青熟黄，比橘稍厚，理稍粗，而味不苦。惟乳柑、山柑皮可入药"。《新纂云南通志·物产考》："柑出云州，俗名黄果，永北、景东、大理、鹤庆、宾川、禄劝黄果亦颇硕大，多甘汁，能分肉瓣，果皮易剥，惟牛栏江边一带产者质甘酸，皮稍厚。论其品质，似在橘上。"

③ 吴学使应枚：吴应枚，浙江吴兴人。清乾隆间，曾任云南提学使，作有《滇南杂咏》诗三十首，此处引向即三十首中之一，后两句云："饷君佛手柑如斗，漉取珠槽半瓮香。"自注云："佛手柑有历四五年者，取以酿酒，味香辣。"

④ 荔支：亦作荔枝。《本草纲目·荔枝》时珍曰："荔枝炎方之果，性最畏寒。易种而根浮，其木甚耐久，有经数百年犹结实者。其实生时肉白，干时肉红，日晒火烘，卤浸蜜煎，皆可致远。"按《新纂云南通志·物产考》："今据调查所及，迤南最暖地如新平、思茅、墨江、缅宁、开远、金河等处，均产有之，不限于元江也。此植物常绿乔木，所结果实，味甘多汁，为南方珍果之一。"龙眼：晋郭义恭《广志》，"龙眼树，叶似荔枝，蔓延缘木。生子大如酸枣，色异，纯甜无酸"。按《新纂云南通志·物产考》载："南方温暖地如元江、婆兮、景东、永胜、宁洱等处，均栽培之，俗名圆圆，或云桂圆。"

⑤ 《左赋》：晋左思《蜀都赋》。蜀之前：蜀前即云南。《文选》注引《南裔志》曰："龙眼荔枝，生朱提南广县、犍为僰道县，随江东至巴郡江州县，往往有。"

⑥ 嘉：嘉州，北周置，唐改犍为郡，寻复为嘉州。今四川省乐山市。戎：戎州，南朝梁以犍为郡改置，治道，今四川省宜宾市。

守忠州①，写图以寄京师交好②。今不闻川有荔支，惟滇之元江，尚不得辞其名。每年以进各衙门，而累不免，恐后来元江亦告无矣。龙眼绝不见③。

黄　果

黄果出迤西，橘、柚之类也④。滇人名之黄果。

核　桃

核桃⑤，以漾濞江为上⑥，壳薄，可捏而破之。

---

① 白乐天：唐白居易，字乐天，太原人。元和十三年任忠州刺史。忠州：旧州名，唐置，今重庆市忠县。

② 写图以寄京师交好：白居易为朝中亲发写《木莲荔枝图》，各记其状。见《旧唐书·白居易传》。

③ 龙眼绝不见：此五字诸本均独列一条，道光《云南通志稿·食货志》引本志文则接于"恐后来元江亦告无矣"句下。按本条以荔枝、龙眼并列，所引《左赋》亦二者并列，继引白乐天事则仅言荔枝，遂谓滇之元江有荔枝，而龙眼则不见于元江也。依文义应续上句下，道光《志》宜从，因改。

④ 橘：《新纂云南通志·物产考》，"橘属芸香科，大灌木类。果大数寸，黄皮易剥，肉瓣多浆，味甘，来自金河者尤名贵，云金河橘。禄劝普渡河边、华宁县路居、麻栗坡之八布，亦有佳品"。柚：《新纂云南通志·物产考》，"柚属芸香科乔木类。柚子硕大盈尺，果肉色白如脂肪，液汁不多，滇市所鬻，闻来自广州，但景谷亦产"。

⑤ 核桃：一名胡桃。《新纂云南通志·物产考》："核桃属胡桃科，一名胡桃，落叶乔木类也。果壳薄，果仁丰腴。漾濞、合江产者最佳，为滇中有名之坚果。每岁合计产量约三百四十万斤，巧家年产核桃油亦在数万斤。"

⑥ 漾濞江：澜沧江的分支，自云南丽江西境分派东南流，至邓川、大理西北称漾濞江。下游与澜沧江合。

橄　榄

橄榄①，江边瘴地俱有之②。叶如狗骨③，子如苦楝④，小儿喜食之，恐非真橄榄，大抵桳子、榴子之类耳⑤，故其味酸。

葡　萄

葡萄⑥，滇南最佳，然不能干而货于远。樱桃、杨梅、枇杷、

① 橄榄：一名青果。《新纂云南通志·物产考》："橄榄属橄榄科，一名余甘子，落叶乔木也。叶互生，小叶对生，组成奇数羽状复叶。果实秋深始熟，数筒一丛，总状着生，长一寸左右，形圆色绿，熟后微黄。生食，亦可盐渍。味苦，回味甘，古有谏果美称。"

② 江边瘴地：指怒江边有瘴毒地方，如今芒市、遮放一带。

③ 狗骨：一作枸骨，一作杞。植物名，嫩茎叶可作蔬菜。果实称枸杞子，红色。根皮称地骨皮，可入药。

④ 苦楝：《新纂云南通志·物产考》，"楝树属楝科，原野间乔木，滇常产，亦有植于园圃者。通名苦楝，或云皮哨子。叶为奇数羽状复叶，小叶，形椭圆，有锐尖头。六月顷，开淡紫色小花。果为核果，熟时取出，即苦楝子也。木材可制用具"。

⑤ 桳子、榴子：二果树名。晋左思《吴都赋》刘渊林注云："桳，桳子树也。生山中。实似梨，冬熟，味酸，丹阳诸群皆有之。榴，榴子树也，出山中，实亦如梨，核坚，味酸美，交趾献之。"

⑥ 葡萄：《新纂云南通志·物产考》，"葡萄属鼠李科。茎有蔓性，叶大，具心脏形。花后结实，有紫、青、水晶三种，但浆果太小，汁酸者多。比较以盐兴产者形大味纯，丽江产者亦佳"。

木瓜、榛、榧、银杏亦然①，过时则不可得，惟杨梅尚有浸之者耳。

槟　榔

槟榔有数种②，滇南所产惟壳槟榔，穿之成串以相遗。但半壳，细剥壳，裹以灰食之。然非树生，乃出藤本，藤缘崖行，实累累相悬为槟榔。第槟榔本出高树，蒌子乃出藤蔓③，原各殊，今

---

① 樱桃：《新纂云南通志·物产考》，"樱桃属蔷薇科，温带木本，叶卵状，有细锯齿。早春开花，春暮果熟，有紫、红、白三种，紫者亦云苦樱，红、白者皆甘美可食，晋宁产者佳。"杨梅，属杨梅科，暖带之常绿乔木。树高数丈，周围二尺，叶长三四寸。四月顷开黄色小花，雌雄异株。果为球形，核果外部有多数突起，初时绿色，六月红，熟更变紫黑，带甘酸味，可生食，亦可渍糖或盐。滇山野产之。""枇杷，属蔷薇科，常绿乔木也。叶厚多毛，夏日果熟，皮黄多汁，富于甘味。滇园地温暖处常栽培之，但未改良新种如日本田中枇杷，故微嫌其肉薄核大耳。""木瓜，属蔷薇科，落叶灌木，高不盈丈。茎叶有刺，叶长椭圆，形似海棠，花亦如之，惟其梗不长。春末开花，瓣片五，数五、绯红，与盆栽小桃红相类，惟花色较淡。花后结实，长达二三寸，熟时色黄，味酸，可渍盐、糖供食用，或以酿醋，或以入药。滇中产之，盆植、障篱均宜。""榛，壳斗科，落叶乔木。古时榛、栗并名，但叶柄较广而圆，果仁可以榨油。惟中实者少，古有十榛九空之称。滇山野产，用途稍次于栗。"榧：一名柀子。《本草纲目·榧实》（寇）宗奭曰："榧实大如橄榄，壳色紫褐而脆。其中子有一重黑粗衣，其仁黄白色，嚼久渐甘美也。"参见后文榧实条注，银杏：一名白果。《新纂云南通志·物产考》：白果树旧名银杏，俗呼鸭脚子，属公孙树科。……滇原野间产之，落叶乔木。木茎高有至十数丈者，大理县城西有之。"

② 槟榔：《新纂云南通志·物产考》，"槟榔属椰子科，常绿乔木，温热带产，滇思、普沿边一带江边暖地特多，江城、个旧亦产。旧志载元江产一名仁苹。树高数丈，旁无附枝。叶羽状，色浓绿。四月花开，一房百余室，大如胡桃。五月成熟，剥皮剖肉，皮即大腹子，另备药用。肉即曝干之胚乳，切削成片，紫白两色相间成纹，合芦子、石灰、丁香、何首乌等入口咀嚼，能消瘴疠，即通常所云之槟榔也"。槟榔有数种，《本草纲目·槟榔》（陶）弘景曰："此有三四种：出交州者，形小而味甘；广州以南者，形大味涩；又有大者名猪槟榔；皆可作药。小者名蒳子，俗呼为槟榔孙，亦可食。"

③ 蒌子：参见后文蒌条。

壳槟榔出于藤，其藤大抵扶留之别种①，其实气味颇似槟榔，故以壳槟榔名之，实非槟榔也。按藤生为马槟榔②，一名马金囊、马金南、紫槟榔，李时珍谓生金苗、元江诸夷地③，蔓生，结实大如葡萄，紫色，味甘，内有核，颇似大风子而壳稍薄④，圆、长、斜、扁不等。核内有仁，亦甜。凡嚼，以冷水送下，其甜如蜜，亦不伤人，又治产难如神⑤。而今滇人食马槟榔，不用冷水而用蒌灰⑥，殆以马槟榔为广槟榔矣⑦。况广槟榔亦非真槟榔，乃大腹槟榔、猪槟榔也⑧，出岭表、滇南，即槟榔中一种，腹大形扁而味涩者，不似槟榔尖长而味良，彼中皆呼为槟榔，并藤灰同食，则又以大腹子为真槟榔矣。《云南记》云⑨："大腹槟榔每枝有三二百颗，青时剖之，以蒌灰同食，即减涩味。"而非马金囊之壳槟榔也。

　　槟榔以出交、爱为真⑩，从洋船至，所谓海南鸡心槟榔也⑪。以

---

　　①　扶留：蒌藤的别名。参见后文蒌条。
　　②　马槟榔：《新纂云南通志·物产考》，"别有马槟榔一种，亦属（椰子）同科，或名马金囊，产永昌、元江、文山、马关诸地。但蔓生结紫实，因名紫槟榔，与槟榔旁无附枝、茎干通直者不同"。
　　③　金苗：按《本草纲目》原作金齿，金齿即今保山地区，云南无金苗地，本书盖误。
　　④　大风子：《本草纲目·大风子》时珍曰，"大风子，今海南诸番国皆有之。按周达观《真腊记》云：'大风乃大树之子，状如椰子而圆。其中有核数十枚，大如雷丸。中有仁，白色，久则黄而油，不堪入药'"。
　　⑤　治产难：《本草纲目·马槟榔》，"生治产难。临时细嚼数枚，井华水送下，须臾立产。再以四枚去壳，两手各握二枚，恶水自下也。欲断产者，常嚼二枚，水下，则子宫冷，自不孕矣"。
　　⑥　蒌灰：蒌叶及石灰。参见后文蒌条。
　　⑦　广槟榔：产于广州的槟榔，即大腹槟榔、猪槟榔。
　　⑧　大腹槟榔：《本草纲目·大腹子》时珍曰，"大腹子出岭表、滇南，即槟榔之一种，腹大形扁而味涩者，不似槟榔尖长味良耳，所谓猪槟榔者是矣。盖亦土产之异，今人不甚分别"。
　　⑨　《云南记》：唐袁滋著。
　　⑩　交：交州，古州名，汉置，约当今两广及越南境。爱：爱州，古州名，唐置，地在今越南北部。
　　⑪　海南：即海南岛，今设海南省。鸡心槟榔：槟榔之形似鸡心者。

供客敬，而入药则用圆扁之大腹槟榔也。滇之迤南，与交、爱邻，诸土司之中，应出真槟榔，而皆由海舶入广。其遗滇食者，则马金囊也。而蒌灰和食以矜重，不亦误乎？又按《明统志》载："永昌土产紫槟榔、马金囊，状类白豆蔻①，嚼涂恶疮甚效，或食一枚，饮水即无所伤。"则是犹未敢通行食之比槟榔也。《滇志》谓元江出槟榔，审其形，似即《云南记》所谓大腹槟榔也。夫古记且于大腹辨之严，不使统同混称，况以蔓生之马金囊争目为壳槟榔，以混于木生者乎？故详考之以跖其实焉。

蒌

蒌本为蒟②，《蜀都赋》注③："蒟，酱也。缘树而生，子如桑椹，熟时正青，长二三寸，以蜜调而食之，辛香温，调五脏味。"

---

① 白豆蔻：《本草纲目·白豆蔻》（陈）藏器曰，"其草形如芭蕉，叶似杜若，长八九尺而光滑，冬夏不凋。花浅黄色，子作朵如葡萄，初出微青，熟则变白。七月采之"。时珍曰："白豆蔻子圆大如白牵牛子，其壳白厚，其仁如缩砂仁。入药去皮炒用。"

② 蒌（读若楼）本为蒟（读若举）：《本草纲目·蒟酱》时珍曰，"蒟酱，今两广、滇南及川南渝、泸、威、茂、施诸州皆有。其苗谓之蒌叶，蔓生依树，根大如筋。彼人食槟榔者，以此叶及蚌灰少许同嚼食之，云辟瘴疠，去胸中恶气。……按嵇含《南方草木状》云：'蒟酱即草茇也。生于番国者大而紫，谓之荜茇，生于番禺者小而青，谓之蒟子。《本草》以蒟易蒌子，非矣，蒌子一名扶留，其草形全不相同。'时珍窃谓蒟子蔓生，荜茇草生，虽同类而非一物，然其花、实、气味、功用则一也。嵇氏以二物为一物，谓蒟子非扶留，盖不知扶留非一种也。刘欣期《交州记》云：'扶留有三种：一名获留，其根香美；一名扶留，其藤味亦辛；一名南扶留，其叶青，味辛。'是矣"。（苏）恭曰："蒟酱生巴蜀中，《蜀都赋》所谓流味于番禺者，蔓生，叶似王瓜而厚大光泽，味辛香，实似桑椹，而皮黑肉白。西戎亦时将来，细而辛烈。交州、爱州人家多种之。蔓生，其子长大，苗名浮留藤。取叶和槟榔食之，辛而香也。"

③ 《蜀都赋》注：按此四字除《丛书集成》本外，各本皆缺，兹从《丛书集成》本补。

注意似以蒌子捣烂，蜜调之为蒟酱①，犹今之杏酱也。列于酱豆②，以蘸各肴馔而食之，不言和嚼槟榔也。此蜀人之食法也。

至注《吴都》之扶留曰③："藤也，缘木而生，味辛可，食槟榔者断破之，长寸许，以合石贲灰与槟榔并咀之，口赤如血，始兴以南皆有之④。"似当日断椹以和食，不用叶。留者蒌也，故实曰蒌子，叶曰蒌叶，粤食今不用子而用叶。断槟榔破为两片，每片裹蒌叶，叶抹蚝灰⑤，谓之一口。每宴会，则取数百口列于中座，佐以盒灰。今滇俗犹粤，大重槟榔、茶，不设则生嫌怅⑥。但无蒌叶，惟剪蒌子杂槟榔片和灰食，此吴人之食法也⑦。

元江又分芦子、蒌叶而二之⑧，谓芦子产山谷中，蔓延丛生，夏花秋实，干之以为货。则是今芦子伴食干槟榔，且以助染缸者也⑨。蒌叶家园遍植，叶大如掌，累藤于树，无花无实，冬夏常青。采叶和槟榔食之，味香美，则犹粤人卷叶以食鲜槟榔者也。然皆蒟也。蒟分两种，一结子以为酱，一发叶以食槟榔。海滨多叶，而滇、黔无叶，以其子代之，或作芦，或作蒌，其义一也，京师亦然。槟榔既入果部矣，蒌应相随，故次槟榔而志之。

---

① 蒟酱：按康熙《永昌府志·杂记》鸡㙡从条云，"鸡㙡，菌属，滇中有之，永郡惟永平尤多。……土人盐而脯之，经年可食。若熬液为油，以代酱豉，其味尤佳，浓鲜美艳，侵溢喉舌，询为滇中佳品。汉使所求蒟酱，当是此物。从来解者，皆以为扶留藤，即今蒌子也，其味辛辣，以和槟榔之外，即不堪食，此何美而求之？盖虽泥于蒟字之义，实于酱字之义何取？必非扶留可知。然古今相沿既久，卒莫能识其误者，特著表而志之，格物之士，或有采焉"。此以鸡㙡油为蒟酱，与旧说异，附此以待参证。

② 酱豆：豆，盛肴器具。酱豆谓盛酱器具。

③ 《吴都》：晋左思《吴都赋》。

④ 始兴：旧郡名，三国吴置，今广东省韶关市。

⑤ 蚝灰：蚝，牡蛎。牡蛎壳烧成的灰称蚝灰。

⑥ 嫌怅：不愉快。

⑦ 吴：大致属今江苏省、浙江省、上海市。

⑧ 元江分芦子蒌叶而二之：雍正《云南通志·物产》元江府下云，"芦子，生山谷中，蔓延丛生，夏花秋实，土人采之，日干收货。蒌叶，家园遍植，叶大如掌，累藤于树，无花无果，冬夏长有。采叶和槟榔食之，味香美"。

⑨ 染缸：染布缸。芦子浸水作红色，土人每取以染布。

婆罗蜜、椰子

婆罗蜜①，安南名曩伽结，波斯名婆那娑②，拂林名阿萨郫③，南方番国产也④，而云南早有之。考前《明统志》永昌土产婆罗蜜⑤，实大如瓜，味甘酸。想《统志》亦因郡邑志而载之者，必实有此果也。《范志》桂海既有此果⑥，滇海岂其独无？而《滇志》及《新永昌志》俱遗之⑦，何其阙也？

果之巨者无如椰子⑧。婆罗蜜，梵语味甘也⑨。李时珍云⑩：

---

① 婆罗蜜：《新纂云南通志·物产考》，"波罗蜜属桑科，常绿乔木，与无花果同类，亦以热带佳果称，一名蜜多罗。思茅厅采访云：'波罗蜜树大数围，枝叶蔓延，不花而实。实不结于枝而缀于干，大如瓜而长，质类杨梅。熟则内如瓜瓤，以匕箸食之，味香甘。其中有子数十粒，如栈豆，可煮食。'……按此树在西洋通名榴梿，今滇南温暖地如思茅、宁洱、元江、佛海、临江、个旧一带均产之。供食之部即聚合果，亦花托之变形。初食谓之山羊臭，久食成癖，诩为热带第一佳果云"。

② 波斯：今伊朗。

③ 拂林：我国对东罗马帝国的旧称。

④ 番国：此处泛指外国。

⑤ 《明统志》：《大明一统志》。

⑥ 《范志》：见《桂海虞衡志·志果》婆罗蜜条。

⑦ 《滇志》：指旧《云南通志》。《新永昌府志》：指乾隆《永昌府志》。按万历《云南通志》永昌军民府物产下、康熙《云南远志·物产》、雍正《云南通志·物产》永昌府下及乾隆《永昌府志》都有波罗蜜名。本书言《滇志》及《新永昌府志》俱遗之，殆失考。

⑧ 椰子：《新纂云南通志·物产考》："刘欣期《交州记》云：'椰树状如海棕，实大如碗。外有粗皮，如大腹子、豆蔻之类。内有浆如酒，饮之不醉，云南者亦好。'等语，与《寰宇记》所记树头酒略同，是为滇产椰树之证。又查椰树多产海滨，故名海棕，但内地亦多有播种栽培之者。滇产椰树即内地种，亦即古椰子类也。所结果实，俗称椰果，墨江则呼为棕果。当未熟时，种子内部充满液汁，可取以为饮料。其白而厚之胚乳，含有良质之油，是为椰子油。晒干胚乳，切成小片，亦可榨取工业油，且为贸易之大宗。今车里所产椰子，即可取以榨油者也"。

⑨ 梵语：一般指公元前四世纪前后印度的书面语，相传印度语出于梵天，故谓为梵语。又印度崇佛教，故又推衍为佛教语。

⑩ 李时珍云：语见《本草纲目·波罗蜜》条。

"今岭表、滇南亦有之。树类冬青①，高五六丈，叶极光净，实出枝间，大如冬瓜②，重五六斤。剥去层皮，味极甜美。"予客岭表见之多，居滇竟未见也。又不花而果者，有独婆罗蜜也。

优昙钵

优昙钵③，一名无花果。李时珍曰④："出杨州及云南。折枝插成，树如枇杷。实出枝间如木馒头，其内虚软，盐渍压扁充果实。"又文光果、天仙果、古度子之属⑤，皆不花而实者也⑥。

---

① 冬青：《新纂云南通志·物产考》，"冬青属木樨科，即女贞，一云虫树，绿叶乔木，多产水边湿地，白蜡树即其一类。叶似桂，革质光泽，花色白而带淡绿。树冠平整，嫩枝上可放饲蜡虫，亦可制蜡。滇中除原日栽培者外，大关、鲁甸、巧家亦产之"。

② 冬瓜：《新纂云南通志·物产考》，"冬瓜，叶为掌状裂，先端尖，有卷须，花黄色，果形有扁圆、椭圆、细长等种种，成熟期亦有早、中、晚三种。果皮淡绿色，常被白粉。果瓤多浆，别有风味，嗜食者多，亦可作蜜渍物"。

③ 优昙钵：《新纂云南通志·物产考》，"无花果属桑科，乔木或灌木，生温暖地带，今各处栽植之。一名优昙钵，《滇南本草》又名明月果，《滇略》则名古度。叶掌状，夏季开单性花，雌雄蕊隐花托中。花托球状，多肉，中心空虚，顶有小孔，虫能出入孔中，传播花粉，亦变形之虫媒花也。此植物并非无花而果，花全在未熟之果实，即所云花中假果。初为绿色，熟则带紫，味至甘美。……树形亦极强健，其果又富于滋养分，能消恶血，助消化，为滇佳果之一云"。

④ 李时珍曰：见《本草纲目·无花果》条。

⑤ 文光果：按《本草纲目·无花果》，"文光果出景州，形如无花果。肉味如栗，五月成熟"。"天仙果出四川，树高八九尺，叶似荔枝而小，无花而实。子如樱桃，累累缀枝间，六七月熟，其味至甘。""古度子出交、广诸州，树叶如栗，不花而实。枝柯间生子，大如石榴及樝子而色赤，味酸，煮以为粽食之。若数日不煮，则化作飞蚁，穿皮飞去也。"

⑥ 不花而实：不开花而结果实。按无花果类实皆有花，但隐而不易见。不花而实之说，非科学论据，自不足信。

楔 子

楔子①，赋于《吴都》②，与留子并著③。李时珍曰："楔、留二果名，留一作刘。三月著花结实，七八月熟，色黄甘酢。生交、广、武平、兴古诸郡④。"夫兴古则今曲靖府也。刘子出于曲靖，则楔子亦同与御霜矣。

麂 目

麂目⑤，鬼目也，兴古郡亦出之。树高大如棠梨⑥，叶似楮子⑦，大如木瓜，小如梅、李，蜜浸食佳。

---

① 楔子：梁顾野王《玉篇》，"楔，果名，似奈而酸"。
② 赋于《吴都》：晋左思《吴都赋》，"楔、榴御霜"。
③ 留子：留亦作榴。《本草纲目·楔子》时珍曰："楔、留二果名。按薛莹《荆扬异物志》云：'楔子树，南越、丹阳诸郡山中皆有之。其实如梨，冬熟，味酢。留子树生交、广、武平、兴古诸郡山中。三月著花，结实如梨，七八月熟，色黄，味甘酢而核甚坚。'"
④ 武平：武平郡，三国吴置。地在今越南北境。兴古：兴古郡，晋置，地在今贵州省普安县西、云南省曲靖市东北境。
⑤ 麂目：《本草纲目·麂目》载，"此出岭南，状如麂目，故名"。"树高大似常梨，叶似楮而皮白。二月生花，仍连着子，大者如木瓜，小者如梅、李，而小斜，不周正。七八月熟，色黄，味酸，以蜜浸食之佳。"
⑥ 棠梨：《新纂云南通志·物产考》，"棠梨属蔷薇科，一名挂梨，或曰甘棠，滇山野多产之，落叶乔木也。茎高一二丈，亦有灌木而开花结实者。春日簇生白花，略带粉红，似苹果花瓣。果实至秋红熟，甘酸适口，木材亦供用。树冠蔚然深秀，今公园中植之以为风景林"
⑦ 楮（读若楚）子：即楮实，亦名谷实、楮桃。《中文大辞典》："楮，木名，桑科，落叶乔木。高丈余，叶卵形，先端尖，边缘有锯齿。花单性，雌雄异株。雄花为穗状，雌花集成球形，与谷相似，惟较谷花稍小，果实成球状，树皮纤维为制纸原料。古时多以楮与谷为一物，今植物学二物之学名不同，形态亦微异。楮亦作柠。"

都桷子

都桷子①，生广南山谷②。高丈余，子如鸡卵，亦似木瓜，以盐酸沤食③。

都念子

都念子者④，倒捻子也。树高丈或二三丈，叶如白杨⑤，枝柯长细。子如小枣⑥，抑似软柿。头上有四叶如柿蒂，捻其蒂而食，谓倒捻子，讹为都念。外紫内赤，无核，土人呼为软枣⑦，弃之而不

---

① 都桷子：《本草纲目·都桷子》时珍曰："按魏王《花木志》云：'都桷树出九真、交趾，野生。二三月开花，赤色。子似木瓜，八九月熟。里民取食之，味酢。以盐酸沤食或蜜藏皆可。'一云状如青梅"。云南人称为酸木瓜。

② 广南：广南道，宋置。此处泛指五岭之南，今广东、广西及越南。

③ 沤：水中久泡。

④ 都念子：《本草纲目·都念子》时珍曰，"按刘恂《岭表录异》云：'倒捻子窠丛不大，叶如苦李，花似蜀葵，小而深紫，南中妇女多用染色。子如软蒂，外紫内赤，无核，头上有四叶如蒂蒂，食之必捻其蒂，故谓之倒捻子，讹而为都念子也。味甚甘软"。

⑤ 白杨：《新纂云南通志·物产考》，"白杨属杨柳科，亦名河杨，落叶乔木。茎高数丈，径达尺许。叶面深绿，背部绿白，且密布白色毛茸。五月顷，先叶开花，雌雄同株，柔荑花序。广滇荒野，木材轻软，色白，可作箱板及火柴柄用"。

⑥ 小枣：《新纂云南通志·物产考》，"枣，……滇原野间产之，果形小，不如陕枣之大，另有糠秕枣之俗称"。

⑦ 软枣：《新纂云南通志·物产考》，"软枣属柿科，一名羊枣，旧名君迁子，滇西土名搭枝。《滇海虞衡志》一云都念子，讹作倒捻子。落叶乔木，高达二丈，山野自生，亦有栽植园野者。果圆而大，霜后黄黑，味劣于柿，熟时甘软，可生食，但稍涩耳。果蒂含单宁酸，旧用以为鞣革材料，木材亦可供用云。"按，《本草纲目》以软枣即君迁子，又另有都念子条，则都念子与君迁、软枣非一物也，本志及《新纂云南通志》均以都念子为君迁子，即软枣，误矣。

食。省城果铺收而以蜜渍之，遂列宴盘^①，是知美在所渍也。农部署前有一株，予每坐其下，以为软枣而已耳，今乃知为都念，能无念之乎？

都咸子

都咸子^②，生广南山谷间。树大如李，子如指。取子及皮叶干之，以作饮，极香美。

韶　子

韶子^③，生广南。叶、子皆如栗，有柿刺，肉如猪肪，核如荔枝。《范志》以为山韶子。其藤韶子大如凫卵，则柿也，软枣之类也。

枳椇子

枳椇子^④，滇人呼为拐枣。此皆山果之琐碎，杂橡、栗而罗生

---

① 宴盘：宴会盘中物。意为珍品，可上宴席。

② 都咸子：《本草纲目·都咸子》，（陈）藏器曰："都咸子生广南山谷。按徐表《南州记》云：'其树如李，子大如指，取子及皮叶曝干作饮，极香美也'"。

③ 韶子：《本草纲目·韶子》（陈）藏器曰，"韶子生岭南。按裴渊《广州志》云：'韶叶如栗，赤色、子大如栗，有棘刺。破其皮，内有肉如猪肪，着核不离，核如荔枝'"。

④ 枳椇子：《新纂云南通志·物产考》，"拐枣属鼠李科，或云枳椇，落叶乔木。花梗甜美，形态曲突，可解酒醒。滇山野产之，木材亦有用"。

者[1]，亦附著之，以见山氓之所资为利养，不可略也。

蕉 子

蕉子[2]，佳果也。叶可书[3]，皮可绩[4]，根即蘘荷，可蔬[5]。一蕉而千实，可卖千钱。曾于农部种蕉，冀与吾民开其利，至侨滇院亦然[6]，四可无一可[7]，仅与诸生常得绿阴映窗之趣焉。特著四可，以见蕉之有资于民生固甚大，地气旺时，制而用之，岂招蕉萃之弃哉[8]？

① 橡：按《本草纲目·橡实》载，栎有二种：一种不结实者，其名曰棫，其木心赤。一种结实者，其名曰栩，其实为橡。其叶如槠叶，而文理皆斜勾，四五月开花如栗，花黄色，结实如荔枝核而尖。其蒂有斗，包其半截。其仁如老莲肉，山人俭岁采以为饭，或捣浸取粉食。丰年可以肥猪。北人亦种之。其嫩叶可煎饮代茶。罗生：罗列而生。意为丛杂生长。

② 蕉子：即芭蕉，亦名甘蕉。《新纂云南通志·物产考》："甘蕉属芭蕉科。旧名甘露，结实最多，如羊角状，味最甘美，为热带佳果之一。滇思茅、宁洱、元江、新平、文山、马关、开远、蒙自、临江、金河诸热地，均盛产之，但不及安南香蕉，远销各处。此植物在《元江志》称为缅芭蕉。"又"蘘荷之叶，虽与芭蕉相似，实属另一种植物，与山姜、高良姜同，非即芭蕉，更非香蕉也。"

③ 叶可书：芭蕉叶可当纸以书字。

④ 皮可绩：芭蕉皮可作纺织原料。

⑤ 可蔬：蘘荷可作蔬菜。

⑥ 侨：寄居。滇院：指在省会昆明所住的庭院。

⑦ 四可无一可：四可，指甘蕉可书、可绩、可蔬、可实。无一可，谓禄劝及滇院则四可均无。

⑧ 蕉萃之弃：蕉萃同憔悴。古人拒绝婚事时，谦言己女蕉悴。此处借喻芭蕉若能适于土宜，善于栽培，则不致被遗弃也。

大药、鲜子、诃子

大药、鲜子、诃子①，俱出土司地方。《明统志》云："镇康州大药有大如斗者，味极甘善。鲜子大如枣，味酸。"大药，盖谓大山药也。

落花生

落花生②，为南果中第一，以其资于民用者最广。宋元间，与棉花、蕃瓜、红薯之类③，粤估从海上诸国得其种归种之④，呼棉花曰吉贝，呼红薯曰地瓜，落花生曰地豆，滇曰落地松。高、雷、廉、琼多种之⑤。大牛车运之以上船，而货于中国。以充苞苴⑥，则

---

① 大药：山药之大者。山药原名薯蓣。《新纂云南通志·物产考》："山药属薯科，宿根草本之一种。块根大者，在十斤以上。亦富淀粉，可供菜食，滇园野间栽培之。"鲜子：明章潢《图书编》，"鲜子，陇川出。镇康州鲜子大如枣，味酸"。诃子：一名诃黎勒。《本草纲目·诃黎勒》（苏）颂曰："树似木楗，花白，子形似厄子、橄榄，青黄色，皮肉相着，七八月实熟时采。"

② 落花生：《新纂云南通志·物产考》，"落花生属豆科。花黄，结实地下。种子含油极富，有至百分之五十者。除食用外，榨出油质，工业上为用最广云"。

③ 棉花：此处指草本棉花，故后文有"呼棉花为吉贝"句。蕃瓜：外国瓜种移入中国者，有缅瓜、胡瓜、越瓜、甜瓜等。红薯：即山药，又名地瓜、甘薯。

④ 粤估：广东南贩。

⑤ 高：高州，古州名，南朝梁置，在今广东阳江、茂名一带地区。雷：雷州，古州名，唐置，在今广东雷州市。廉：廉州，古州名，唐置，在今广西合浦县。琼：琼州，古州名，唐置，在今海南琼山区。

⑥ 苞苴：包裹，引申为送礼、贿赂。

纸裹而加红签。以陪燕席，则豆堆而砌白贝^①。寻常杯杓^②，必资花生。故自朝市至夜市，烂然星陈。

若乃海滨滋生，以榨油为上，故自闽及粤，无不食落花生油，且膏之为灯，供夜作^③。今已遍于海滨诸省，利至大。性宜沙地，且耐水淹，数日不死。长江、黄河沙地甚多，若遍种之，其生必大旺。今棉花种于南北，几压桑麻，若南北遍种落花生，其利益中原尤厚，故因此志而推言之。

百合花

百合花^④，滇俗以插瓶，而其实则比佳果，以为馈^⑤。出于曲靖、南宁、宣威^⑥，且洗之以为粉，清香甚美。滇俗以临安藕粉、南宁百合粉、宣威蕨粉充官场馈送^⑦。

---

①　豆堆：以落花生堆满盘中。白贝：小贝子肉，白色。全句意为宴席上用落花生堆满如豆，并嵌以小贝子肉，视为上品。

②　寻常杯杓：普通饮膳。

③　夜作：夜间作业。

④　百合花：《新纂云南通志·物产考》，"百合属百合科，滇各处均栽培之。花开六瓣，色若凝朱，中杂斑点，可供观赏。地下鳞茎合淀粉最多，除食用外，并可制百合粉"。

⑤　馈：赠送礼品。

⑥　南宁：旧县名，元置，曲靖府治，今曲靖市。宣威：宣威市，属曲靖市。

⑦　蕨粉：以蕨捣洗作粉，参见本书《志草木》蕨条及注。

莲　子

莲子①，出于澄江，比湖莲为巨②，然莲肉不能白脆如建莲③，今馈送以桶盛，题面辄曰建莲。

藕

藕④，各处出，惟澄江洗之为藕粉⑤，以充苞苴。干之为藕片，以充斋供⑥。片甚干而巨，予糜而瀹食之⑦，即成藕粉，亦郡产之佳而可志者也⑧。

---

①　莲子：《本草纲目·连藕》时珍曰，（莲）花心有黄须蕊，长寸余，须内即莲也。花褪连房成，在房如蜂子在窠之状。六七月采嫩者，生食肥美。至秋，房枯子黑，其坚如石，谓之石莲子。八九月收之，砍去黑壳，货之四方，谓之莲肉"。

②　湖莲：湖南产莲子，素负盛名，称为湖莲。

③　建莲：福建产莲子，甲于国内，称为建莲。

④　藕：《新纂云南通志·物产考》，"藕，一名莲根，乃莲之地下茎部，实非直根，属睡莲科。除莲花（原注：即荷花）供观赏外，莲叶可入药，根茎部即藕，可作蔬食。内含淀粉，可制藕粉，以永昌、澄江产者佳"。

⑤　藕粉：《中文大辞典》，"藕粉，一种由藕制成之食品。将洁净之藕捣碎，以水浸之，取其沉淀，使干燥，得白色粉末状物，是即藕粉"。

⑥　斋供：佛家上供于佛前的素食称斋供。

⑦　糜：意为烂，分散之如细屑也。瀹：以汤煮物为瀹。

⑧　郡：指澄江。明、清澄江皆置府，故称为郡。

菱

菱①，颇有，然无巨者。以滇云绝远，而鳞被水蔴②，几同江乡，亦极乐国也哉③！

慈 姑

慈姑、乌芋④，滇皆有之，同江乡⑤。《纲目》以入果部⑥，慈姑一根，岁生十二子，如慈母之乳诸子，故以名之。一名白地栗⑦，谓地栗之白者，别于凫茈之黑也⑧。霜后叶枯，根乃练结，旋掘为果，煮以灰汤。他处慈姑麻涩，而省上不然⑨，则治之有

---

① 菱：又名芰实。《新纂云南通志·物产考》："菱角旧名芰，属芰科。古时芰荷并称，采菱亦见诸歌咏，盖池沼中常见植物也。春时出叶，广卵形，多锯齿。叶柄中部肥大，便于浮生。夏日开白色小花，四萼四瓣。子房秋熟，成为坚果，角有嫩刺。果肉白嫩，可生食。"

② 鳞被水蔴（读若裸）：意为菱草多如鳞之被于水面，水中菱实累累，言其多也。

③ 极乐国：佛教的理想世界。

④ 慈姑：《新纂云南通志·物产考》，"慈姑属泽泻科，一名地栗，多年生草本。叶广卵形，基脚分歧，有长叶柄，秋时开白花。供食之部即其块茎，质肥味美，富于淀粉。滇水田多栽培之"。乌芋：《新纂云南通志·物产考》，"荸荠属莎草科，一名乌芋，多年生草本也。滇水田沼泽产，镇南产者尤佳。供食之部即其块茎，质汁甘美，可生食，自块茎中制出之粉称为荸荠粉，或称马蹄粉云"。

⑤ 同江乡：本书作者檀萃籍隶安徽望江，旧称江乡。全句意为云南的慈姑、乌芋与望江出产者相同。

⑥ 《纲目》：指《本草纲目》。

⑦ 白地栗：慈姑一名白地栗。

⑧ 凫茈：即乌芋，一名地栗。

⑨ 省上：指云南省城，今昆明市。

法也^①。

乌　芋

乌芋、凫茈，俗呼荸荠^②。滇产有大如杯者，比栗为大。盖滇无巨栗，故地栗为洪耳^③。

蔗　糖

蔗糖^④，名目至多，而合子糖尤盛。元谋、临安之人多种蔗，熬之为糖，糖凝坚厚成饼，二饼相合，名合子糖。临安人又善为糖霜，如雪之白，曰白糖。对合子之红糖也，其买卖大矣。

---

① 治之有法：意为对慈姑的栽培食用有特殊办法。按：昆明附近一带所产慈姑，质肥味美，盖水土所宜，非有特殊的治法。

② 荸荠：即葧荠，俗称马蹄，又称地栗。

③ 洪：大。全句意为云南产栗无巨大者，故地栗较栗为大。

④ 蔗糖：甘蔗榨出之糖。《新纂云南通志·物产考》："甘蔗属禾本科，秆叶均似包谷，多年生之草本也，高达二丈许，在其尖端攒缀穗状花序，花有绢丝光泽之长毛。具二雄蕊，一雌蕊，柱头二分作蛾毛状。秆中富有糖分，为热带榨取蔗糖之原料。……故自昔即有竹园糖、云州糖、宾居、牛井糖之称。红糖而外，如竹园出品有白糖、冰糖。"

榧 实

榧实①，一名玉山果，由坡公发明之也②。《尔雅》③："柀，黏。"柀转为裴，裴转为棐，棐别为榧④。黏省为杉⑤，其有实也曰榧子。《陶公别录》曰⑥："榧实生永昌，柀子生永昌山谷。"予于滇筵每食榧子，询之，则自永昌贩来者也。其木柏本⑦，杉叶而松理，肌细软，堪为器用。乃思古人之棐几⑧，用此木为之也。实壳薄，不似松子坚硬，可生啖，亦可焙。收一树可收数十斛，江西玉山有之⑨。能治小儿虫疾。坡公诗："彼美玉山果，餐为金盘实。驱出三彭虫⑩，已我心腹疾。"玉山果由此名也。

柀叶似杉，绝难长，结榧实，而木理有文采，为特异杉耳。金

---

① 榧（读若匪）实：《新集云南通志·物产考》，"榧亦属松科，常绿乔木也。干高七丈，围可丈余。叶浓绿，先端尖削，如矢状。秋日结实，长七八分。壳有尖核，色呈淡褐，其味香美可口，材质亦适制木细工。滇山野产之，以永昌出者为佳"。

② 坡公：宋苏轼，字子瞻，号东坡居士。东坡有《送郑户曹赋席上果得榧子》诗，谓榧为玉山果，句见正文中所引。

③ 《尔雅》：《尔雅·释木》，"柀，黏"。注云："黏似松，生江南，可以为船及棺材，作柱，埋之不腐。"疏云："柀，一名黏，俗作杉。"

④ 柀转为裴四句：意为柀、裴、棐、榧四字通转，声音相似，实为一物。

⑤ 黏（读若闪）省为杉：清郝懿行《尔雅义疏》，"《释文》云：'黏字，或作杉'"。

⑥ 陶公别录：梁陶弘景著《名医别录》，俗称《陶公别录》。本书所引文见《本草纲目·榧实》集解。

⑦ 柏：《本草纲目·柏》时珍曰，"《史记》言松、柏为百木之长，其树耸直，其皮薄，其肌腻，其花细琐，其实成丛，状小如铃，霜后四裂，中有数子，大如麦粒，芬香可爱"。柏本：意为榧树树干如柏木。

⑧ 棐几：棐木制成的几案。

⑨ 玉山：玉山县，属江西省。

⑩ 三彭虫：又名三尸虫。《诸真元奥》："《中黄经》曰：'一者上虫，居脑中。二者中虫，居明堂。三者下虫，居腹胃。'名曰彭琚、彭质、彭矫也。"《本草纲目·榧实》（宁）原曰："榧子杀腹间大小虫，小儿黄瘦有虫积者宜食之。"

沙江峒板①，皆杉板也，想即柀木也欤？柀生于荒谷，人迹罕到。锯其板，内有龙脑香，则其外之发为榧子，岁收数十斛，又何足奇？以江乡习见之木料，绝不经意，今乃于边远记载而得之，甚哉！为学之道，不可不随处留心也。

崖 蜜

崖蜜②，出于滇。山民因崖累石为窝以招蜂而蜂聚，其蜜甚白，真川蜜也③。初莅农部时，值甚贱，近今客来收贩，渐昂矣，亦地方之利也。尝得蒋先生服茯苓方④，茯苓三十斤，白蜜三斗，蒸捣三万杵，服之，眼能夜视，发神光。农部办二物甚便，彼时乐酒肉穿肠道在心，那暇及此，今悔之甚。武定山民有养至百窝者，家大饶，俗因谑为蜂王。若和茯苓而服之，岂不成蜂仙乎？

① 峒板：以杉松木锯解而成的板材。
② 崖蜜：崖蜂所产之蜜，一名石蜜，可入药。参见本书《志虫鱼》岩蜂条注。
③ 川蜜：四川所产的蜜。
④ 蒋先生：不详。茯苓：药名。参见本书《志草木》松条注。

志草木第十一

范志《桂海》，于草木但取中医和、匠石用①，余不采，惟竹品多。但华实之毛，九州上腴②，地势块圠，卉木跃蔓③，皆物土所宜辨也④。故比《范志》加详焉。

---

① 范志《桂海》二句：《桂海虞衡志·志草木》小叙云，"异草瑰木，多生穷山荒野，其不中医和匠石者，人亦不采，故余所识者少。惟竹品乃多舛异，并附于录"。按：中，读去声，意为适用。医和：春秋时秦国良医。匠石：古良工名。全句意为《桂海虞衡志》所录草木，仅限于适用医家及工匠之用。

② 华实之毛九州上腴（读若鱼）：出白汉班固《西都赋》。二句意为美好的花木果实，都是中国肥沃的土地上所生产出来的。

③ 地势块圠（读若秩亚），卉木跃（读若奥）蔓：出自晋左思《吴都赋》。块圠，高下不平。跃：长也。二句意为地势高低不平，漫无边际；而花卉草木，生长蔓延，高无止境。

④ 物土所宜辨：土地上所生的物产，都应辨别认识。

桂

桂①，《范志》取冠卷者②，谓南方奇木上药③，第桂林不产，产于宾州、宜州④。是其所见者，宾、宜之桂也。今世重交桂⑤，云南与交趾接壤，蒙自、开化，本属古交州⑥，其地旧以产桂流传，其人又往往争入交州作桂，所言必得其实。其言云："行入桂山，桂自为林，高四五丈，更无杂树。"《吕览》所谓桂下无杂木⑦。《尔雅》云："梫，木桂。"⑧言能侵害他木，不容植，信有然矣。其盛如此。若每树可以为桂，则邵车而载⑨，何足难？价值当贱如粪土。顾入林下万树，不知何树已降成桂⑩，犹采檀香者，千万檀树，不知何檀已降成香。尝有往来歇宿于树下数十年，不知其树已成桂。一旦得之，集工力而作之，又恐土司之驱逐赶散。幸得不

① 桂：《本草纲目·桂》时珍曰，"桂有数种，以今参访，牡桂叶长如枇杷叶，坚硬，有毛及锯齿。其花白色，其皮多脂。菌桂叶似肺叶，而尖狭光净，有三纵文，而无锯齿"。按《新纂云南通志·物产考》：云南所产药材表列肉桂，属樟科，供用部为皮，主治暖胃、助消化。产地为思、普沿边、盐津、永善。

② 《范志》取冠卷首：《桂海虞衡志·志草木》首列桂，文云，"桂，南方奇木，上药也。桂林以桂名，地实不产，而出于宾、宜州。凡木，叶、心皆一纵理，独桂有两纹，形如圭，制字者意或出此。叶味辛甘，与皮无别，而加芳美，人喜咀嚼之"。

③ 上药：药物中的上品。

④ 宾州：古州名，唐置，今广西宾阳县。宜州：古州名，唐置，今广西宜州区。

⑤ 交桂：交趾所产的桂。

⑥ 古交州：汉置交州，故称古交州。地略当今广东、广西及越南北部一带地区。交州不包括云南，但与云南接壤，此处言蒙自、开化属古交州，盖误。

⑦ 《吕览》：即《吕氏春秋》，旧题秦吕不韦撰，实吕不韦使其门客所作。

⑧ 《尔雅》云：《尔雅·释木》，"梫，木桂"。疏云："梫，一名木桂。郭云：'今南人呼桂厚皮者为木桂。桂树叶似枇杷而大，白华，华而不著子。丛生岩岭，枝叶冬夏常青，间无杂木。'按《本草》谓之牡桂者是也。"

⑨ 邵车：邵，空隙。邵车，空车。全句意为载满空车，喻其多也。

⑩ 降：植物药物年久，其内液凝聚，性质有所变化，称之为降。

散，采取盈堆，赢绌又由于出汗①。出之佳者固大赢，出之劣者转大绌，此乃存乎各人之命运。求之者如牛毛，得之者如麟角。所以入山老死不能得一当，桂可易言乎哉？俗言交趾山已采尽，所以桂价高，于今乃知不然。桂为奇木上药，神灵守护。今以林木之盛，周数百里如此。入林之求，垂千百又如此。经年累岁不能获，诚奇木哉！

檀

桂为奇木，以上药显。檀为神木②，以妙香闻③。论檀，则滇南各州郡俱有之，而至于为香，惟《永昌志》载有赶檀香④。《明一统志》载八百大甸出白檀香。檀为善木，故从亶。亶者善也。有黄、白、紫之异，江淮、河朔俱产檀⑤，然不香。檀香出广东、云南及番国，三檀并坚重清香⑥，而白檀尤良，释氏呼为旃檀，言离垢也⑦。第南徼所产⑧，亦不能尽香，而其降而成香，千百林中，或

---

① 出汗：原作出汗。清吴其浚《植物名实图考》、清师范《滇系》、民国秦光玉《续云南备征志》引本文均作"出汗"，又本书下文滇南之松条下有"客言茯苓全在出汗，如肉桂"作"出汗"是，今据改。出汗系中药材的一种制作方法，即堆聚药材，听使发热，似人体之出汗。出汗良者药质良，能得高价，故云赢绌（读若触）又由于出汗也。

② 神木：灵妙的树木。汉班固《西都赋》："灵草冬荣，神木崇生。"李善注云："神木灵草，谓不死药也。"

③ 妙香：奇妙的香。《增一阿含经》："有妙香三种，谓多闻香、戒香、施香。此三香逆风、顺风房，无不闻之。"

④ 《永昌志》：指乾隆《永昌府志》。该志物产载有赶檀香名。

⑤ 江淮：旧称江苏、安徽地区为江淮，以其在长江、淮河之间也。河朔：旧称黄河以北之地为河朔。

⑥ 三檀：黄檀、白檀、紫檀，合称三檀。

⑦ 离垢：脱离烦恼的垢染。

⑧ 南徼：南方边境。

有其一二，物以少为贵也。道书谓为浴香^①，不可烧贡上真^②，此故为歧言^③，不足辨也。其材之中于物用者甚多，即无香，亦应志而不遗也。

《三都》诸木

滇为蜀都南境^④，又南则界连交、广，属吴都^⑤。故《三都》于蜀则称其木^⑥，"木兰棂桂，杞櫹椅桐，棕榈㮏枞，梗柟谷底，松柏山峰"。^⑦虽写北境，而南境亦然，于吴则称"枫柙橡章，栟榈枸榔、绵杬杶栌、文欀桢橿，平仲君迁，松梓古度，楠榴之木，相思

---

① 浴香：即乳香。清厉荃《事物异名录》引《正字通》："乳香圆如乳头，俗名滴乳，道书谓之浴香。不可爇祀上真。"
② 上真：上仙。出自《云笈七签》。
③ 歧言：不同的说法，多余的说法。
④ 蜀都：三国时，刘备都益州，号蜀。此处借指四川。
⑤ 吴都：三国时，孙权都建业，号吴。交、广均属吴境，故云属吴都。
⑥ 三都：晋左思著《蜀都赋》《吴都赋》《魏都赋》，合称《三都赋》，简称三都。
⑦ 木兰棂桂五句：见晋左思《蜀都赋》。原文云："其树则有木兰棂桂，杞櫹椅桐，棕枒㮏枞，梗柟幽蔼于谷底，松柏翁郁于山峰。"刘渊林注云："木兰，大树也。叶似长生，冬夏荣，常以冬华。其实如小柿，甘美，南人以为梅，其皮可食。扬雄《蜀都赋》曰：'树以木兰。'棂桂，木桂也。《传》曰：'杞梓之木。櫹，大木也。《诗》曰：'其桐其椅。'棕、枒出蜀，其皮可以作绳、履。㮏似松，有刺也。枞，柏叶松身。梗、柟二树名，皆大木也。"

之树"①。皆互文迭见者②。则诸木于滇，无不有者也。

松

滇南之松③，大利所自出。其实为松子，其腴为茯苓④。凡松皆有子，而细不中啖，惟滇南松子，巨同辽海⑤，味更过之，故以为甲天下。然所行不出滇境，未有贩而至于外省者，至今内地人尚不知云南之松子也。至于茯苓，天下无不推云南，曰云苓。农部旧多老松，出茯苓。清江客入山作之⑥，先散钱帛于山氓，山氓得茯苓，必归于客，曰"茯苓庄"。先入林，不知何处有茯苓也。用铁

---

① 枫柙橚章八句：见晋左思《吴都赋》。原文云："木则枫柙橚樟，栟榈枸根，绵杬杶栌，文櫶桢橿，平仲裙迁，松梓古度、楠榴之木，相思之树。"刘渊林注云："枫、柙，皆香木名也。橚、樟，木也。《异物志》曰：'栟榈，棕也。皮可作索。'枸根，树也，直而高，其用与栟榈同。栟榈出武陵山，枸根出广州。木棉树高大，其实如酒杯，皮薄。中有丝如棉者，色正白。破一实，得数斤。广州、日南、交趾、合浦皆有之。杬，大树也。其皮厚，味近苦涩。剥干之，正赤。煎讫以藏众果，使不烂败，以增其味，豫章有之。杶、栌，二木名。文，文木也。材密致无理，色黑如水牛角，日南有之。櫶，木，树皮中有如白米屑者。干捣之，以水淋之，可作饼似面。交趾、卢亭有之。桢、栌，二木名。刘成曰：'平仲之木，实如白银。君迁之树，子如瓠形。'"松、梓，二木名。古度，树也。不华而实，子皆从皮中出，大如安石榴，正赤，初时可煮食也，广州有之。楠榴，木之盘结者。其盘结文尤好，可以作器，建安所出，最大长也。相思，大树也。材理坚邪，斫之则文，可作器。其实如珊瑚，历年不变，东冶有之。"

② 互文迭见：举隅类推，互相参见。意为《蜀都》《吴都》二赋所列的树木，虽名称各不同，但系举例言之。实际各种树木，两都各地都有出产。如在云南则诸木都有，可以为证。

③ 松：《新纂云南通志·物产考》，"青松，一名朝鲜松，或云海松……。"参见本书《志果》松子条注。

④ 腴：油脂。茯苓：《新纂云南通志·物产考》，"茯苓，菌类，寄生松根下，积久而成块状。其小形抱根而生，仍有心木存在者，谓之茯神。以为本省名产，故自古即有云苓之称，为消积固中要剂"。

⑤ 辽海：辽宁省东南地区濒渤海，故称辽海。

⑥ 清江客：清江，旧郡名，北周置。故治在今湖北省恩施土家族苗族自治州东。客即客商。

条斸之^①。斸之而得，乃掘而出，往往一枚重二三十斤者，亦不之异，惟以轻重为准。已变尽者为茯苓，变而有木心之存者为茯神，非二物也。客言茯苓全在出汗，如肉桂，其赢绌存乎时命焉。

茯苓无取其大，惟以皮带核桃纹者为佳，于是乃知古人之称"斸茯苓"，必斸之而始得也。松林之大，或连数山，或包万壑，长数十里，周百余里。斸之必于其林，不能于林外斸也。往时林密，茯苓多，常得大茯苓。近来林稀，茯苓少，间或得大者，不过重三四斤至七八斤，未有重至二三十斤者，客言如此。然客运累累，大半从农部至，则地之出办亦大矣，故曰滇之茯苓甲于天下也。

江、浙高山亦种苓，其法，断巨松，以药涂其节而埋之，引其汁流而结茯苓。是知茯苓由松始出，故古名松腴也^②。衢州、龙游诸山^③，亦知种苓，而惟安庆为盛^④。大舫大客载之^⑤，曰安庆茯苓。自安庆茯若行而云苓愈少，贵不可言矣。李时珍、汪认庵之书^⑥，尚不言云苓，云苓之重，当在康熙时。近来又有安庆茯苓出，想其功用不下于云苓，故行也^⑦。

---

① 斸（读若竹）：同斸，锄也。诛除树木根株为斸。
② 松腴：茯苓的异名。
③ 衢州：旧州名，唐置，今浙江省衢州市。龙游：龙游县，属浙江省。
④ 安庆：旧府名，宋置，今安徽省安庆市。
⑤ 大舫大客：乘坐大船的富商巨贾。
⑥ 汪认庵：清人，名昂。著有《本草备要》。
⑦ 行：通行。

杉

杉[1]，盖松之类，故二赋言松不言杉[2]，良以杉统于松也。故滇人曰杉松[3]，故其材中樿榜[4]。南方诸省皆有杉，惟滇产为上品。滇人锯为板而货之，名洞板，以四大方二小方为一具。板至江、浙，值每具数百金。金沙司收其税[5]，为滇中大钱粮[6]。古时由金沙江水行直下泸州、叙府[7]，前明遗牒所谓安监生放板是也[8]。数百年来，金江阻塞，舟楫不通，人负一板抵省，又自省抵各路水次，脚价之费何如，宜其贵也。

---

① 杉：《新纂云南通志·物产考》，"杉树、属松科，温带产之常绿乔木也，滇多处均植之。有树脂，可作线香材料。花单性，雌雄同株，球果直径五分许。此树发育最良，历五十年，茎高八丈，周围可达四尺"。"材质良好，易于施工。性耐水湿，且喜石灰质土，故云南为其最适之区。"参见本书《志香》龙脑香条注。

② 《二赋》：指晋左思所作《蜀都赋》《吴都赋》。

③ 杉松：《新纂云南通志·物产考》，"杉松属松科，本唐桧属之一种，常绿乔木也。……的针状，大五六分，质刚锐，惟近弯曲。球果长二三寸，材质外带黄白，内部褐色，富有弹力，适制器具。……产地之最著者如麻栗坡、景谷、景东、华坪、中甸等处。此类树皮，又含单宁，可作鞣皮之用"。

④ 樿（读若展）榜：一作樿傍或樿旁，棺材也。

⑤ 金沙司：清设金沙江巡检司，在武定县境。

⑥ 钱粮：旧制田地租赋，征收米谷，或折征银钱，俗称田赋为钱粮。此处泛指税收。

⑦ 泸州：旧州名，今四川省泸州市。叙府：旧叙州府，简称叙府，明置，故治为今四川省宜宾市。

⑧ 前明遗牒：指明朝遗存的官中档案，现已无考。安监生放板事，见清冯甦《滇考·议开金沙江》。

普 茶

普茶^①，名重于天下，此滇之所以为产而资利赖者也。出普洱所属六茶山^②，一曰攸乐，二曰革登，三曰倚邦，四曰莽枝，五曰蛮耑，六曰慢撒，周八百里。入山作茶者数十万人。茶客收买，运于各处，每盈路，可谓大钱粮矣^③。

尝疑普茶不知显自何时，宋自南渡后，于桂林之静江军^④，以茶易西蕃之马^⑤，是谓滇南无茶也。故范公《志》桂林^⑥，自以司马政^⑦，而不言西蕃之有茶。顷检李石《续博物志》云："茶出银生诸山^⑧，采无时，杂椒、姜烹而饮之^⑨。"普洱古属银生府^⑩，则西蕃

---

① 普茶：即普洱茶，以产地称。《新纂云南通志·物产考》："茶属山茶科，常绿乔木或灌木。通常有五六尺之高，枝桠密生，叶披针形或椭圆形，边缘有锯齿，互生，质厚而滑泽。……此种植物，性好湿热，适于气候湿润，南面缓斜，深层壤土，河岸多雾之处。我滇思、普属各茶山，多具以上条件，故为产茶最著名之区域。普洱茶之名，在华茶中占特殊位置，远非安徽、闽、浙可比。……普茶之可贵，在于采自雨前，茶素量多，鞣酸量少，回味苦凉，无收涩性，芳香清芬自然，不假熏作，是为他茶所不及耳。普茶每年出产甚多，除本省销用者外，为出口货之大宗。"
② 六茶山：道光《云南通志稿·食货志》据思茅厅采访云，"茶有六山：倚邦、架布、嶍崆、蛮砖、革登、易武"。清阮福《普洱茶记》云："产攸乐、革登、倚邦、莽枝、蛮耑、慢撒六茶山。"诸书所载思普地区有六茶山而名互异，或系读音传写而不同，其为思普地区著名产茶之六山，则无异辞。
③ 大钱粮：数目巨大的税收。
④ 静江军：唐置静江军节度使，宋亦置静江军节度，治桂州，在今广西桂林市。
⑤ 以茶易西蕃之马：《续文献通考·征榷考》，"宋孝宗时，始置茶马司，掌榷茶之利。凡市马于四夷，率以茶易之"。西蕃，此指在静江之西的南诏国及段氏大理国。
⑥ 范公《志》桂林：意为范成大著《桂海虞衡志》中所载有关桂林之事。
⑦ 司马政：主持马政。盖范成大为静江军节度，亦主持马政。
⑧ 银生：旧府名，唐南诏蒙氏置。地辖今普洱市的镇沅县、景东及澜沧县。
⑨ 姜烹而饮之：《本草纲目·生姜》杨士瀛曰，"姜能助阳，茶能助阴，二物皆消散恶气，调和阴阳，且解湿热及酒食暑气之毒'"。
⑩ 普洱古属银生府：雍正《云南通志·建置》，"元江府，……唐蒙氏时属银生节度，……雍正七年，分元江府所属普洱等处地方置普洱府"。

之用普茶，已自唐时。宋人不知，犹于桂林以茶易马，宜滇马之不出也。李石于当时无所见闻，而其为志，记及曾慥端伯诸人①。端伯当宋绍兴间②，犹为吾远祖檀倬墓志，则尚存也。其志记滇中事颇多，足补史缺云。

　　茶山有茶王树③，较五茶山独大，本武候遗种，至今夷民祀之。倚邦、蛮嵩茶味较盛。又顺宁有太平茶④，细润似碧螺春⑤，能径三瀹⑥，犹有味也。大理有感通寺茶⑦，省城有太华寺茶⑧，然出不多，不能如普洱之盛。

---

①　曾慥端伯：宋曾慥，字端伯，号至游居士。著有《百家类说》《高斋漫录》《乐府雅词》等书。

②　绍兴：宋高宗年号。绍兴共32年（公元1131至1162年）。

③　茶王树：清阮福《普洱茶记》引《思茅志稿》云，"其治革登山有茶王树，较众茶树高大。土人当采茶时，先具酒礼祭于此"。

④　太平茶：清刘士青任顺宁府知府，著有《顺宁杂著十则》，中有太平寺茶条，文云，"寺为顺郡禅林第一，寺旁岩谷间，偶产有茶，即名太平茶。味淡而微香，较普洱茶质稍细，色亦清，邻郡多觅购者。每岁所产，只数十斤，不可多得"。

⑤　碧螺春：一作碧萝春，清王应奎《柳南随笔》，"洞庭山碧螺峰石壁产野茶。初未见异。康熙某年，按候而采，筐不胜载，因置怀间，茶得热气，异香忽发，采者争呼吓杀人香。吓杀人、吴俗方言也，遂以为名。自后土人采茶，悉置怀间，而朱元正家所制独精，价值尤昂，己卯，车驾幸太湖，改名曰碧萝春"。

⑥　三瀹：三次滚水冲泡。

⑦　感通寺茶：感通寺在大理城南十二里。明徐弘祖《游记》："感通寺茶树皆高三四尺，绝与桂相似。茶味颇佳，炒而复爆，不免黝黑。"

⑧　太华寺茶：太华寺一名佛严寺，在昆明西郊西山。雍正《云南通志·物产》："太华茶出太华山，色味俱似松萝，而性较寒。"

棕、椰、栟、桄、桄榔

棕、椰、栟、桄、桄榔[①]，与槟榔皆同类。高五六丈，而椰实滴酒，桄榔屑面，尤有资于人。江淮之间亦有棕，但剥皮为绳索及笠单之用[②]，亦利益矣。而缅甸树头酒[③]，则滴自棕，已详《志酒》下。桄榔屑面，出自兴古[④]，今曲靖诸处也。详于《汉》注[⑤]，赋于《蜀都》[⑥]，岂其虚言？而近代以来，未有此面，岂今昔之或殊哉？

桄榔与橦布、邛杖、蒟酱四者[⑦]，为蜀都异物。予居滇数十年，绝不之闻，故妄拟以木棉为橦，其布即橦布。桄榔材中轿扛[⑧]，一具几数十金，其为利用亦有由也。《范志》云[⑨]："桄榔木身直如杉，又如棕、桄有节，似大竹，一干挺上，高数丈，开花数

---

① 棕：《新纂云南通志·物产考》，"棕桐属椰子科，本温热带产，今云南各处有之。茎高数丈，直立无旁枝。叶类蒲扇，丛生树苗。叶柄最长，外被褐赤色苞叶，俗称棕皮，高纤维质，可制绳索包布。春末发生花穗，成圆之状，缀成黄色细蕊。结实如豆，生黄熟黑，堕地即生新苗、滇园野间植之，无不活者。木材亦硬直可用"。椰：木名，参见后文椰木条。桄：桐木，似紫檀而色赤，性坚好。桄榔（读若光郎）：常绿高大乔木，其木似栟桐而坚硬。其皮至柔，坚韧，可以作缏。皮中有白粉，似稻米面及麦面，可作饼饵食，名桄榔面。

② 笠单：系笠的带子。

③ 树头酒：《新纂云南通志·物产考》，"据热带椰子之类之考查，有自花梗取饮液汁，因内含糖质，可即用以酿酒者，砂糖椰子是也。有由果实内部坚硬胚乳之乳，化变为甜美之液汁，使人如饮醍醐者，古古椰子是也。树头酒当属后者之一种，今思普缘边一带特多"。参见本书《志酒》树头酒条。

④ 兴古：旧郡名，晋置，故治在今贵州省普安县西一百里，辖境包括云南省东部曲靖地区在内。

⑤ 《汉》注：指《后汉书·西南夷传》关于桄榔木之注。

⑥ 《蜀都》：指晋左思《蜀都赋》。文云："面有桄榔。"

⑦ 橦布：橦花所织的布称橦布。

⑧ 轿杠：轿子所用的抬杠。

⑨ 《范志》云：指《桂海虞衡志·志果》桄榔木条。

十穗①，绿色。"不言屑面。予在博罗所见桄榔②，一如《范志》，而《吴都》㯏木注云③："㯏木树皮中有如米白屑者④，干捣之，以水淋之，可作饼如面，交趾卢亭有之。"则屑面者乃㯏而非桄榔，或古人混二名而一之耳。

又按李时珍《纲目》引诸说⑤，谓桄榔有姑榔面、木董、棕、铁木之异名，苏恭谓人家亦植庭院间⑥，斫其面，大者至数石，食之不饥。刘恂谓树皮中有屑如面⑦，可作饼食。陈藏器云⑧："彼方少谷，常以桄榔面和牛酪食之。"其为出面，凿凿可据。予游滇、粤，询之土人及诸生，皆不闻出面。至言其材坚硬，皮至柔，可为索，抽须如马尾以织巾子，盐水浸即粗张，以缚海舶，不用钉线。有文而坚，可制博局⑨。刚利如铁，可作钗锄⑩，又可作枪，锋锐甚利。即不出面，而利用已多矣。

至如莎木面者，莎木即上云㯏木也。木似桄榔，叶有蓑衣之状。字应作㯏。㯏、莎同音，故谓之莎木面耳。《蜀记》云⑪："生南中八郡，树高十丈许，阔四五围。"宜其出面，岁得数石之多

---

① 花开数十穗：诸本均误作"花开数十种"，据《桂海虞衡志·志果》原文改。

② 博罗：博罗县，属广东省。

③ 㯏木：《本草纲目·莎木面》（李）晌曰，"按《蜀记》云：'莎木生南中八郡，树高十许丈，阔四五围，峰头生叶，两边行列如飞鸟翼，皮中有白面石许，捣筛作饼，或磨屑作饭食之。彼人呼为莎面，轻滑美好，胜于桄榔面也'"。

④ 如米白屑者：诸本"如"下俱脱"米"字，据《文选·吴都赋》注补。

⑤ 《纲目》引诸说：见《本草纲目·桄榔子》条释名下。

⑥ 苏恭：诸本皆同。按《本草纲目·桄榔子》条集解作"苏颂"，本书引误。苏颂，字子容，宋同安人，举进士，哲宗时位至丞相，封魏国公，著有《图经本草》。

⑦ 刘恂：唐人。昭宗时官广州司马，著有《岭表录异》。此处所引文见《本草纲目·桄榔子》条集解苏颂引。

⑧ 陈藏器：唐四明人，开元中官三原县尉，著有《本草拾遗》。此处所引见《本草纲目·桄榔子》条集解下。

⑨ 博局：博弈器具，如棋盘之类。

⑩ 钗（读岩惨）：农具名，铲类，又名大镰。

⑪ 《蜀记》：书名，清人（佚名）撰，收入《疼史》。此处所引见《本草纲目·莎木面》条集解李晌引。

也。滇为蜀之南中，不其然乎？

神皇豆树

神皇豆树田①，普洱、永昌俱出，而以普洱为佳。浙友每言痘疹流行②，但得神皇豆粒，供养迎之，所过之街，痘疹不作，已作者无不安稳，无夭隕者③。邹经元客普洱久④，习于刁氏⑤，言此豆树为神农手种⑥，只一株，近南海边，有天生石城，城无居人，惟神皇豆树。树极高大，一年开花，一年结实。实时，役三百人往，行三月始抵树，树豆角已满，抛石击之，纷纷落地，收载以归，非大力者不能主此役也。角圆而轻，长三四尺，每节一豆。因遗予一角，予藏之以济人急，至尽。而经元南返不复来。此事为从来所未言，因志之所广异闻。经元善谈荒远事，予每乐听之，今不能悉记。若使当时闻一书一，可作一册《南荒志》⑦，闻其已殁，质无矣⑧，无与言之矣。

---

① 神皇豆树：道光《云南通志稿·食货志》，"神皇豆，《一统志》：'稀豆，药中用之'"。

② 浙友：浙江籍友人。

③ 夭隕：幼年死亡。

④ 邹经元：本书作者友人，事迹不详。

⑤ 刁氏：刁亦作刀。明钱古训《百夷传》："沐英获刁思朗。"明张洪《南夷书》则作刀思朗。傣族以刁为姓者多，全句意为与傣族人熟悉。

⑥ 神农：传说中的古帝王，尝百草，始有医药。

⑦ 《南荒志》：本书作者虚拟之书名。

⑧ 质无矣：无法向其质询了。

椰　木

椰木，出细甸海滨，诸土司皆有之。似槟榔，无枝条，高十余寻①，叶在其末，如束蒲②，实大如瓠③，系树顶如挂物。实外有皮如胡桃，核内有肤如雪，厚半寸，似猪膏④，味美如胡桃。肤里有清汁升余，如蜜，可愈渴。核作饮器，粤人以为酒器及瓢杯，能辟毒，所谓"酒满椰杯清雾毒"也⑤。

古度木

古度木⑥，不华而实，子穿皮出如石榴，正赤，可煮食。升庵赋之曰⑦："有木诡容⑧，在勾之东⑨。"云云，则滇亦有古度耶？

---

① 寻：古度量单位。八尺为寻，亦有以七尺为寻者。

② 蒲：《新纂云南通志·物产考》，"蒲草，属香蒲科。邓州特产，可以编席，远销各处"。束蒲，谓一束蒲叶也。

③ 瓠（读若胡或孤）：葫芦之一种。《本草纲目·壶卢》时珍曰："长瓠、悬瓠、壶卢、瓠瓜、蒲卢，名状不一，其实一类各色也。处处有之，但有迟早之殊。……数种并以正、二月下种，生苗引蔓延缘，其叶似冬瓜叶而稍团，有柔毛，嫩时可食。"

④ 猪膏：猪油。

⑤ 酒满椰杯消雾毒：唐陆龟蒙《和寄琼州杨舍人》诗，"酒满椰杯消毒雾，风随蕉叶下泷船"。原诗"毒雾"，此处引作"雾毒"。毒雾，谓含有毒气的雾，意为瘴疠，滇中热带边境卑湿近江之地有之。

⑥ 古度木：树名。晋左思《吴都赋》："松梓古度，楠榴之木。"

⑦ 升庵赋之：明杨升庵有《古度赋》，见《太史少庵全集》。赋首二句即本书所引。

⑧ 诡容：形状奇异。

⑨ 勾：勾町的简称。勾町，古国名。地在今蒙自市。

楠木、阴沉木

楠木从南①，南方多有之。柟与梗为类②，幽蔼于谷底③，则生于谷壑也，各省皆有之，而滇出允奇。盖滇乡地震，地裂尽开，两旁之木，震而倒下，旋即复合如平地，林木人居皆不见，阅千年化为煤。掘煤者得木板煤，往往有刀剪器物。或得此木，谓之阴沉木④，以制什物，尤珍贵之。《蜀赋》梗柟，《吴赋》楠榴⑤，楠榴者，柟木之瘤也⑥。其瘤之盘结节尤好，以作器具最精，巨者以为桌面尤佳，至阴沉木则不可多得矣。柟为良材，栋梁舟船用甚大，而亦神木⑦，故江湖多立庙祀之。

---

① 楠木：《新纂云南通志·物产考》，"楠属樟科，常绿乔木，多生温暖地带。叶革质，厚韧，表而深绿。叶柄带赤色，长四寸许，结紫黑色果实。茎材年久，气味芬芳，适制各种器具，材大合抱者可为桌面。保山、龙陵、梁河、茫遮板、宁洱等处产之。江边夷地，或以刳独木舟"。

② 柟：即楠。梗：《中文大辞典》，"梗，木名，似楠，乔木"。

③ 幽蔼于谷底：晋左思《蜀都赋》，"梗柟幽蔼于谷底"。幽蔼：茂盛貌。

④ 阴沉木：《新纂云南通志·物产考》，"油杉，一名紫金杉。……此类有倒埋地中，经久发现，木材坚韧，色褐有香味者，名阴沉木。东昭、鲁甸、马关、麻栗坡有之，锯为棺板，价值极昂"。

⑤ 《蜀赋》梗柟，《吴赋》楠榴：意为晋左思《蜀都赋》载有梗柟，《吴都赋》载有楠榴之名。

⑥ 楠榴者，柟木之瘤也：瘤，瘿也。木上隆起者称瘿。

⑦ 神木：古人每以楠木为神木。见宋蒲咸临《新繁古楠木记》及宋陆游《成都犀浦国宁观古楠记》。

苏　木

苏木①，一曰苏枋木，出元江。《续博物志》云："自然虫粪为紫粉②。"

乌　木

乌木③，与栌木为一类④。《吴都》分栌木与文木而二之⑤，谓文木材密致无理⑥，色黑如水牛角，日南有之⑦，即《王会篇》所谓夷用阇木也⑧。《统志》所载⑨，滇之北胜、沅江⑩，俱出乌木，恐

---

①　苏木：《新纂云南通志·物产考》，"苏木，属豆科，一名苏枋木。滇元江、开化、永北、鹤庆均产之。叶圆细，类槐，枝柔嫩，花赤色，结果如皂荚。心材色红，可以染绛"。

②　紫粉：亦作紫纳，为虫蠹食苏木之粪，可做颜料。

③　乌木：《新纂云南通志·物产考》，"乌木，华坪、永北、元江产者佳，车里又特产黑心树，可供建筑及柴薪用。种后两年，即可取材"。

④　栌木，又作黄栌木，亦作枦木。《新纂云南通志·物产考》："栌树，属漆科，落叶乔木。叶为羽状复叶，四五月间簇生，黄绿小花。果实内有一种脂肪，称为栌脂，亦称为木蜡，取以制白蜡，与自水蜡树所取者有同等效力。又树皮中含单宁酸，亦可鞣革。滇山野闻自生，秋李红叶成林，足供观赏。心材乌黑色，除董棕竹外，滇之乌木筷多取材于栌树云。"

⑤　《吴都》分析木与文木而二之：晋左思《吴都赋》，"绵杬杶栌，文檖桢橿"。注云："杶、栌二木名。文，文木也。"

⑥　密致无理：诸本皆为"蜜致无理"。《文选》载《吴都赋》刘渊林注原作"密致无理"，本书疑系字误，因改。密致无理谓木质细密而无纹。

⑦　日南：旧郴名，汉置，在今越南顺化一带。

⑧　《玉会篇》：即《逸周书·王会解》。阇州木：即乌木。

⑨　《统志》：即《大明一统志》。《大明一统志》元江府及北胜州物产，均列有乌本名。

⑩　北胜：旧州名，元置，今永胜县，属丽江市。

或是栌，而真乌木当出于海南①。今俗镶烟管用乌木，或訾之曰，此栌木管。栌与乌皆黑色，名以坚脆分耳②。

白　蜡

白蜡③，川、滇之重货也④。虽与黄蜡同出于虫⑤，而白蜡之成，究因乎树⑥。既以崖蜜与蔗霜归入《志果》，而黄蜡附之以白蜡，归入《志木》⑦，俾种木者知其可蜡，其利普矣。盖白蜡，虫蜡也，宋、元以来始有之⑧。其先惟用黄蜡，本出于越嶲⑨。夷人传此法，其后川、滇及东南诸郡俱种之，白蜡遍行于天下，而黄蜡之用遂微，犹棉花大盛于中原，而桑麻之用反绌也。明汪机、李时珍说之颇详⑩，而未搜其源头及于越嶲，越嶲界连川、滇，其言白蜡各处俱出，以川、滇独胜，则其开利所自始耳⑪。

---

① 海南：海南岛，又称琼州岛。
② 以坚脆分：栌木质坚，乌木质脆，见清李调元《南越笔记》。文云："一名角乌，色纯黑，甚脆。"
③ 白蜡：由蜡虫分泌物制成的蜡，其色白。《新纂云南通志·物产考》："白蜡虫，属有吻类。形体细小，前翅有细毛；寄生女贞树上（原注：亦名冬青树，木樨科植物），分泌白蜡，滇中有放饲之者。旧时巧家、镇雄等县，业此尤多。"
④ 重货：可资利用的重要货物。
⑤ 黄蜡：即蜜蜡。《本草纲目·蜜蜡》时珍曰："蜡乃蜜脾底也。取蜜后炼过，滤入水中，候凝取之，色黄者俗名黄蜡。煎炼极净，色白者为白蜡，非新则白而久则黄也。与今时所用虫造白蜡不同。"
⑥ 树：指蜡树。《本草纲目·冬青》时珍曰："今方书所用冬青，皆此女贞也。近时以放蜡虫，故俗呼为蜡树。"
⑦ 《志木》：即本书《志草木》。
⑧ 宋元以来始有之：《本草纲目·虫白蜡》时珍曰，"唐、宋以来，浇烛入药所用白蜡，皆蜜蜡也。此虫白蜡，则自元以来，人始知之，今则为日用物矣"。
⑨ 越嶲：旧郡名，汉置。故城在今四川省西昌市。
⑩ 汪机：字省之，明祁门人，著有《本草会编》，白蜡虫蜡说见该书。李时珍说见《木草纲目·虫白蜡》。
⑪ 开利：开始有利于民生日用。

其法，于立夏后①，取蜡虫子箬裹②，裹或五六包，缀于蜡树枝。苞大如芡③，其内虫子如细蚁，凡数百。芒种后④，子尽出，食汁吐涎，凝于细枝，如绵之缠，如霜之裹，满树尽成瑶枝⑤，皆白蜡也。处暑后刮而熬之成饼⑥，坚如石膏⑦，而明彻胜于黄蜡。其树，汪机以为即冬青树⑧，李时珍以为树似冬青，今江乡谓之山蜡树，以别于水蜡树⑨。水蜡树批枝插之无不活，几如插柳，绕池塘陂堰尽插之，总呼蜡树，亦不知其树之可放蜡。雍正间，有蜡客至曹家堰放蜡，予时尚幼，见其施放，如上所云，亦不见其虫出，但讶树枝白肿为蜡凝，亦不见蜡，刮有虫存。但冬春间，枝结小包，如桑螵蛸⑩，即蜡种也。客云："蜡种，采之不能过五日，过则虫出成空壳。"李云芒种后虫出，然出在前，此芒种后乃见蜡形耳。此客种之一两年，不复来，至今乡人仍不知蜡树可放蜡，所需白蜡，仍仰于川、滇，其值颇昂。若使尽知放蜡，亦一地方好出办。

且水蜡旺于山蜡，往行黔中，山坳间皆水蜡，以其旺故也。水蜡成拱，从七八尺上斫其木，枿生竞挺⑪，修枝长条，皆蜡生之

---

① 立夏：农历二十四节气之一，每年立夏在公历5月6日或7日。

② 箬：竹笋皮。

③ 芡：《本草纲目·芡实》时珍曰，"芡三月生叶，贴水，大于荷叶，皱纹如縠，蹙衄如沸，面青背紫，茎叶皆有刺，其茎长至丈余，中亦有孔如丝，嫩青剥皮可食"。

④ 芒种：农历二十四节气之一。每年芒种在公历6月6日或7日。《三统历》："芒种为五月节，言有芒之谷，可稼种也。"

⑤ 瑶枝：树枝晶莹如美玉。

⑥ 处暑：农历二十四节气之一。每年处暑在公历8月23日或24日。

⑦ 石膏：矿物名。色白、坚硬。

⑧ 冬青：亦名冻青。

⑨ 水蜡树：《本草纲目·虫白蜡》时珍曰，"水蜡树，叶微似榆，亦可放虫生蝋，甜槠树亦可放蜡"。

⑩ 桑螵蛸（读若漂消）：《本草纲目·螳螂桑螵蛸》时珍曰，"螳螂，……深秋乳子，作房黏着枝上，即缥绡也。房长寸许，大如拇指，其内重有隔房，每房有子如蛆。卵至芒种节后一齐出，故《月令》云'仲夏螳螂生'也"。

⑪ 枿（读若蘖）：木斫而复生曰枿。

地也。生而刮之，而树益茂，不似漆割易枯也[1]。或曰楮树可以放蜡[2]。故志白蜡肇始于川、滇[3]，江乡现多蜡树，宜放蜡以为民生利用之资也。又疑冬青、楮树，本不带蜡名，惟水蜡树直谓之蜡树，无他名，则蜡乃其本名也。家乡[4]多此树，不知放蜡，但植以为篱藩护堤埂，其材无所用，不及于杨[5]。盖用在于放蜡。每一巨树，岁收蜡数斤。性宜近水沙淤之地，数年即成巨树，树老可至百年。计自山溪塘堰、平原池泽，远暨洲边江岸，尽种此树放蜡，所出必百倍于川、滇。今潜山人颇知树植之利[6]，而蜡树盖少，故僦乡之有树而放之[7]。树花如簪匙[8]，结小荚，落地亦生，莫如插枝更易长。夫种蜡与种棉，其法皆传自外域，至今为天下大利。故事有兴于数千载之后，而利益倍过古人者，不可不知也。

---

① 漆：《新纂云南通志·物产考》，"漆树，属漆树科，落叶乔木。高达数丈，叶为羽状复叶。五月开总状小花，色黄绿，果实扁平。适于采蜡，谓之漆蜡。上帕、贡山则取子榨漆油，除食用外，各销万斤至内地。此树有野生者，亦有栽培之者"。

② 楮（读若诸）树：《新纂云南通志·物产考》，"楮木，属壳斗科，一名槲。有血楮两种，落叶乔木。叶为半倒卵形，有粗锯齿。以之作家具及器物之柄最宜。滇山地产"。《本草纲目·虫白蜡》时珍曰："甜楮树亦可产蜡。"

③ 故志：旧地方志书。

④ 家乡：本书作者檀萃家乡，即安徽望江。

⑤ 杨：本名，主要有白杨、水杨二种。《新纂云南通志·物产考》："白杨属杨柳科，一名河杨，落叶乔木。茎高数丈，径达尺许。叶面深绿，背部绿白，且密布白色毛茸。五月顷，先叶开花，雌雄同株，柔荑花序。产滇荒野，木材轻软，色白，可作箱板及火柴柄用。水杨，滇中各地多植之，插枝即活，亦落叶乔木，高及一丈左右。早春开银灰椭圆形花，枝条适作火柴柄及烧椰炭之用。"

⑥ 潜山：潜山市，属安徽省。

⑦ 僦：同就。

⑧ 簪匙：即簪子，绾发饰物。

竹

竹木之利至大，江陵千树荻①，渭滨千亩竹②，皆与万户侯等③。为其水道通而布其利于四方也。滇非尽不毛也④，以予所治农部，名章巨材⑤，周数百里，皆积于无用之地，且占谷地，使不得艺⑥，故刀耕火种之徒⑦，视倒一树为幸。盖金江道塞，既不得下水以西东浮，而夷俗用木无多，不过破杉以为房⑧，聊庇风雨。宗生族茂⑨，讵少长材？虽擢本垂荫，万亩千寻⑩，无有匠石过而问之，千万年来，朽老于空山，木之不幸，实地方之不幸也。

哀牢之山长千里，中通一径，走深林中垂一天，若使此山之木得通长江⑪，其为大捆大放，不百倍于湖南哉？前人有见于此，故议开金江。然金江断难开者，天道使然⑫，不容以人力争也。运值其通⑬，安知不大风大雷，率群龙而导之，推其叠水。散之使平，破其洞穿，彻之无壅，不过一午夜之力⑭，原自易易。若争以人

---

① 江陵：旧府名，唐置，今湖北省江陵县。荻：植物名，与芦同类，生水边。

② 渭滨：渭，水名，在陕西省境。渭滨谓渭水旁地。

③ 万户侯：食邑万户之侯。此处谓"皆与万户侯等"，意为竹、木之利甚大，运用得宜，则可致巨富。

④ 不毛：不能种植之地称不毛。

⑤ 名章：大木材为章，名章即有名的大木。

⑥ 艺：树艺，栽种。

⑦ 刀耕火种：砍伐林木，并草莱以火焚之，然后播种，云南边地多行之。

⑧ 杉：木名。此处泛指树木。

⑨ 宗生族茂：原意为种族繁衍，此处引申借喻为树木生长旺盛。

⑩ 擢本二句：晋左思《吴都赋》，"擢本千寻，垂阴万亩"。注云："本，根也。言本深枝盛，下达千寻，旁垂荫万亩之地。"

⑪ 长江：金沙江即长江上游，旧不通航。

⑫ 天道使然：意为天然地理所限。

⑬ 运：时运，命运。全句意为到了适当的时机可以打通之时。

⑭ 午夜：夜半。

力，则万万不能为也。

濮　竹

《尔雅》分释草木①，《虞衡志》则合而纪之②，先木后草。草则以竹为先，荡竹、涩竹、人面竹、钩丝竹、斑竹、猫头竹、笋竹、箭竹，凡九品③，当亦云南所悉有，不论也。论其异者：濮竹④，出顺宁。古时濮竹节长一丈，今减之，犹可作斗斛⑤。

蚕　豆

《尔雅·释草》凡粱稷、众秫、荏菽、虋、芑、秬、秠、秫稻⑥，与夫瓜、蔬⑦，尽著明之，不分谷、蔬也。《范志》既混木

---

　　①　《尔雅》分释草木：《尔雅》卷八为《释草》，卷九为《释木》，草、木分别解释。

　　②　《虞衡志》：指范成大《桂海虞衡志》，合草、木共列一志。

　　③　凡九品：《范志·志草木》自荡竹以下共列九种，荡竹、涩竹、人面竹、钩丝竹、斑竹、猫头竹、桃枝竹、竹、箭竹。本书仅列八竹，漏载桃枝竹一品。

　　④　濮竹：道光《云南通志稿·食货志》，"桂馥《札朴》：'永昌、顺宁山谷有竹，中实叶大，节最疏。土人破为丝绳作屐，谓之麻竹，余按即濮竹'"。

　　⑤　斗斛：古制，十升为斗，十斗为斛。此处泛指较小的量器。

　　⑥　粱稷（读若咨寂）：《尔雅·释草》疏云，"粱也，稷也，粟也，正是一物"。众秫（读若述）：《尔雅·释草》疏云，"众，一名秫，谓黏粟也"。荏菽：《诗·大雅·生民》，"艺之荏菽"，郑笺云："大豆也"。虋（读若门）：《尔雅·释草》疏云，虋与穈音义同，即嘉谷赤苗者"。芑（读若起）：《尔雅·释草》注，"今之白粱粟"。秬（读若巨）：《尔雅·释草》，"秬，黑黍"。秠（读若丕）：《尔雅·释草》疏云，"秠是黑黍中之一，稃有二米者"。秫（读若徒）：即稻。

　　⑦　瓜、蔬：瓜类及蔬菜类。《尔雅·释草》列有各种瓜蔬名。

与草而合志，微见蔬于志草后①，竟遗谷②。今粤西稻米，冠于两广，广东采买，全仰广西，岂可遗而不志之？又荏菽，郭注以为胡豆，今蚕豆也③。凡夏收为夏乏④，他省夏乏但言麦、菜，滇不言菜而言豆，曰豆麦。豆麦败则荒⑤，豆收倍于麦，故以豆为重。始则连荚而烹以为菜，继则杂米为炊以当饭，干则洗之以为粉，故蚕豆粉条⑥，明澈轻缩，杂之燕窝汤中，几不复辨。豌豆亦蚕豆之类⑦，可洗粉，滇人来食其蔓，名豌豆菜。二豆南方各省俱有，而滇重豆麦，故郑重志之。

早 蔬

滇南瓜、蔬最早，冬腊开筵⑧，陈新豆米⑨，正初即进⑩。元谋

---

① 微见蔬于志草后：微，少也，少少提及之意。《桂海虞衡志·志草木》列有蔬类的宿根茄、石发、匾菜三条，不及其他蔬名，故言微见。

② 遗谷：遗，遗漏。《桂海虞衡志·志草木》无谷类，故言遗谷。

③ 蚕豆：《新纂云南通志·物产考》，"蚕豆，叶为羽状复叶，花色白，有紫黑色斑点。子房成荚，若蚕之向空翘举，故名。春末成熟，为蔬食之要品。其他如胡豆、佛豆、戎菽等，皆一种而异名耳"。

④ 夏乏：《四时纂要》，"四月谓之乏月"。后人以夏收名为夏乏，又称小秋。

⑤ 败：歉收。

⑥ 蚕豆粉条：以蚕豆磨细浸水沉淀制成丝状，可供餐肴，俗名粉丝。

⑦ 豌豆：《本草纲目·豌豆》时珍曰，"豌豆种出西胡，今北土甚多。八九月下种，苗生柔弱如蔓，有须，叶似蒺藜叶，两两对生，嫩时可食。三四月开小花如蛾形，淡紫色，结荚长寸许，小圆如药丸，亦似甘草子。出胡地者大如杏仁，煮炒皆佳。磨粉面甚白细腻。百谷之中，最为先登"。

⑧ 冬腊：农历十一月为冬月，十二月为腊月。

⑨ 陈：陈列，张设。新豆米：新出蚕豆米。

⑩ 正初：农历一月为正月。正初：正月上旬。

云南文库·大家文丛

之西瓜酿①，元江之大茄②，不能以常候拘也③。然先时为味颇薄，亦及候及腴耳④。

韭　菜

滇南韭菜⑤，涉冬即腴如黄芽，其值甚贱，入春则老矣。阿迷出黄芽菜与石榴⑥，颇为官民累，不如落地松、萆麻子大济于地方⑦。近省城亦种黄芽，以所从来者近，不之异也。

宿根茄

宿根茄⑧，《范志》谓茄冬不凋⑨，明年结实，而滇不独茄为然

---

①　西瓜：按《本草纲目·西瓜》，亦甜瓜之类也。二月下种。蔓生，花、叶皆如甜瓜。七八月实熟。其瓜子爆裂取仁，生食炒熟俱佳。皮不堪啖，亦可蜜渍酱藏。酿：与瓤通，西瓜食其瓤，故云西瓜瓤。

②　大茄：《新纂云南通志·物产考》，"茄属茄科。茎叶有刺毛，带紫色，花筒上部有五裂片，亦紫色。品种最多，有长椭圆与扁圆形之果实二种。果长至尺许，宽七八分。供食用外，又供盐渍、酱渍等"。

③　常候：经常气候。拘：拘泥，一成不变。全句意为元谋西瓜、元江大茄，随时都有，生长不为一般气候所限制。

④　及候乃腴：意为果蔬到了合适的节气，才会肥美味胜。

⑤　韭菜：《新纂云南通志·物产考》，"韭属百合科。嫩叶及花蕾，均为蔬食常品，黄芽亦佳，滇鹤庆等处产，又洱源特产去香韭，能治瘴疾"。

⑥　黄芽菜：《本草纲目·韭》时珍曰，"至冬，移（非）根于土窖中，培以马尿，暖则即长，高可尺许，不见风日，其叶黄嫩，谓之韭黄"。云南人谓之黄芽韭菜。

⑦　萆麻子：即蓖麻子。蓖麻，植物名，大戟科，年生草本。种子椭圆形，可以榨油，名蓖麻子油，供药用及工业用。

⑧　宿根茄：《中文大辞典》，"植物草本中，有茎叶等虽每年枯萎，而根则年年宿存，至翌春更发新芽者，其根谓之宿根"。茄亦宿根，故称宿根茄。

⑨　《范志》：《桂海虞衡志·志草木》有宿根茄条，文云："茄本不凋，明年结实。"

也。扁豆亦能宿根①，春即发花，二三月间已有新扁豆，而草麻且长成大树，可以登援。

石花菜

《范志》又载石发菜②，则蔬属也。滇之石花菜③，即海之紫菜④，生于石上。作汤碧绿可爱，味亦佳。蒙自、禄劝均出之。

南北种植各异

《尔雅》列谷、蔬于《释草》，良以谷为草之精英，后稷择而播之⑤，遂以粒蒸万世⑥。然物有同进一时者，各囿于其方，此方

---

① 扁豆：《新纂云南通志·物产考》，"鹊豆别名甚多，普通名扁豆，但如鳅鱼豆、架豆、茶豆，均其通名。秋闻开白色薄紫穗状花，结粗糙之小荚，未熟嫩荚亦有并子粒同食者。实有黑、白，黑者名鹊豆（原注：见《本草》，其中一种名秋雨豆（原注：讹作鳅鱼豆），秋雨时结实最繁，故名。荚肥而窄长，味甚佳美。滇南似产大扁豆著称"。

② 《范志》又载石发菜：《桂海虞衡志·志草木》有石发菜条，文云"石发出海上，纤长如丝缕"。按石发又名石衣、水苔。可作纸名苔纸。根须可食。

③ 石花菜：石花菜属绿藻类，生南海沙石间，状如珊瑚，用姜醋拌可作菜食。本书谓石花菜即海之紫菜，按：石花菜不是紫菜，紫菜属红藻，为深海产，云南有湖无海。石花菜属绿藻，为淡水产。

④ 紫菜：《本草纲目·紫菜》（孟）诜曰，"紫菜生南海中，附石，正青色，取而干之则紫色"。

⑤ 后稷：上古掌农事官名。古代周族始祖弃善种百谷，曾在尧舜时作主稷之官，周族认为他是始种稷和麦的人，后世以后稷为弃之代名。

⑥ 粒蒸万世：意为以米粒献之万代人民食用。

兴而彼方竟不知种。苜蓿入中国垂二千年①，北方多而南方未有种之。葡萄、石榴、核桃、大蒜之属②，盛种于南方，岂苜蓿独有不宜？由不知种耳。棉花、番瓜、蕃芋、落花生同时入中国③，棉花遍种于南北，南瓜亦然④。乾隆初，陈榕门抚豫⑤，募闽人种红薯，江淮间食之者将信将疑，此予少时所亲见者，今闻遍种于江乡矣。粤海之滨，以种落花生为生涯，彼名地豆，榨油皆供给于数省。其生最易，其利甚大，江西颇种之，而吾乡从来未有种者，由于不知其利也。滇、粤相连，滇竟遗之，近来颇有。

落地松、萆麻、土瓜

弥勒大种落地松与萆麻⑥，以榨油，故其民俗渐丰裕。将来广行于全滇，亦大利益也。滇省近来争种土瓜⑦，考土瓜即土瓜⑧，

---

① 苜蓿：《本草纲目·苜蓿》时珍曰，"《杂记》言苜蓿原出大宛，汉使张骞带归中国，然今处处田野有之，陕、陇人亦有种者。年年自生，刈苗作蔬，一年可三刈"。按苜蓿于汉武帝时传入中国，故此云入中国垂二千年。

② 大蒜：《新纂云南通志·物产考》，"蒜属百合科。嫩叶根茎供食。以昆明大蒜、邓川独蒜为佳。别有稀叶、密叶两种，均由外国输入，依种实繁殖"。

③ 番瓜：此处泛指外国瓜种移入中国者。蕃芋：又称洋芋。《新纂云南通志·物产考》："洋芋属茄科，亦名马铃薯。……此芋供食部分即其地下块茎，中含淀粉质，为制粉及造酒精之用，诚经济植物之一也。"

④ 南瓜：《新纂云南通志·物产考》，"南瓜，一年生草本。叶长大，有刚毛，叶有卷须。六月顷，开橙黄色大形之花，雌雄同株。果实通常扁圆，有纵沟深入，果面有突起者多。除食用外，亦可供家畜饲料。子瓤生食、炒食均宜，俗名南瓜子或麦瓜子"。

⑤ 陈榕门：清陈宏谋，字汝咨，号榕门，广西临桂人。雍正进士，曾任云南布政使，乾隆间任河南巡抚。

⑥ 弥勒：今弥勒市，属红河哈尼族彝族自治州。

⑦ 土瓜：一名王瓜。清桂馥《札朴》："上瓜形似芦菔之扁者，色正白，食之脆美。"《新纂云南通志·物产考》："土瓜亦豆科，根茎甘嫩，可生食，滇常产。"

⑧ 土瓜（读若负）：亦称王瓜。《礼记·月令》："孟夏，王瓜生。"注云："王瓜，草挈也。今《月令》云：'王瓜生。'"

《管子》以为某土宜芡①，则种芡亦属古法，后世遗之，而今乃复兴，则暗合古人矣。

芋

芋之巨②，惟滇南甲天下。岷山蹲鸱，状鸱之蹲③，其高可想。陇川之芋大④，有高一尺二三寸，茎嫩花香，可瀹食。蒸其魁⑤，终年厌餐⑥，史公所以谓至死不饥⑦，《左赋》所以谓徇蹲鸱之沃者也⑧。芋多，多抛弃，干而收之以筑墙。荒乱时，尽室俱逃，此家不去，闭门食墙，卒以俱全，此见于古志所记⑨。旨蓄之家⑩，不可不知也，故附著之。

---

① 《管子》：书名，春秋管仲撰。《管子·地员》云："其种有大芡、细芡。"此处全何意为《管子》书中说到某种土质宜于栽植大芡或细芡。

② 芋：《新纂云南通志·物产考》，"芋属天南星科。叶大，心脏形，有长柄。根部富淀粉，可供常食。滇园野多栽培之，有白芋、红芋、褐芋诸种。大理、永昌、宾川、鲁甸、绥江、宣威、陆良产者尤佳。《史记·货殖列传》称为蹲鸱，食之不饥"。

③ 岷山蹲鸱二句：《史记·货殖列传》，"吾闻汶山之下沃野，下有蹲鸱，至死不饥"。《华阳国志》云："汶山（注：即岷山）郡都安县有大芋，如蹲鸱也。"全句意为岷山的大芋，如鸱鸟蹲坐着的形状，喻其大也。

④ 陇川：今陇川县，属德宏傣族景颇族自治州。

⑤ 魁：芋之大者称芋魁。

⑥ 厌餐：意为足食。

⑦ 史公：汉司马迁为太史，简称史公。

⑧ 《左赋》：晋左思《蜀都赋》，"蹲鸱所伏"。

⑨ 古志：古书，不详确指。宋叶延珪《海录碎事》记有类似事，文云："阆宅山僧勤种植，收芋甚多，杵之如泥，造堙为墙。后遇饥，故十口得活。"

⑩ 旨蓄：《毛诗·邶风·谷风》，"我有旨蓄，亦以御冬"。笺云："蓄聚美菜者，以御冬月乏无时也。"

胡萝卜

胡萝卜①，分红、黄二种。红犹内地②，黄则长至二三尺。

蕨

滇蕨满山③，高至三四尺，肥极。土人但知摘蕨拳，不知洗粉。闻宣威颇知洗之。若人皆知洗，又为地方增一货物也。

茭　瓜

茭瓜④，滇城九龙池有之⑤。

---

①　胡萝卜：《新纂云南通志·物产考》，"胡萝卜属伞形科，……供食之部即其根茎，水分不多，含糖颇富。滇产外，有由外国输入者，餐时用之为多"。

②　红犹内地：意为红色胡萝卜与内地产者相似。

③　蕨：《新纂云南通志·物产考》，"蕨菜属隐花植物之羊齿类，春二三月，嫩芽新出，卷曲类小儿拳，摘供蔬食。拌以豆泥，味尤佳美。根部有粉质，可制蕨粉，备救荒之用"。

④　茭瓜：一名菰。《本草纲目·菰》时珍曰："江南人称菰为茭，以其根交结也。"《新纂云南通志·物产考》："茭瓜，属禾本科，一名茭白，或云雕胡。生于陂泽，结实即菰米。嫩茎供食，滇到处产。又建水、开远、蒙自之草芽，亦嫩美可食。"

⑤　九龙池：即昆明翠湖之九龙池。

蘘荷

古于园蔬，辄举蘘荷依阴，时藿向阳，绿葵含露，白薤负霜①，今竟不知蘘荷、绿葵为何物。考《本草纲目》②，蘘荷即芭蕉也。根似姜芽而肥，堪为菹③。性好阴，木下生尤美。仲冬似盐藏之，用备冬储，又以防蛊。有赤、白二种，白入药，赤堪啖，及作梅果多用之④。李时珍言，初按苏颂《图经》⑤，谓荆、襄江湖移种，今访之无或识者。后读《丹铅录》⑥，始知蘘荷即今甘露⑦，甘露即芭蕉也⑧。家乡寺院多种甘露，其高大年久，亦抽茎作花，每瓣有露，甚甘，不结蕉子。红、白于根辨之。白治白带，红治血崩，乡人总呼甘露，不叫芭蕉。其叫芭蕉叶者，蒲葵扇也⑨。一物也，北方谓之甘露，南人谓之芭蕉。根盘巨魁，魁旁出细者，有如姜芽，则是茎叶为芭蕉，根魁为蘘荷，一物而上下异名也。滇南深箐，芭蕉之多，至于不可纪极，若使得菹之之法而蔬之，而货之，亦利源所自出。今菹法无闻，弃掷于空虚无用，甚可惜也。凤尾

---

① 蘘荷依阴四句：见《文选》晋潘岳《闲居赋》。四句意为蘘荷宜于阴翳之地，藿则喜向阳光，绿葵含着秋天的露水，白薤则肩负着冰霜，草木各有习性，各宜生长于四时而不能强同也。蘘荷：多年生草本植物，根可入药。藿：豆嫩叶。魏张楫《广雅》："豆叶谓之藿。"绿葵：亦名蓴或莼菜，多年生水草，茎和叶可做汤吃，亦可作猪饲料。白薤（读若谢）：草本植物，鳞茎和嫩叶可食，又名薤头。
② 《本草纲目》：指李时珍《本草纲目》蘘荷条。
③ 菹：同葅，醢也。切细如肉酱也。
④ 梅果：梅干。
⑤ 苏颂图经：苏颂，字子容，同安人。宋仁宗时为太常博士，奉诏撰《图经本草》二十一卷。
⑥ 《丹铅录》：书名，明杨慎撰。
⑦ 甘露：甘蕉的别名。
⑧ 甘露即芭蕉：按此旧说也。芭蕉、香蕉类似而非一物，甘露、蘘荷叶似芭蕉，亦非一物。参见本书《志果》蕉子条注。
⑨ 蒲葵扇：蒲葵叶所制的扇。

蕉一名美人蕉①，灵异甚，嘉草防虫，此其验也。故常用之品蔬，失其法而弃之且三四百年，故特表而著之。绿葵殆水葵、凫葵之类②，非向阳之葵也③。藿即豆藿，今讹豆角④。

鸡枞

滇南山高水密，臭朽所蒸，菌蕈之类无不有⑤，而鸡枞之名独闻于天下⑥，即鸡枞亦无郡邑无之，而蒙自鸡枞之名⑦，独冠于全滇，且以鸡枞为油。诸生珍重而馈之，然咸而不可入口，则名实之难也。

---

① 凤尾蕉：又名美人蕉。《新纂云南通志·物产考》："按旧《滇志》载芭蕉有凤尾、象牙、美人数种。凤尾当是形容其叶，至花大类象牙者名芽蕉，如莲花者名红蕉。据《花镜》则美人蕉即红蕉。审是则另属县花科植物，亦非真正之芭蕉也。"按芭蕉科有红蕉、凤尾蕉、美人蕉，皆以色、形而异名，实为一物。另有县华科之美人蕉、凤尾蕉、红蕉，亦异名而实为一物。然与属芭蕉科者，则别为二类，名同而非一物也。

② 水葵凫葵：水葵为莼及荇的异名，凫葵为荇的异名，均绿葵之类。《本草纲目·荇菜》时珍曰："荇与莼，一类二种也。并根连水底，叶浮水上。其叶似马蹄而圆者莼也，叶似莼而微尖长者荇也。夏叶俱开黄花，亦有白花者。结实大如棠梨，中有细子。"

③ 向阳葵：又名向日葵。《新纂云南通志·物产考》："向日葵，草本。花轮大舌状片，黄色。花后结子，滇名朝阳子或葵子，香美可食。亦取葵子油。滇园圃中栽植之。"

④ 讹：错误。

⑤ 菌蕈：菌类总称为菌蕈。《中文大辞典》："菌类，植物学名词，为隐花植物之一类。无茎、叶等部分，由单细胞或多细胞而成，不含叶绿素，故多寄生于他物体。此类甚多，大可别为地衣类、真菌类、分裂菌类三群。"

⑥ 鸡枞：《本草纲目·鸡枞》时珍曰，"鸡枞出云南，生沙地间，丁蕈也。高脚伞头，土人采烘寄远，以充方物。点茶、蒸肉皆宜，气味皆似香蕈而不及其风韵也"。《新纂云南通志·物产考》："此菌柄褶芳嫩，为食用菌之极品。油质亦香美，可取鸡油。顺宁、蒙化、缅宁、腾冲、石屏、蒙自、寻甸、镇南、牟定、嵩明产出者尤佳。曝干盐渍，可远销各处，富民出产尤称大宗。"

⑦ 蒙自鸡枞：道光《云南通志稿·食货志》，"鸡似形言，蔓岁者鸟飞而敛足之貌。以六七月大雨后生沙上中或松间林下，鲜者香味甚美，土人咸而脯之，经年可食。或蒸汁为油，以代酱豉，味尤美。出蒙自者佳"。

莱菔

　　莱菔^①，俗名萝卜，厂名萝白^②。滇产白者，其细腻固可佳，而江者奇益甚。凡红皮必内白，天下皆然，而滇之红萝白^③，通透玲珑，中间点微红，如美人劈破胭脂脸，最可爱玩。至其内外通江，片开如红玉板，以水浸之，水即深红。粤东市中亦卖此片，然犹以苏木水发之，兹则木汁自然之红水也。罗次人刨而干之，以为丝，拌糟^④，不用红曲^⑤，而其红过之。

―――――――――――

　　① 莱菔：也称萝卜。《新纂云南通志·物产考》："萝卜属十字花科，异名甚多，或云芦菔，或云莱服，俗呼萝白。旧志有红、黄、白三种。根茎部肥嫩多汁，甘美可口。滇中到处产之，推为根叶菜之上品。"

　　② 厂：矿厂。

　　③ 红萝白：萝卜的俗称。

　　④ 糟：以酒或盐渍的食物，亦作糟腌。

　　⑤ 红曲：红色酒母。

杂志第十二

范氏《虞衡》于《杂志》述雪、风、水、瘴，而及于俗字、卷拌①。兹因其体②，叙滇之雪、风、云、雨、雷霆、冰雹，讫于地震、瘴气终焉。

雪

雪，滇山最多，不似闽粤、两广③，故丽江雪山④，雪因冻凝结成白石，雪皆不化，其势则然。至于苍山⑤，且卖六月之雪⑥，而乌

---

① 俗字：《桂海皮衡志·杂志》有俗字条，条中载有土俗字十字。卷拌：《范志·杂志》有卷伴条，记南州窃人妻女为伴的陋俗。

② 体：体例。

③ 闽粤：亦作闽越，即今福建省，福建在周时为七闽之地，后为越人所居，故称闽越，亦作闽粤。两广：今广东、广西两省区，古百粤地，故称两粤，亦称两广。

④ 雪山：即玉龙山。万历《云南通志·地理志》："雪山在（丽江）府城北二十余里，一名玉龙山。条冈百里，岧魏千峰，上插云霄，下临丽水。山巅积雪，经夏不消。岩崖涧谷，清泉飞流。蒙氏异牟寻封为北岳。"

⑤ 苍山：即点苍山。万历《云南通志·地理志》："点苍山在今大理龙首、龙尾两关之间，条冈百余里。积雪烂斑，经夏不消。夏秋之月，山腰白云，横如玉带，蒙氏封为中岳。"

⑥ 卖六月之雪：雍正《云南通志·艺文》载明施武《卖雪词》，有序云，"大理苍山雪，六月不化。市上女即卖之，犹吴下之卖冰也"。诗云："双龙关里百花香，银海逶迤抱点苍。六月街头教卖雪，行人错认是琼浆。"

雲南文庫·大家文丛

蒙山七八月即下雪①。吹落于禄劝之撒甸②，故其地种谷多不实，因艺稗③，稗亦往往不得收。凡高山绝涧，多有怪物居之，以为害于民。其出入也，常挟以冰雹，伤人禾稼。其气凛冽阴惨，使大地亦受其制，无由以回春。盖山谷积阴，阴怪乘之之故也。而惟畏声。凡声，阳也，阳能破阴。邹子吹律，黍谷之春可回④；大水围城，列阵鼓噪而水退⑤，钱塘射弩而潮平⑥。烧石投渊⑦，瓦缶齐鸣而怪物徙或死，其害可去。此即《周礼》投罔象驱土鼓之遗意⑧。若于其处建大寺庙，铸大钟磬，以晓暮摐撞⑨，则怪物不能安，而纯阴

---

① 乌蒙山：即绛云露山。雍正《云南通志·山川》："降云露山，在（禄劝）城东北二百里，俗名乌蒙山，与东川接界。上有十二峰，雄拔陡绝，盘旋七十里，八九月间，积雪莹然。北临金沙江，为诸山之冠。蒙氏僭封东岳。"

② 撒甸：禄劝县属地名。

③ 稗：《左传》定公十年，"用茈稗也"。注云："秕，谷不成者。稗，草之似谷者也。"清朱骏声《说文通训定声》："稗亦人所种，实小，亦可食。"

④ 邹子吹律，黍谷之春可回：邹子，战国时人邹衍。黍谷，一名燕谷山，亦称寒谷，在密云县西南。《清一统志》："刘向《别录》：'燕有黍谷，地美而寒，不生五谷。邹子居之，吹律而温气生。'"律：古以笛音为准，订音阶为十二，称十二律，分阴、阳各六。阳为律，阴为吕，故又称律吕。此处言吹律，即用笛吹出阳律之声，致有暖气发生而生黍，此盖古人之传说，以邹衍称知五行阴阳而神化之言也。

⑤ 大水围城，列阵鼓噪而水退：古人以水为阴气，又以声为阳气，故此谓列阵鼓噪，可退围城之水。出典待考。

⑥ 钱塘射弩而潮平：五代吴越王钱镠，居临安，即今杭州市。钱塘：旧县名，临安府附郭县治。宋孙光宪《北梦琐言》："杭州连岁潮头直打罗刹石，吴越钱尚父（按《旧五代史·钱镠传》："梁祖革命，以镠为尚父、吴越国王。"）俾张弓弩，候潮至而射之，由是渐退。罗刹石化而为陆地，遂列廪庾焉。"

⑦ 烧石投渊二句：本书《志虫鱼》钩蛇条引《续博物志》（原作《续传志物》），"以为（钩蛇）出朱提，且言水旁有鬼弹，……驱之之法，投以烧石，注以液铁，万众各鸣瓦盆瓦器以号呼，其物不死即徙"。

⑧ 《周礼》：书名，传为周公所作。罔象：水怪《国语·鲁》下，"水之怪曰龙、曰罔象"。土鼓：乐器名。《周礼》："籥章掌土鼓。"杜子春注云："土鼓以瓦为匡，以革为两面，可击也。"又《周礼·籥师》："凡国祈年于田祖，籥豳雅击土鼓，以乐田祖。"此处谓"投罔象驱土鼓之遗意"，疑引书有误。

⑨ 摐（读若窗）：意为撞击。

可以散，蕃庑可以期^①，此亦调燮之微权^②，故记之。

风

风，滇南多大风。凡大风之起，自十一月至三四月，往往屋瓦皆飞，故例得用筒瓦如粤东^③。但粤滨海，海风之大有然，滇距海遥，何以风大亦同粤？盖滇处极高，高则多风。谚云："云南高在天顶上。"故滇之多风，犹黔之多雨，地气使然。

滇风之恶，古人称为塕风^④。盖其盛怒土囊^⑤，凭陵高城^⑥，骇溷浊，扬腐余^⑦，总以堀塕扬尘，庶人雌风^⑧，名之曰塕风，此非长养之风而败坏之风。其风中人，是生百病，唇胗目蔑^⑨，往往而然。故自此之起，即少雨泽，垂半年风息，而雨水始通。四月尾，五月初，雨水行又半年。故滇南一岁，半在风中，半在雨中，气候良为不正。

凡怪风之起，必有物以凭之而作虐于民，古人射大风于青

---

① 蕃庑：草木滋盛貌。
② 调燮：调和燮理。全句意为大自然调和阴阳的力量，即俗谓燮理阴阳之意。
③ 筒瓦：瓦之一种。初塑作圆筒形，中剖各半，较普通用板瓦片窄而厚，以泥实中，覆于板瓦交接处，风不能移。明、清时，民居不得用筒瓦，惟粤东及云南因风大，特许用之，故此处称"例得用筒瓦"。
④ 塕（读若课）风：塕指尘土，塕风意为挟尘土的风。
⑤ 盛怒土囊：宋玉《风赋》，"盛怒于土囊之口。"李善注云："土囊，大穴也。"
⑥ 凭陵：持势陵人也。
⑦ 骇溷浊，扬腐余：宋玉《风赋》，"骇溷浊，扬腐余"。李遂注云："《广雅》曰：'骇，起也。'言风之来，既起溷浊之处，又举扬腐臭之余。"
⑧ 堀（读若窟）塕扬尘：见宋玉《风赋》。注云："塕，风动尘也。《广雅》曰：'堀，突也。'"庶人雌风：宋玉《风赋》："此所谓庶人之雌风也。"按雌风对《风赋》上文"大王大雄风"而言，此处借意为不好的风。
⑨ 唇胗（读若轸）目蔑（读若蔑）：宋玉《风赋》，"中唇为胗，得目为蔑"。胗为溃疡，蔑为眼病。意为塕风使人嘴唇溃疡，眼睛生病。

丘^①，亦调燮之微意。故四时和谓玉烛^②，为其气之调也。通正谓景风^③，为其风之顺也。甘雨时降，万物以滋，举由此矣。

周公之作《时训》《月令》^④，凡发号施令，必以其时，逆之则有灾沴之应^⑤。《尚书》则有《洪范·五行传》以攸叙彝伦^⑥，《周礼》以天、地、四时名官^⑦，犹此义也。官失其守，政失其平，相习以为固然而不之怪。身为儒吏，任封疆^⑧，率先所属而调燮之。冷风小和，飘风大和^⑨，无灾慝矣^⑩。邹子客处，一吹而能感召，以至于今，况封疆大吏哉？

---

① 射大风于青丘：《淮南子》，"尧乃使羿诛凿齿于畴华之泽，杀九婴于凶水之上，缴大风于青丘之野"。按：缴，系着丝线的箭，引申为射。青丘，传说中神仙所居之地，亦曰长洲。

② 玉烛：《尔雅·释天》，"四气和谓之玉烛"。

③ 景风：《尔雅·释天》，"四时和谓之景风"。

④ 《时训》：《逸周书》篇名。《月令》：《礼记》篇名。均传为周公所作。

⑤ 灾沴（读若丽）：谓阴阳气乱，则旱雨不时而成灾也。

⑥ 《洪范·五行传》：《洪范》《尚书》篇名。内以金、木、水、火、土为五行，认为五行相适应则天下治，万物得所。彝伦：常道也。攸叙：由此而有序次，意即不乱。

⑦ 《周礼》以天地四时名官：《周礼》传为周公所作。《周礼》载周代官制，以天、地、四时命名百官，如天官冢宰，地官师徒，春官宗伯，夏官司马，秋官司寇，冬官司空等。

⑧ 封疆：封建时代分封疆域为封疆，后引申指居守地方的将帅，如明、清时期的各省总督、巡抚。

⑨ 冷风小和，飘风大和：见《庄子·齐物论》。冷风，寒冷的风。飘风，旋转的风。小和，小鸣。大和，大鸣。鸣为宣泄、调和之意。全句意为遇冷风则加以小的调和，遇旋暴大风则加以大的调和，即所谓调燮阴阳也。

⑩ 灾慝：灾害。

云

　　云，按滇南独以云南称①，为彩云现于南中，今云南县是也②。后以云南统全滇，故字县曰小云南以别之，且直称为洱海县，不言云南，而云南实以彩云名。故左思赋《蜀都》③，为言彩云之所自起也，曰："于前则跨蹑犍牂④，枕轭交趾⑤，经途所亘⑥，五千余里。""冈峦纠纷⑦，触石吐云⑧，郁葐蒀以翠微⑨，崛巍巍以峨峨⑩。干青霄而秀出⑪，舒丹气而为霞⑫。"玩其词意，似彩云之出，由滇南山川气发而有，然不足为瑞应⑬。

---

　　① 云南：万历《云南通志·地理志》，"汉武元狩间，彩云见于南中，遣使迹之，云南之名始此"。

　　② 云南县：旧县名，汉置，今祥云县，属大理白族自治州。

　　③ 左思赋《蜀都》：晋左思有《蜀都赋》。

　　④ 跨蹑犍牂：跨蹑为跨越或蹑履意。犍，犍为郡。牂，牂牁郡。二郡均汉置，并属益州。

　　⑤ 枕轭交趾：枕轭意为背靠、寄托。交趾：交趾郡，属交州。交趾旧郡名，晋置。交州，旧州名。交州有三：一、汉交州，今两广及越南境；二、三国蜀汉交州，治建宁，故治在今云南曲靖市西四十里；三、成汉交州，故治在今贵州普安县西四百里。此处当系指蜀汉交州，即今曲靖市。

　　⑥ 亘：通，遍。全句意为路途所及之处。

　　⑦ 纠纷：杂乱貌。

　　⑧ 触石吐云：《文选·蜀郡赋》李善注云，"《春秋元命苞》曰：'山有含精藏云。'故触石而出也"。

　　⑨ 葐蒀（读若汾氲）：气盛貌。翠微：《文选·蜀都赋》刘渊林注云，"翠微，山气之轻缥也"。全句意为山峦之气，葱郁茂盛，现出轻缥的样子。

　　⑩ 崛：《说文》，"崛，山短而高也"。

　　⑪ 青霄：碧空。

　　⑫ 舒丹气而为霞：《文选·蜀都赋》刘渊林注云，"严夫子《哀时命》曰：'红霓纷其朝霞。'山泽气通，故曰舒丹气以为霞也。"

　　⑬ 瑞应：祥瑞所感应。

前明正德十一年十一月①及明年二月，彩云先后见邓川②，而非良时也③。嘉靖二年④，新兴、云州俱五色云现⑤，而澄江、蒙化大水，腾越旱。十二、十三等年，彩云见河阳、永昌⑥。二十三年、二十八年，楚雄、哀牢俱告五色云见⑦，三十八年见顺宁。四十八年见永平⑧。隆庆四年⑨，河阳、江川五色霞光见⑩。万历元年⑪，云南县彩云见。十二年庆云见腾越，十四年五色云见曲靖，十六年见腾越，十八年见蒙化，二十四年见临安，二十六年见云龙⑫，三十七年见晋宁⑬，明年见鹤庆。然祥一而灾百，一难敌百，理势有然，何能怙彩云以自凭？况瘴气之起⑭，亦见五色云，且闻香气，必掩鼻伏而俟其过，始得免于中⑮。倘贪色而溺其香，未有不为所中者。予居滇久，见滇云薄凑如鳞片⑯，日光映之如霞，滇人辄相惊报，以为彩云，何彩云之易见哉？

---

① 正德：明武宗年号，正德十一年为公元1516年。

② 邓川：旧县名，今并入洱源县，属大理白族自治州。

③ 良时：太平盛世。

④ 嘉靖：明世宗年号。嘉靖三年为公元1523年。

⑤ 云州：旧州名，明置，今云县，属临沧市。

⑥ 河阳：旧县名，元置，今澄江市，属玉溪市。

⑦ 楚雄：旧县名，元置，今楚雄市。哀牢：旧县名，汉置，今保山市。

⑧ 永平：永平县，属大理白族自治州。

⑨ 隆庆：明穆宗年号。隆庆四年为公元1570年。

⑩ 江川：江川区，属玉溪地区。

⑪ 万历：明神宗年号。万历元年为公元1573年。

⑫ 云龙：云龙县，属大理白族自治州。

⑬ 晋宁：晋宁县，属昆明市。

⑭ 瘴气：参见后文瘴气条。

⑮ 中：中毒。

⑯ 凑：聚集，薄凑，意为薄而聚集。

雨

雨于滇最不均，半年晴而半年雨，故滇农下秧以二月。秧针盈寸，即决水而干之，虽阅日久不起节。四月尾、五月初，雨大下，分秧栽之，可丰收。即六月初通雨犹可及①，过是则无为矣。此滇农候雨蓄秧之法也。江乡秧过四十日则起节，不可栽，由不知槁而蓄之以待雨耳②。

滇人祈雨甚可笑，务为剧钱饮啖以作乐③，迎神像于街祷之，大小神像毕出，街衢阗隘不得行，几于举国若狂，大吏不之禁也。钱尽即散，而街上空矣。

雷

雷，滇雷之巧，不可思议。始闻于乾隆己巳④，后见于乾隆庚戌⑤。按张君《杂记·起旱蛟》云：己巳正月二十日戌刻⑥，省城风雨电雷，霹雳一震，大小官署，从外至内，中门洞开，虽重帏叠幛，灯火俱息，民居亦然。关键俱折若截薪⑦，廨舍尽倾。火药局陷为深阱。局贮枪刀，屈曲飞散，抛挂数里外，箭插远近街衢瓦缝

---

① 通雨：透雨。

② 槁：干也。

③ 剧：游戏。剧钱，谓赌博也。

④ 乾隆己巳：清高宗乾隆十四年己巳，即公元1749年。

⑤ 乾隆庚戌：清高宗乾隆五十五年庚戌，即公元1790年。

⑥ 二十日：按清师范《滇系·杂载》记此事为二十三日。

⑦ 关键：门户的关篰。截薪：斩断的柴薪。

中。炮重千百斤，悉飞城外各田间。察使公署①，化为瓦砾。与康熙中楚北失火药局情形相似②，但雷雨微异。时以起旱蛟奏③，着饬赔④。此事陈撂云亦尝言之⑤。

乾隆庚戌五月后，予自黑井病回省⑥，六月二十六为予生辰。明日，雷雨大作，省上哄传雷击五福楼⑦。楼为刘公竹轩抚滇时所建⑧，居署后，上有三层，刘去而某入处之⑨，几如半闲堂⑩，凡谋唉噬筹画必坐于此⑪。且藏所蓄，其妇卧于上，慎密若此，以为无他虞⑫。会某北觐⑬，而雷伺得之，霹雳大震，从楼顶直下，入所藏巨柜，黄物退白⑭，白物尽黑⑮，珠宝山积尽微黑。乃出柜付外修补，人因知之，烂陶亲见为予说⑯，率亦无他。某回，居数年始去，此亦起旱蛟之类也，附记之。

---

① 察使公署：云南按察使司公署。
② 楚北：湖北省。
③ 起旱蛟奏：旧传蛟能发水，为害甚大。此次发生风雨雷电，官吏无知，遂以起旱蛟事故，奏报朝廷。
④ 着饬赔：皇帝批复着落云南地方官吏负责赔偿损失。
⑤ 陈撂云：人名，无考。
⑥ 黑井：黑盐井，在今牟定县，属楚雄彝族自治州。
⑦ 五福楼：在旧云南巡抚公署内，今昆明市第八中学校址，楼已不存。
⑧ 刘竹轩：刘秉恬，号竹轩，清乾隆四十五年任云南巡抚。
⑨ 某：继刘秉恬任云南巡抚者为谭尚忠。
⑩ 半闲堂：宋贾似道建，在今杭州市西湖葛岭。度宗时，似道受封魏国公，赐第葛岭。似道乃起楼台亭榭，筑半闲堂，中塑己像，日与群妾宴乐其中。大小朝政，吏抱文书于其第中署之。见《续通鉴》。
⑪ 唉噬：啮食。筹画：筹谋计划。全句意为凡是计划贪污害人的事情，都在这里。
⑫ 虞：意外。
⑬ 北觐：到北京觐见皇帝。
⑭ 黄物：黄金。
⑮ 白物：白银。
⑯ 烂陶：人名，无考。

冰雹

冰雹，滇南最多，大或如卵，细亦如棋①。滇多龙池、龙穴，龙起，天暴风雨，冰雹其常也。儿童争拾之以含于口，久之始化，谓能消热。

霜

省城遇冬有霜，且结薄冰，儿童取冰段为钲②而嬉于市。或起大风，天作欲雪状，平地无雪，晓起则四山皆白，大雪也。山民收雪担入于市叫卖，男妇争持碗买之。

滇南气候

滇南气候，四时皆似秋爽③，最可读书。一雨寒生，即欲挟纩④。古人称：广东四时皆是夏，一雨便成秋；滇南四时皆是秋，

① 棋：围棋子。

② 钲（读若征）：《说文》，"钲，铙也"。圆形似锣，击之有声。

③ 四时皆似秋爽：按此就昆明附近地区言之也。滇南地广，气候不一。雍正《云南通志·气候》："滇南地列坤隅，得土冲气，省会之区，地势开阔，四时协序，气候尤和。环拱之澄、武、楚、姚诸郡，无祁寒溽暑，大略相同。两迤迢隔，寒暑各殊。北鄙风高，故丽江大寒，有长年不消之雪。南维地下，故元江大热，有一岁两获之禾。普洱、镇沅，时有炎蒸瘴疠；鹤庆、永北，亦多飞雪严霜。至迤东之曲靖、东川、昭通，较省会为寒。开化、临安、广南、广西，较省会为热。大理、永昌则微寒，虽有不齐，非甚悬绝。谚云：'四时多似夏，一雨便成冬。'可因是以知其概云。"

④ 挟纩：着棉衣。

一雨便成冬。予皆阅历之。

太阳出入

时宪书^①，滇南太阳出入，四季皆以卯、酉^②，故夏夜不独短，冬夜不独长。

地　震

地震于云南最寄，考《滇志》^③，有明一代地震，自天顺初起^④，迄于末代，凡九十余震^⑤。震之甚者，震而又震，有阅年始定者^⑥，有阅四年而始宁者^⑦。乾隆己酉^⑧，石屏诸处大震，奇惨不堪言，响至省城东太和山即绝^⑨，人见真武以大黑旗隔之^⑩，故省城

---

①　时宪书：历书也。清高宗名弘历，因避讳改称历书为时宪书。

②　卯酉：旧历书以地支计时，每日分十二时辰。卯时约为上午五至七时，酉时约为下午五至七时。

③　《滇志》：指各旧《云南通志》。

④　天顺：明英宗年号。天顺元年为公元1457年。雍正《云南通志·祥异》："天顺二年七月，金齿司地震，城坏。"

⑤　凡九十余震：按此大略言之也。明代云南地震，自雍正《云南通志》以后各通志及《新纂云南通志》均有记载，此不具录。

⑥　阅年：经过一年。按此亦大略言之。一地连续地震者甚多，如雍正《云南通志·祥异》载明正德十年五月邓川地震，六月不震，八月又震，九月太和又震。

⑦　四年始宁者：雍正《云南通志·祥异》载明弘治十二年冬，"宜良地震，有声如雷，民居尽圮，压死以万计。旬月常震，越四年始宁"。

⑧　乾隆己酉：清高宗乾隆五十四年己酉，即公元1789年。

⑨　太和山：一名鸣凤山，亦名鹦鹉山。即今金殿坐落之山。

⑩　真武：《中文大辞典》，"真武即玄武，北方之神，道教奉为真武大帝。其像披发跣足，建皂纛玄旗，并有龟、蛇二将。宋祥符年间，避圣祖讳，改玄武为真武"。按今太和山上太和官金殿，仍祀有真武铜像，并皂纛玄旗等文物犹存。

安堵，而太和之祀日以隆①，答神休也。往尝听邹经元说："滇南地震，往往裂成大壑，林木民居，皆没入之。震而复合，遂成平地。尝过某处，前行三十里，已上高山，忽地震，四顾所经之箐，林木民居尽失。"予闻此言，因思滇煤多木，即劫灰之余所成。

及是并思金江阻塞，由地震使然。盖金江两岸，俱崇巘②危峦，江流一线，比川河尤狭③，其水沉深啮两岸，山根尽空。地震山崩，落一于江，即成叠水，悬流数十丈如吕梁④。若两岸一震同崩，两额相敌，山身不能尽没入江，江流穿山腹而过，因名洞穿。乾隆间开金江，至黄草坝而止，此上则叠水洞穿，人力难施，其阻塞皆由地震为之也。昔于川运过新滩⑤，必起剥⑥，将以新滩对旧为言，或起自近代。后阅《水经注》⑦，乃为新崩滩，山崩自东汉，以阻江路。垂千七八百年，犹带新名，甚哉！开导之难也。

瘴 气

滇南瘴气，无处无之，虽通都大邑中，间或曲巷僻街，亦有瘴起，遇即作病，但高埠处颇少。杨升庵诗云⑧："五月草交头，元

---

① 祀日以隆：意为奉祀日益隆重，即香火旺盛之意。

② 巘（读者掩）：山峰。峦：山形长狄者称峦。全句泛指崇山峻岭。

③ 川河：长江在四川境内一段，川人俗称为川河。川河三峡一带，山崇水狭。

④ 吕梁：吕梁山，在山西省境，主峰在今吕梁市东北，夏禹治水，凿吕梁以通黄河，所凿处即龙门山也。

⑤ 新滩：在湖北秭归县东十里。此处水湍急，多暗石，为峡中最险处。

⑥ 起剥：用驳船起运货物，俟过险滩后，又归还大船运载。

⑦ 《水经注》：《水经注·江水》，"江水历峡，东迳新崩滩。此山汉和帝永元十二年崩，晋太元二年又崩。当崩之日，水逆流百余里，涌起数十丈。今滩上有石，或圆如箪，或方似屋，若此者甚众，皆崩崖所陨，致怒湍流，故谓之新崩滩"。

⑧ 杨升庵诗：明杨慎有《元谋县歌》，全诗云，"遥望元谋县，冢墓何垒垒？借问何人墓，官尸与吏骸。山川多瘴疠，仕宦少生回。三月春草青，元谋不可行，五月草交头，元谋不可游。嗟尔营营子，何为歇来此？九州幸自宽，何为此游盘？"

谋不可游。"金沙江渡为川、滇两省通衢①，马街街期②，人集数千百万，何尝断游哉？然其地热，多臭虫，难耐耳。

滇南瘴形，说之者千汇万状，不能悉记。诸生辈之远来者，皆生瘴乡，文彩风流，慧中秀外。问其地方之所以为瘴者，亦从不见之。因思暑热之地，饮食过伤，或贪凉卧，辄发疟③，失治则死，内地皆然，不独边荒，边荒遂以为瘴耳。

大金江有瘴母④，出则为祸。边远又有蚂蝗瘴、螃蟹瘴之名，名数甚多，不独如《范志》青草、黄梅、新禾、黄茅四名也⑤。乡居寒疾，五日不汗即死，岂独岭海之外能死人？故志瘴之不足恐，以坚南游者之心志，俾共尽力于所事，庶造地方之福矣。

①　金沙江渡：金沙江流经元谋县境，有渡口，南为云南，北为四川。
②　马街：元谋县属地名。
③　疟：疟疾。由疟蚊传入疟虫病原体引起，病状寒热间作，故旧亦称寒热病。
④　瘴母：瘴疠之气凝结成团形者。宋陆游《避暑漫钞》："岭南或见异物从空坠，始如弹丸，渐如车轮，遂四散，人中之即病，谓之瘴母。"
⑤　《范志》：《桂海虞衡志·杂志》瘴条，"邕州两江，水土尤恶，一岁无时无瘴，春曰青草瘴，夏曰黄梅瘴，六七月曰新禾瘴，八九月曰黄茅瘴。土人以黄茅瘴为尤毒"。

志蛮第十三

范志《桂海》十三篇，终之以《志蛮》，其为说云："广西经略使所领二十五郡，其外则西南诸蛮。蛮之区落①，不可殚记②，姑记其声闻相接，州司常有事于其地者数种③，曰羁縻州洞、曰瑶、曰蛮、曰黎、曰蜑④，通谓之蛮。"夫州洞、瑶、僚在广西，而黎、蜑隔于安南、广东⑤，不归广西所辖，而其说蛮"区落连亘于西戎，种类殊诡⑥，不可胜记"。"外有大蛮落，西曰大理，东曰交趾。大理南诏国，交趾古交州。"若不知为汉、唐旧履⑦，划而外之，统谓西南诸蛮，读之令人怅悒⑧。今志《滇海》，破其拘塞⑨，会而通之，使后来得以考览焉。

———————————

① 区落：部落。
② 殚（读若丹）：极尽也。全句意为不能完全记述。
③ 帅司：宋时称经略安抚司或安抚司为帅司，以朝臣充安抚使，掌一路兵民事。
④ 曰羁縻州洞：州洞、瑶、僚、蛮、黎、蜑各民族，《桂海虞衡志·志蛮》均已各列专条，此不具录。蜑，《范志·志蛮》作蜑，古蜑蛋二字通用。
⑤ 黎蜑隔于安南、广东：《桂海虞衡志·志蛮》黎条，"黎，海南四郡，鸥上蛮也"。蜑条："蜑，海上所居蛮也。"是黎、蜑皆非广西所属，而在广东南海地。安南：安南都护府，唐置，统南海诸国。
⑥ 殊诡：殊为奇异。
⑦ 旧履：旧疆域。
⑧ 怅悒：不快，遗憾。
⑨ 拘塞：拘泥不通。

爨

滇南虽称百蛮，要之不过爨、僰两种[①]。爨盛于东，僰盛于西，其大概然也。爨民者，本芊姓[②]，楚令尹子文之后也[③]。始子文之生也，有虎乳之，楚人谓虎为班，始氏班[④]，雄于北地。西汉之季，食采于爨[⑤]，遂氏爨，居蛮中。有爨习者[⑥]，当丞相亮南征时[⑦]，受署为官属，爨以大姓长蛮中[⑧]。晋时，兴古太守爨琛以忠

---

① 爨僰两种：明谢肇淛《滇略·夷略》，"西南诸夷，种类至多，不可名记。然大端不过二种：在黑水之外者曰僰；在黑水之内者曰爨。僰有百种，爨亦七十余种。僰性柔弱，爨性强悍。僰耐湿好居卑，爨耐燥好居高。僰以织纺稼穑为业，爨以牲畜射猎为业。僰自为地，有酋长，法令严明，与中国无异。爨虽有头目，然与郡县杂处，习染诈伪"。

② 芊姓：以芊为姓。按芊当作芈。《史记·楚世家》："季连芈姓，楚其后也。"亦写作芊。

③ 楚令尹子文：令尹，春秋楚官名，上卿而执政者。子文，楚令尹名。见《左传》宣公四年。

④ 始氏班：开始以班为氏。《通志·氏族略》："班氏，芈姓。楚若敖生斗伯比，伯比生令尹子文，为虎所乳，谓虎有班文，因以为氏。"清师范《滇系·属夷系》："爨蛮、爨氏，本安邑人，在晋时为南宁太守。中国乱，遂王蛮中。今陆良有爨王碑，云是楚令尹子文之后，受姓班氏。西汉末，食邑于爨，遂以为氏。"

⑤ 雄于北地四句：刘宋爨道庆《爨龙颜碑》，"子文铭德于春秋，班朗绍踪于季叶。阳九运否，蝉脱河东，逍遥中原。班彪删定《汉记》，班固续修道训。爰暨汉末，采邑于爨，因氏族焉"。按：斑、班，古字通用。

⑥ 爨习：袁嘉谷《滇绎·爨世家》，"蜀之爨习，亦至汉末而入蜀犹存。《蜀志·李恢传》：'恢任都督，姑夫爨习为建伶令，令有违犯之事，恢坐习免官。董和以习方土大姓，寝而不许。时先主尚未入蜀也，习已以建宁大姓，雄于一方'"。

⑦ 南征时：汉蜀后主建兴三年（公元225年），丞相诸葛亮率师南征，定云南。

⑧ 大姓：犹言亲门大族。袁嘉谷《滇绎·大姓》："武侯时，南中大姓有焦、雍、娄、爨、量、孟、毛李。……爨习等，皆其族也。"

著①，梁州太守爨亮以叛闻②。自后南北分争，宁州道绝③，爨氏以方土大姓，自王蛮中。其部夷众多，皆从主人之姓，统为爨人。分为东、西二爨：自曲靖、靖州西南、昆州、曲轭、晋宁、喻献、安宁、距龙和城④，谓之西爨白蛮。自弥鹿、升麻二州⑤，南至步头⑥，谓之东爨乌蛮。于是二爨据滇，东西竞爽⑦。

宋元嘉中⑧，晋宁太守爨松子⑨，龙骧将军、镇蛮校尉、宁州刺史、邛都侯爨龙颜⑩，魏骠骑大将军、南宁州刺史、同乐侯爨云⑪，

---

① 爨琛：琛，一作深。万历《云南通志·人物志》"爨深，兴古郡人。永嘉中，与将军姚岳同破李雄。深任本郡太守。今南宁县南十余里有兴古太守爨府君碑"。

② 梁州：旧郡名，一作梁水郡，刘宋置。今玉溪澄江境。爨亮：袁嘉谷《滇绎·爨世家》，"《晋书·明帝本纪》：'太宁二年，梁水太守爨亮、益州刺史李遏以兴古叛降于李雄'"。

③ 宁州：旧州名，晋置，地辖今云南全省，治味县。故治在今曲靖市西四十五里。

④ 曲靖：旧府名。元置曲靖路，明改府，今曲靖市。靖州：旧州名，唐置，元以合曲州为曲靖路，明改曲靖府。昆州：旧州名，隋置，故治在今昆明市西。曲轭：旧地名，今马龙区，属曲靖市。晋宁：旧郡名，晋置，故治在今在昆明市西北。喻献：旧地名，在今晋宁、安宁二县间。安宁：安宁市，属昆明市。龙和城：旧地名，在今禄丰县境，属楚雄彝族自治州。

⑤ 弥鹿：旧州名，在今嵩明、寻甸北。升麻：旧州名，在今嵩明、寻甸境。

⑥ 步头：旧地名，在今建水县。一说步头在今元江县境。

⑦ 竞爽：争为表现，并显于世。

⑧ 元嘉：刘宋文帝年号。元嘉共30年（公元424至453年）。

⑨ 爨松子：刘宋元嘉中为晋宁太守。《宋书·文帝纪》："（元嘉十八年）十二月，晋宁太守爨松子反叛，宁州刺史徐循讨平之。"

⑩ 爨龙颜：袁嘉谷《滇绎·爨世家》，"爨龙颜举晋秀才，试守建宁太守。归阙，除散骑侍郎，旋除龙骧将军，试守晋宁太守，袭封邛都县侯。宋元嘉中，州土扰乱，东西二境凶竖狼暴，缅为寇场。龙颜以五千精锐肃清之，迁本号龙骧将军护镇蛮校尉、宁州刺史"。

⑪ 南宁州：旧州名，今曲靖市。本三国蜀汉建宁郡，晋改宁州，亦称南宁州。爨云：万历《云南通志·人物志》，"爨云，建宁郡人。仕魏，累官骠骑大将军、开府仪同三司、南宁州刺史，封同乐郡侯"。

皆显于南土者，未知其孰为东、西爨也。至梁，有侯景之乱^①，南宁州刺史徐文盛^②，募群蛮数万赴荆州^③，西爨爨瓒遂据有牂牁、兴古等郡^④。朝廷不得已，以为宁州刺史。瓒死，子翫分统其众^⑤，翫为昆州刺史。一曰翫，松子之子也。隋开皇中^⑥，翫遣使朝贡，未未几叛，史万岁击之^⑦，已而入朝见戮，没其子宏达为奴^⑧。唐祖开基^⑨，乃宥宏达，仍袭昆州刺史。时益州刺史段纶^⑩，遣使俞大施至南宁，治共范川^⑪，诱诸部皆纳款贡方物，于是两爨始定。

贞观初，宏达死，以其子归王为南宁州都督^⑫，居石城^⑬，袭杀东爨首领盖聘及子盖启，徙共范川，归王仍兼昆州刺史。时先后为昆州刺史者，武后时爨乾福^⑭，明皇时爨祺^⑮，未知与归王何属也。

---

① 侯景之乱：侯景、南北朝朔方人，字万景。初为后魏尔朱荣将，及高欢讨尔朱崇氏，归欢，降附西魏。欢疾笃，召景，景虑被祸，遂降梁，梁武帝封景为河南王。旋举兵反，围建康，陷台城，武帝被困饿死。景立简文帝，复弑之，自立为汉帝。陈霸先与王僧辩合力讨平之，史称侯景之乱。

② 徐文盛：事见《梁书·徐文盛传》。

③ 荆州：旧州名，汉置，约当今湖北省。此处指徐文盛统兵所至的武昌一带地方。

④ 爨瓒：《新纂云南通志·汉至元耆旧传》，"爨瓒、南宁州人。梁武帝时，南宁州刺史徐文盛感召赴荆州，瓒据其地，延袤二千余里，北周遥授瓒为刺史"。

⑤ 翫元：爨翫，爨瓒震，震子翫，爨翫乃爨瓒孙也。此处言"瓒死，子翫统其众"，有误。事见《新纂云南通志·族姓考·爨氏世系》。

⑥ 开皇：隋文帝年号。开皇共20年（公元581至600年）。

⑦ 史万岁：隋朝行军总管史万岁率兵平定爨翫叛乱，见《隋书·史万岁传》。

⑧ 宏达：爨翫子。《唐书·南蛮传》："翫惧而入朝，文帝诛之，诸子没为奴。高祖即位，以其子弘达为昆州刺史，奉父丧归。"

⑨ 唐祖：唐高祖李渊。

⑩ 益州：汉置，唐因之，治成都，辖地包括四川南部及云南滇中地区。

⑪ 共范川：旧地名，属旧南宁州。

⑫ 归王：爨归王，宏达子。

⑬ 石城：旧地名，在今曲靖市北二十里。

⑭ 武后：唐武则天皇后。

⑮ 明皇：唐玄宗谥至道大圣明孝皇帝，后世因称为唐明皇。

天宝中，两爨都大，大鬼主、南宁州司马、威州刺史爨崇道①，与弟日进、日用，居安宁城左，闻章仇兼琼开步头路，筑安宁城，群蛮震骚，共杀筑城使者②。元宗诏南诏皮逻阁讨之③，师次波州④，归王及崇道兄弟千余人泥首谢⑤，诏赦其罪，帝赐归王、崇道及安南首领岿州刺史爨仁恶、姚州守领左威将军爨彦征书以慰之⑥。俄而崇道杀日进及归王。归王妻阿姹，乌蛮女也⑦，走父部乞兵相仇，于是诸爨乱。阿姹遣使请皮逻阁求杀夫者。书闻，诏以其子守隅为南宁州都督，皮逻阁以女妻之，又以一女妻崇道子辅朝，然崇道、守隅相攻讨不置。阿姹诉皮逻阁，为兴师、营昆州，崇道走黎州⑧，遂虏其族，杀辅朝，收其女，崇道俄亦被杀，诸爨稍离弱。阁逻凤立，召守隅并妻归河赕⑨，不通中国。阿姹自主其部落，岁入朝，思赏藩厚。

阁逻凤遣使杨牟利以兵胁西爨，徙户二十余万于永昌城。东爨以言语不通，多散依林谷，得不徙。又爨蛮之西，有徒莫祇蛮、险

① 大鬼主：唐樊绰《蛮书》，"（东爨乌蛮）大部落有大鬼主，百家、二百家，小部落亦有小鬼主"。威州：旧州名，唐时南诏置，今楚雄彝族自治州。爨崇道，爨归王兄之子，为南宁州大鬼主。

② 共杀筑城使者：《新纂云南通志·族姓考·爨氏世系》，"节度使章仇兼琼奏遣越嶲都督竹灵倩开步头道，筑安宁城以通安南路，赋重役繁，政荷人弊，诸爨遂共陷杀灵倩，兼破安宁"。

③ 皮逻阁：即蒙归义，南诏首领。

④ 波州：旧州名，唐置，今祥云县。

⑤ 泥首：顿首至地称为泥首，表示服从。谢：谢罪。

⑥ 安南：旧府名。《新纂云南通志·地理考》，"安南废城在开化府西一百四十里"。岿州：旧州名，唐羁縻州，当今文山壮族苗族自治州。姚州：旧州名，唐置，故城在今姚安县北。

⑦ 乌蛮：即东爨乌蛮，所居地在云南东北部及四川西南部。黑爨蛮、黑罗罗等皆其族，今称彝族。

⑧ 黎州：旧州名，唐置，故城在今华宁县境内。

⑨ 阁逻凤：皮罗阁子。天宝中，边臣以事激怒南诏，阁逻凤发兵攻陷云南，遂与唐绝，北臣吐蕃，吐蕃号之为东帝，大历中卒。河赕：南诏时地名，在今大理洱海滨。

望蛮①，南有东谢蛮、南谢蛮、西谢蛮等②，皆隋末唐初分据滇中者，大抵皆爨类。而爨归王于贞观初承袭，死于天宝中，计其年不下百四五十岁，比南越王赵佗③尤为奇异。

自西爨徙于永昌，其存者惟东爨，其部长正妻曰耐德，非所生不得继职。耐德无子，或子早夭，始及庶出，无嗣则立妻女。死以豹皮裹尸，而焚葬其骨于山，非骨肉莫知其处。多养死士，名曰苴可，厚赡之。每出兵，则苴可为前锋。军无行伍纪律。战则蹲身，渐进三四步，乃挥标跃起。人挟三标，发其二，必中二人，其一则以击刺，不发也。又有劲弩毒矢，饮血即死。以射禽兽，去疮毒处而食之。称部长曰撒颇，华言主人也。性憨而恋主。诸酋长果于杀戮，每杀人，止付二卒携至野外，掘一坑，集其亲知，泣别痛饮彻夜。昧爽④，乃斩其头，推坑中。复命，更使二卒勘之，乃许收葬。虽素昵者，欲杀即杀，勿敢丐者，其家人亦莫敢怨。用法严，诛求无厌。蛮长有庆事，令头目入村寨，计丁而派之⑤。游行所至，阖寨为供张⑥，少长出，罗拜马前。邻寨在数十里内者，皆以鸡黍馈。无以应诛求，往往潜出他郡。劫掠所得，头目私分之。官府檄下督责，则缚数人应命，其大概然也。故号鹿卢蛮，讹为倮罗，一曰罗罗。今罗罗之种数亦颇繁矣，因其种类而次第纪之于后焉：

---

① 徒莫祇蛮：旧种族名，亦作求徒莫柢。俭望蛮：旧种族名，亦作俭望。《旧唐书·地理志》傍州下注云："贞观二十三年，诸蛮求徒莫柢、俭望二种落内附，置傍、望、求、丘、览五州。"按：傍、望、丘、览四州俱在今楚雄市境内。求州在今玉溪市境内。

② 东谢蛮、南谢蛮、西谢蛮：俱旧种族名。东谢蛮地在应州（今贵州德江县境），南谢蛮、西谢蛮地在庄州（今贵州思南县境）。

③ 南越王赵佗：真定人。秦始皇时为南海龙川令。二世时，摄南海尉。秦末，佗击桂林、象境，自立为南越武王。汉高祖立，遣陆贾立为南越王，至武帝建元四年始卒。

④ 昧爽：天将明未明时称昧爽。

⑤ 派：摊派，分担。

⑥ 供张：亦作供帐，陈设供给一切日常需用的物品饮食。

　　白罗罗者，裹头跣足，著两截衣。妇人耳带铜环，衣如袈裟，以革带系腰。丧无棺，缚以火麻①，裹毡，竹床舁之。前导七人，甲胄，枪弩四方射，名禁恶止杀②，焚之于山。鸣金执旗，招其魂，以竹裹絮，置小篾笼悬床间，如神主③。五月二十三日，列笼地上，割烧豚，侑以酒食，诵夷经，罗拜以祭之。婚姻惟其种类，以牛马为聘。及期，聚众讧于女家，夺其女而归。性窳惰淫湎④，信鬼蓄蛊。以手量裙边，投麦于水，验其浮沉，以当占卜。白罗罗于夷为贱种，亦随处异名，江川、大理、姚安曰撒马都，楚雄曰洒摩，永昌曰撒马朵，大抵寡弱易治之夷也。

　　其难治者惟黑罗罗，其俗男子挽发，以布带束之，耳圈双环，披毡佩刀。妇人头蒙方尺青布，以红绿珠杂海贝、珲璂为饰⑤。着桶裙⑥，手带象圈⑦，跣足。在夷为贵种，凡土官、营长，皆黑罗罗也。土官服虽华，不脱夷习。其妇以采缯缠首，带金银大耳环，服锦绮，曳地尺余，然披黑羊皮于背，饰以金银铃索。男事耕牧，高冈硗陇⑧，必火种之⑨。顾不善治水田，所收荞、稗无嘉种⑩。其畜马、羊，多者以谷量。女子能织羊毛为布，植木于地，维经于木⑪，跣足坐地⑫，贯杼而纬之，最巧捷。幅宽五六寸，染之似

---

①　火麻：又称大麻或黄麻。

②　禁恶止杀：杀同煞。夷人谓人死有恶煞神为祟，发枪弩四射，则可禁止恶煞也。

③　神主：又称木主。立术以栖死者神灵，以为死者所凭依。

④　窳（读若禹）惰淫湎：意为懒惰而沉于酒色。

⑤　珲璂：珲同轩，独轮车也。璂同璩，玉之环形者。珲璂即圆形饰物。

⑥　桶裙：明田汝成《炎徼纪闻》，"以布一幅，横围腰间，旁无襞绩，谓之桶裙"。

⑦　象圈：象牙手镯。

⑧　高冈硗陇：高峻的山冈和瘠薄的土丘。

⑨　火种：于田间焚烧草木，以为肥料，并除杂草，以利种植，称为火种。

⑩　荞：荞麦。《本草纲目·荞麦》时珍曰："荞麦之茎弱，而翘然易长易收，磨面如麦，故曰荞、曰荍，而与麦同名也。俗亦呼为甜荞，以别苦荞。"稗：《本草纲目·稗》时珍曰，"稗，处处野生，最能乱苗。其茎叶穗粒并如黍稷'"。

⑪　维经于木：把经线系在木杆上。

⑫　跣足：盘足。

罽①。其富者辄推为土司，雄制一方。耕其地者，直呼为百姓，土司过，必跪谒。奉茶烟，必跪进。或献鸡酒，或炮豚，虽不食，必供之。其极重则具马镯②，不然，即逐之。每曰："汝烧山吃水在我家，何敢抗我？"其婚姻犹诸夷，兄死妻嫂，尝有一妇而递为兄弟四五人之妻者。妇拥夫资，不欲他嫁，则招夫，谓之上门，即能专制，所有亲族不得过问。其耕山，男女和歌相答，似江南田歌。所居多为楼，楼下煤熏，黑逾黝漆，其光可鉴。扫地必择日，粪秽丛积，不俟日，不敢拚除。贵宾至，以松叶席地，自门径至堂室，履之清滑可爱。贵者屋以瓦，次则板，次则茅，如汉俗不大远。多有姓氏，其同姓者，不必亲种类，或久居相爱，即结为同姓，叙伯仲。死以火化，同诸夷。惟神主或以金银叶为之，葬于一处，或高冈之上，叙昭穆次第③，并无坟冢，惟指悬岩曰，此吾祖茔。有侵之，亦控诉纷纭。值冬节，歌舞宣淫，而平素弟妇见兄公④，必肃立低头，不敢仰视，其谨如此。然富者多聘汉儒为师，习六艺⑤，补博士弟子⑥。次则学为吏典⑦，衣服官带如汉仪，讳言其夷。丧葬多如汉礼，累世相承，无复侏僪之习⑧，不辨其为乌蛮矣。夷性畏鬼，多禁忌。亦有效汉葬，而裔不昌，群诮之，复以夷法葬。其焚尸也，贵者裹以虎皮，贱者以羊皮，执役者必其百姓。其市以牛

---

① 罽：毛织布。

② 马镯：马铃。

③ 昭穆：古代宗庙祖位次第，以昭、穆分，父为昭，子为穆，孙复为昭，如此顺序排列。此处意为按辈分大小次第。

④ 兄公：夫兄、伯兄。

⑤ 六艺：古称礼、乐、射、御、书、数为六艺。亦有以《易》《诗》《书》《春秋》《礼》《乐》六经为六艺。此处泛指汉人儒书。

⑥ 博士弟子：汉武帝始置太学，设博士官，置弟子五十人，由太常选民十八以上，仪状端正者补博士弟子。此处指考中秀才，入学读书。

⑦ 吏典：吏，官吏。典，典章制度。吏典意为做官吏的知识技能。

⑧ 侏离：西夷乐名，亦作形容蛮夷言语声音之辞。此处意为蛮夷。

街、狗街①，其约以木刻，大略与诸夷不相远云。

其撒弥罗罗者，男挽发如髽②，长衣短裈③，妇衫裳俱短④。拙于治生，不敢盗贼。山居耕瘠贩薪，水居捕鱼自给。

妙罗罗者，皆土蛮官舍之裔也⑤。或称火头，或称营长，或称官娜，与诸种异。耳环，服梭罗布。妇女衣胸背妆花，前不掩胫⑥，后长曳地，衣边弯曲如旗旒，无襟带。上作井口，自头笼罩而下，桶裙细褶。丧则合寨醵金为助。所居茅舍，中堂作火炉，父子妇姑，围炉而卧。惧棰挞而不畏死。祭以羊豕，捶死不杀。男女皆跣足，每踏歌为乐，则着皮屦。男鹊帽襞积衣⑦，吹芦笙。女三尖冠，衣缉衣⑧，跳舞而歌，各有其节。又称倮落蛮，又称白脚罗罗，以白布束胫故也。

阿者罗罗，衣服略与乌蛮同，婚丧如白蛮，但耳环独方耳。婚以牛聘，负女而归。耕山捕猎，性好迁徙。

干罗罗者，婚嫁尚侈，诸种人所不及。丧以牛皮裹尸，束锦而衣之以薪。每食，插箸饭中，仰天而祝，以为报本。好勇喜斗，不通华言。

鲁屋罗罗，服饰类乌蛮，别为一种。出挟矛盾，性尤狰狞。

撒完罗罗，在黑、白二种之外，勤于耕作，捕虫豸及鼠而食。

海罗罗，亦名坝罗罗，土人呼平原为海，或呼坝，故名。与汉杂居，居食衣服，悉与汉同，惟与同类仍作夷语。居家俭朴，情性和纯，且知读书。

---

① 牛街、狗街：民间以十二畜配合十二地支，如子为鼠、丑为牛、寅为虎等，遇戌日集市称狗街。

② 髽：同髻，挽髻于顶也。

③ 裈：裤。

④ 衫：上衣。裳：下衣，即裙。

⑤ 土蛮官舍：蛮夷头目称土官，次者称土舍。

⑥ 胫：膝下至踵为胫。

⑦ 鹊帽：帽如鹊形。襞积衣：衣服折叠为花饰。

⑧ 缉衣：以麻织成的衣服。

阿蝎罗罗者，树皮为屋，身披羊皮，种荞麻，不知尊卑长幼。

葛罗罗者，性犷悍，以死为勇，好猎。亦带耳环骨簪，俗同乌蛮，但袍裙稍短。

罗婺，亦称罗武，又称罗午。男子髻束高顶，戴笠披毡，衣火草布，即火麻也。麻生山中，缉而织之，粗恶坚致。或为囊橐以盛米麦。妇女辫发，两绺垂肩，饰以珂瑮缨络。方领黑衣，长裾跣足。居林阜牧养，屋无床榻而卧。婚姻喜庆，结松棚会宴。葬用火化。腰刀长枪，行坐不释，嗜酒好斗，狡猾难治。按此即乌蛮也。在本处谓黑罗罗，徙他处为罗婺。盖罗婺者，乌蛮之远祖，居禄劝之幸丘山①，故其种因以为名。

又有摩察者，亦黑罗罗也。木弓药矢，射无不获。他处凶悍，惟本处者柔善。一曰木察，一曰麦岔。聘以牝牛，吹笙饮酒，担柴荷蕡②，治生勤苦。

又有罗面者，肩担背负，采薪拣菌，贸易盐米，耕种山田，皆乌蛮之类也。故其类虽分，总为爨蛮。

僰

僰道③，于汉为县，故侯国也。其县遗民，故为僰人，始与滇并称。汉时多出僮仆④。僰夷一名摆夷，又称白夷，盖声近而讹也。性耐热，居卑湿僰下，故从僰从人。西南则惟僰为盛，迤西宣

---

① 幸丘山：康熙《云南通志·山川》，"幸丘山在（禄劝）州北二百里。四面陡绝，顶有三峰，可容万家。昔为罗婺寨，上有天生城"。

② 蕡：即今称之背篓，以草或竹编成，可盛物。

③ 僰道：旧县名，汉置。地在今四川省宜宾市西南。

④ 僮仆：奴婢。全句意为在汉时多有僰地的奴婢。

慰所统尽僰夷①。其称宣慰曰昭华，其官属叭孟、昭录、昭纲②。叭孟领军民多至数十万，昭录亦万余人，昭纲千人，递减至十人，其近侍亦领数百户，皆听其使，食其赋，取用无制，上下僭奢。微名薄职，辄系钑花③。金银宝带。官民皆冠箸叶④，顶金玉珠宝，悬小金铃，遍插翠翎⑤，后垂红旄⑥。贵者衣纻丝、绫锦⑦，饰金花钿⑧。出则坐象，以眼镜十数络象首⑨，银铃钉为缘。象鞍三面以铁为栏，藉茵悬象铃⑩。象奴一人⑪，铜帽花裳，执长钩制象，为疾徐之节，招遥于道。相见合掌为敬⑫。敬于己者则跪拜，有所论则叩头受之，虽贵为叭孟，见宣慰莫敢仰视。凡有问对，则膝行而前，三步一拜，退亦如之。贱见贵，少见长皆然。侍贵人侧，或过其前，必躬身趋。筵宴则贵人上坐，僚属以次列坐于下，有十客则令十人行酒。酒初行，乐生一人大呼，众和之，如此三。既就坐，先进饭，次具醪馔有差⑬。食不用箸，每客一卒跪坐侧，持木瓶盥帨⑭，凡物必祭而后食。

---

① 迤西：此处泛指云南西部地区。宣慰：明清于边地置宣慰使司，以土酋世袭，称宣慰使，为土职中的最高职位。

② 昭华、叭孟、昭录、昭纲：俱傣族土官名称。称宣慰曰昭华，言主人也。其官属有叭孟、昭录、昭纲，递相臣属。叭孟总统政事，昭录领万余人，昭纲领千人，递减至十人。

③ 钑花：镂刻花纹的金银饰物。

④ 冠箸叶：箸，竹的一种。以箸叶编制为冠，夷称箸叶冠。

⑤ 翠翎：翠鸟的翎羽。

⑥ 红旄（读若帽）：如矛头所饰的红色垂毛，俗称红缨。

⑦ 纻丝：纻麻与蚕丝织成的细布。绫锦：有花纹的细布。

⑧ 金花钿：妇女所戴于发上的钿花，又作金华钿。

⑨ 以眼镜十数络象首：诸本皆同。按康熙《云南通志·种人》僰夷条及雍正《云南通志·种人》僰夷条均作："象首十数银镜为络。"银镜，意为以银制成似镜的圆片。此处"眼镜"疑误。

⑩ 藉茵悬象铃：茵，车中褥也。全句意为象背上垫着坐褥悬挂着铃。

⑪ 象奴：豢养象的人。

⑫ 合掌：佛家敬礼，两掌相合，称为合掌，亦称合十。

⑬ 醪馔：酒肴。

⑭ 盥帨：帨：手巾。盥帨即洗手后使用的拭手巾。

乐有三：曰僰夷乐、缅乐、车里乐。僰夷乐有筝、笛、胡琴、响琖之类[1]，歌中国之曲。缅乐者，缅人所作，排箫、琵琶之类[2]，作则拍手而和。车里乐者，车里人所作，以羊皮为三五尺长鼓，以手拍之，间以铙鼓、拍板[3]，与中国僧、道之乐无异。乡村饮宴，则击大鼓，吹芦笙，舞牌为乐。无中国文字，小事则刻竹木为契，如期不爽。大事书缅字为檄[4]，无文案[5]。城池因高山为寨[6]，无仓廪租赋，每秋冬，遣亲信往各甸[7]，计房屋，征金银。其法，杀人与奸者皆死，盗窃一家死，为寇一村死。道不拾遗。军民无定籍，每三五人充军一人，正军谓之昔刺，犹言壮士。昔刺执兵器，余负荷共饟师行[8]，军在前，夷长在中，饷馈在后。进退不一，而号令不紊。倚象为声势，每战，以绳自缚象上。悍而无谋，胜则骄惰争功，负则逃窜山谷。驿路无邮传，一里半里许，构小草楼，五人守之，千里有报，闻在旦夕。公廨与民居无异，虽宣慰亦止楼数十间，上覆以茅。用陶瓦者，辄有火灾。民间器皿，多以陶冶。孟艮

---

① 筝：乐器名。清朱骏声《说文通训定声》："筝，古五弦施于竹，如筑。秦蒙恬改十二弦，变形如瑟，易竹以木。唐以后加十三弦。"笛：乐器名。《风俗通》曰："汉武时丘仲所造。长尺四寸，七孔。"胡琴：乐器名。《中文大辞典》："因其制传自北方，故称胡琴。以竹为筒，冒以蛇皮，上设短柄，约长尺许。柄末穿二横孔，贯以二轴。自轴至筒绾二弦，另以弓张马尾纳二弦间，摩擦发声。"响琖：乐器名。琖，酒杯。响琖疑为以杯相击的一种乐器。金、元有乐器名响琖，觡即琖字，或即一物。

② 排箫：乐器名。《中文大辞典》："排箫，乐器。古仅称曰箫。编竹为之，大者二十三管，小者十六管，按律排于椟中，故称排箫。"琵琶：乐器名。《中文大辞典》："琵琶，乐器也。四弦之乐器，以桐木制。下部长圆形，上部弯曲。今有用六弦者。"

③ 铙鼓：乐器名，亦作铙鼓。《范志·志器》："铙鼓，瑶人乐，状如腰鼓，腔长倍之，上锐下侈，亦以皮鞔植于地，坐拊之。"拍板：乐器名。《通典》："拍板、以木为之，长阔如手，重十余枚，以韦连之，击以代抃。"

④ 檄：文书，记载。

⑤ 文案：文书底稿，档案。

⑥ 寨：营垒，城堡。

⑦ 甸：地方，区域。此处指土酋所属的村寨。

⑧ 饟师：供应军人食物。

等处①，则有漆器，甚精。其长金珔璩、琉璃等器，其下亦以金银为之。凡部长出，象马、兵戈及木榻、器皿、仆妾、财宝之类皆从，辄数百人，随意宴乐，小民苦之。

男贵女贱，虽小人奴视其妻，耕织、贸易、徭役皆妇人，虽老不得息。凡妻生子，贵者浴于家，贱者浴于河，三日后，以子授夫，耕织自若。头目之妻百数，婢亦数百，少者数十，庶民亦数十妻，无忌妒之嫌。官民皆髡首黥足②，不髡则杀之，不黥则众嗤之曰妇人也。妇人绾独髻脑后，以白布裹之，窄袖白衫，皂布桶裙，贵者锦绣，跣足。凡子弟有职名③，则受父母跪拜。死则妇人祝尸④，亲邻数百，饮酒作乐，歌舞达旦，谓之娱尸。妇人群聚击碓杵为戏。数日而后葬，一人持火刀前导，至葬所，以板数片瘗之⑤，坏素所用器，悬于墓侧，是后绝祭扫之礼。

今禄劝之摆夷最弱，不能如迤西有名号风俗之盛。即他郡邑摆夷，俗亦略同。其最怪者，能为鬼魅，以帚系衣后，亦变形为象、马、猪、羊、猫、犬，立通衢，或直冲行人。稍畏避之，即为所魅，入腰中食其五脏，易之以土。知者遇其所变物而捶之，必复为人，夺其帚而糜之，即哀求以家资之半丐脱⑥。食中多置毒药，中多必不治。客娶夷女者，欲出，则问还期，或一二年，或三四年，女即以毒饵之。如期至，更以药解救，亦无他。若不尔，必毒发而死，所许还期，即死日也。其毒或以牛皮或石臼，随物咒而用之，至期，如物形胀而死。与外人交易爽约失信，及私窥其妻女者，必

---

① 孟艮：《清一统志》，"孟艮土府，东界车里，西界木邦，南界八百大甸，北界孟琏。旧名孟揑，又号帕诏。明初置府，土官刁氏世袭。后为木邦所并，嘉庆间附于缅，乾隆时设土司指挥使驻此"。

② 髡（读若坤）首：髡，剔也。髡首即剃发。黥（读若京）足：黥为古肉刑之一，刻面额等处，以墨涅之，故又称墨刑。此处黥足意为纹足。

③ 职名：官衔。

④ 祝尸：为死者祝祷，称为祝尸。

⑤ 瘗：埋葬。

⑥ 丐脱：请求脱免。

毒之。信实厚朴者，累出入亦无伤。其地高原旷野，土产槟榔，种苜如中国农桑，葩时杀犬洒血污之。此谓元江摆夷①，亦诞甚矣②。

俰 黑

俰黑③，俗同僰，而蜂、蛇、鼠、蛤无所不啖。然勤于耕作，妇人任力④，男子出猎，多居山箐间。

犤 喇

犤喇⑤，一名朴腊。婚丧同罗罗，而语言不通。蓬头跣足，衣不浣濯，卧以牛皮，覆用羊毡。

---

① 元江：水名，在云南境。上游名礼社江，经楚雄、新平、元江等地入越南，亦称富良江或红河。

② 诞：荒唐不经。

③ 俰黑：道光《云南通志稿·南蛮志》，"《旧云南通志》：'俰黑，顺宁有之，亦蒲僰之异派，其俗与僰人不甚相远'"。俰黑为今拉祜族之他称。

④ 任力：担任田间体力劳动。

⑤ 犤喇：道光《云南通志稿·南蛮志》，"《皇朝职贡图》：'犤喇一名扑喇，古蒲那九隆之苗裔。南诏蒙氏为寻甸部，至元初内附，今临安、广西、广南、元江四府均有此种。多居高山峻岭，男子束发裹头，插鸡羽，着青布衣，披羊皮，跣足。耕山种木棉，取禽鸟为生。妇青布裹头，青布长衣，常负瓜蔬入市贸易。其在王弄山者又名马喇，即其种类'"。朴喇为彝族的一个支系。

普　特

普特①，善渔，耐寒。舟不盈丈，而炊爨、牲畜、资生之具咸备。丹须蓬发，善没②，口啮手捉皆鱼也。

窝　泥

窝泥③，一曰斡泥④，一曰和泥，一曰糯比，一曰阿泥，一曰俄泥。男环耳跣足，妇花衫，锦绳辫发，贝珠盘髻，络青黄珠垂胸，裳无襞绩⑤，红黑纱缕缘左右边，以藤束膝。嫁数年无子，则出之。丧无棺，吊者锣鼓摇铃，头插鸡尾跳舞，名洗鬼，忽泣忽歌。三日，架松焚之而葬其骨。祭用牛羊，挥扇环歌，附掌踏足，以钲鼓、芦笙为乐⑥。食无箸，以手搏饭。勤生啬用⑦，集贝一百二十索为一窖，死则嘱其子："我生平藏贝若干矣，汝取某处窖，余留来生用。"

---

① 普特：道光《云南通志稿·南蛮志》，"《宁州志》：'性捕鱼，不事耕种、商贾'"。普特即今住居昆明西郊山区的撒尼，系彝族的一个支系。

② 善没：擅长潜入水中。

③ 窝泥：道光《云南通志稿·南蛮志》，"《皇朝职贡图》：'窝泥本和泥蛮之裔，南诏蒙氏置威远睑，称和泥，为因远部，明置元江府。东至元江，南至车里，西至威远，北至思陀，皆和泥种，今云南临安、景东、镇沅、元江五府皆有之。其人深居山中，性朴鲁，面黧黑，编麦秸为帽，以火草布及麻布为衣，男女皆短衫长裤。耕山牧豕，纳粮赋。常入市贸易，亦有与齐民杂处村寨者。其俗，女适人，以藤束膝下为别，娶妇数年无子则出之。祭祀宴会击钲鼓、吹芦笙为乐'"。窝泥今为哈尼族。

④ 斡泥：原作"干泥"，据康熙《云南通志·种人》及雍正《云南通志·种人》改。

⑤ 襞绩：衣裳折缝。

⑥ 钲鼓：铃和鼓。

⑦ 勤生啬用：勤于生产，但节俭吝啬。

黑　铺

黑铺①，俗与阿泥同，而言语微异。性巧慧，善作宫室②。编竹为器，备极精巧，汉人莫能及。男多黧黑，妇微白。上下相接皆有礼。畜养山羊，不食羊肉。夷之最善者也。

拇　鸡

拇鸡③，蓬头椎髻④，标以鸡羽，形貌丑恶，妇人尤甚。挽髻如角向前，衣文绣⑤，短不过腹。垂缨络⑥，自项及胸。迁徙无常，居多竹屋。耕山食荞，暇时射猎，捕食猿狙⑦。佩利刀，负强弩毒矢，伺隙剽窃。夷之狠恶者也。

---

① 黑铺：雍正《云南通志稿·种人》，"黑铺，元江有之"。道光《云南通志稿·南蛮志》，"《新平县志》：'性类摆夷，怕见汉人。形容最黑，不应赋役'"。黑铺为哈尼族的一个支系。

② 宫室：此处泛指房屋。

③ 拇鸡：道光《云南通志稿·南蛮传》，"《皇朝职贡图》：'拇鸡，其先隶东爨部落，元时随诸蛮归顺，临安、开化二府皆有此种。在宁州王弄山者，形貌狞恶，在蒙自者侏偶卉服，皆辖于流官，居多负险，以竹为屋，迁徙无常。男子椎髻，插鸡羽，短衣跣足。妇女项垂缨络，短衣长裙，缘以锦绣。俗好斗，性愚而诈。佩刀负弩，捕生物即食。有占卜，用鸡骨。耕山种荞，输税'"。《开化府志》："白拇鸡朴直小心，不能受屈。种旱稻、杂粮、棉花等物。居瘴地，衣服自为织染，饮食更属淡薄。婚不用媒，财礼以牛，多至五六只。丧不用棺，无论山坡，俱横葬。黑拇鸡性如桀兽，居必负险，出入挟弓矢，卧以牛皮。四季用炉，以度长夜。小隙则数世必报，大德若忘。种荞为食，多居王弄、安南二里。"拇鸡与蒲剌相近，为彝族的一个支系。

④ 蓬头：乱发如飞蓬。椎髻：发髻结出锥形。

⑤ 衣文绣：穿着绘或绣有花纹的衣服。此处泛指有花纹的华丽衣服。

⑥ 缨络：一作璎珞。五色彩缕，或缀珠玉以为服饰。

⑦ 猿狙：猿类，甚狡黠，或谓即长臂猿。

么 些

么些①，俗不頯泽②。以绳缠头，耳带绿珠，妇人布冠。好畜牛羊，勇厉善骑射。狄短刀，少不如意，鸣钲鼓相仇杀③，妇女投场和解④，乃罢。俗俭约，饮食疏薄。岁暮，宰杀邀请，一客不至，则为深耻。正月五日，登山祭天。人死，以竹箕舁至山下，无贵贱皆焚之。《余记》⑤：性惰而淫，不善治生，倾家施佛。得喇嘛之片纸，易以数十金，至奉其粪溲以供拜，攀其马尾以试目，谓可却疾。

① 么些：亦作么夿。道光《云南通志稿·南蛮志》："《皇朝职贡图》：'么些蛮，宋时其长蒙醋据丽江，元初平之，置茶罕章宣慰司。明以木氏为土知府，今丽江、鹤庆二府皆有之，居处与齐民相杂。性淳朴，语多缺舌，男子剃发，戴毡帽，著大领布衣，披羊皮。其读书入学者，衣冠悉同士子。妇女高髻，戴漆帽，耳缀大环，短衣长裙，力作勤苦。俗以正月五日登山祭神。土宜养种，岁输粮赋'"。么些今称纳西族。
② 頯（读若诲）泽：以水盥洗也。
③ 钲鼓：此处意为鸣金击鼓。
④ 投场：到现场。
⑤ 余记：指清余庆远《维西闻见录》。原文云："其人悉性惰而淫，敬佛信鬼，而不善于治生……喇嘛之长至，则头目率下少长男女礼拜，视家所有布施。家贫，虽釜俎之属，取之以奉。西藏大喇嘛至，礼拜布施益盛。得其片楮只字，以数十金计，贫者得其粪溲，奉之家中佛龛，焚香而拜。或伏于道左，俟其过，举其马尾以拭目，谓可却疾。"

力 些

力些①，一名傈苏，一名栗粟，一名傈僰，有生、熟二种。囚
首跣足②，麻衣毡衫，毳带束腰③，妇女裹白麻布。善弩，发无虚
矢。每令其妇负小木盾④径三四寸者前行，自后发弩，中其盾而妇
无伤。以此制服西蕃。《余记》⑤："喜居绝顶，收获酿饮，数日尽
之。以猎为食，刚狠好杀，夷中最劣。"现在维西跳梁者⑥，即是
此种。

土 人

土人⑦，絮袄皮带⑧，饥则紧紧缚之。系刀弩，妇披毡毳⑨。姻

---

① 力些：道光《云南通志稿·南蛮志》，"《皇朝职贡图》：'傈僳，相传楚庄桥
开滇时便有此种。无部落，散居姚安、大理、永昌四府。其居六库山谷者，在诸夷中为最
悍，其居赤石崖、金江边地与水江连界者，依树木岩穴，迁徙无常。男人裹头，衣麻布，
报出衫，佩短刀，善用弩，发无虚矢。妇女短衣长裙，跣足，负竹筐出入。种荞稗，随地
输赋"。力些即今傈僳族之他称。
② 囚首：头不栉发如囚犯。
③ 毳（读若翠）带：细毛组成的带子。
④ 盾：护身器。此处意指小木板。
⑤ 余记：指清余庆远《维西闻见录》。原文云："喜居悬崖绝顶，垦山而种，地瘠
则去之，迁徙不常。收获则多酿为酒，昼夜沉酣，数日尽之。粒食罄，遂执劲弩药矢猎。
登危峰石壁，疾走如狡兔，妇从之，亦然。"
⑥ 跳梁；形容谋反者的跛扈情状。《汉书·萧望之传》："今羌虏一隅小夷，跳梁
于山谷间。"《新纂云南通志·大事记》："仁宗嘉庆四年八月，维西力些藤鲊蜂纠众作
乱，总督琅玕驻剑川集兵剿之。"
⑦ 土人：康熙《云南通志·种人》，"土人在武定府境"。土人疑为土僚的别称，
待考。
⑧ 絮袄：内充棉絮的短冬衣。
⑨ 毡毳：毛织物。

亲以牛羊、刀甲为聘，新妇披发见舅姑①。性刚劣，不能华言。有争者，告天，煮沸汤投物，以手捉之，屈则糜烂②，直则无恙。耕田弋山③，寅、午、戌日④，入城交易。

土　僚

土僚⑤，男子裹青帨⑥，服白麻衣，领上缀红布一方，妇人冠红巾，衣花绣。性悍戾，屋庐与僰人同，以冬朔为岁首⑦。

---

①　舅姑：《尔雅·释亲》，"妇称夫之父曰舅，称夫之母曰姑"。
②　糜烂：毁伤遗坏。
③　弋：《凸氏存秋·处方》，"韩昭厘侯出弋"。注云："弋，猎也。"
④　寅、午、戌日：旧以十二地支配十二畜名以计日，寅为虎，午为马，戌为狗，逢此三日，为集市日期。
⑤　土僚：道光《云南通志稿·南蛮志》，"《皇朝职贡图》：'士你，一名土老，亦名山子。相传为鸠僚种，亦滇中乌蛮之一，从蜀、黔、粤西，流入滇境，散居临安、澄江、广西、广南、开化、昭通等府，与齐民杂居。男子首裹青帨，著麻布衣，常负竹笼，盛酒食，入市贸易。妇女高髻红巾，缝花布方幅于短褐，其治生最勤。生子，置水中，浮则养之，沉则弃之，今俗亦渐革矣。鼓噪而祭，谓之迓福。其土宜杂粮，输租赋'"。土僚为今壮族的别称。
⑥　青帨：青色的佩巾。
⑦　冬朔：旧称农历十一月为冬月，十一月初一日为冬朔。岁首：一岁之始。

怒 人

怒人①，男子发用绳束，高七八寸，妇人结布于发。刚狠好杀，余与么些同。《余记》②："无盐，无马骡，无盗，路不拾遗。非防虎豹，户可不闭。性怯而懦，僳僳侵之，因内附，受约束，知法历③，非刚狠好杀者。"

扯 苏

扯苏④，一名车苏。山居无陶，木片覆屋，耕种荞麦，皮履布

---

① 怒人：道光《云南通志稿·南蛮志》，"《皇朝职贡图》：'怒人以怒江甸得名，明水乐间，改为怒江长官司。其部落在维西边外，过怒江十余日，环江而居。本朝雍正八年归附，流入丽江、鹤庆境内，随二府土、流兼辖。性猛悍，以弓矢射猎。男子编红藤勒首，披发，麻布短衣，红帛为裤而跣足，妇亦如之。常负筐持囊，剧黄连，亦知耕种。以虎皮、麻布、黄蜡等物由维西通判充贡。'《丽江府志》：'居怒江边，与澜沧相近。男女十岁后皆面刺龙凤花纹，见之令人骇异。妇人结麻布于腰，采黄连为生，茹毛饮血，好食虫鼠"。今称怒族。

② 余记：指清余庆远《维西闻见录》。原文云："怒子居怒江界内，连康普、叶枝、阿墩之间迤南地，名罗麦基，接连缅甸，素号野夷。男女披发，面刺青文，首勒红藤，麻布短衣。男着裤，女以裙，俱跣。覆竹为屋，编竹为垣。谷产黍麦，蔬产薯蓣及芋，猎禽兽以佐食。无盐，无马骡，无盗。路不拾遗，非御虎豹，外户可不肩。人精为竹器，织红纹麻布，么些不远千里往购之。"

③ 法历：云南图书馆重刻本作"法律"，疑是。

④ 扯苏：道光《云南通志稿·南蛮志》，"《皇朝职贡图》：'扯苏，爨蛮部落之别种，朴陋似黑倮倮，而性较强悍，其归顺亦与黑倮倮同。今楚雄、普洱二府有此种。其居处多结板屋于山巅岩石间。男子束发裹头，著短衣，披羊皮，耕山输税。妇女短衣长裙，跣足，颇知纺绩。俗以牛毛占晴雨'"。扯苏亦作车苏，为彝族之他称。自称勒苏泼、撒泼、车苏泼。

衣，木器锡饰①。

山　苏

山苏②，亦同扯苏，能制竹器，入市易米。出常持弩，射禽炙食。男子披发跣足，妇人挽髻蒙头，夷种之最苦者也。

侬　人

侬人③，与僰夷同。布席④，脱履后登。甘犬嗜鼠⑤。妇人短衣长裙，男子首裹青帨。长技在铳，盖得之交趾。刀盾枪甲，寝处不离，日事战斗，蛮之最悍者也。

---

① 木器锡饰：康熙《云南通志·种人》及雍正、道光诸旧志均作，"器以木，摆锡为饰"。

② 山苏：雍正《云南通志·种人》，"山苏在临安诸处，潜居深山，板片为屋，种荞稗为食。能制竹器，入市易米。出常持弩，射禽炙食。种麻为衣，男子披发跣足，妇人挽髻蒙头，诸夷惟此种最苦"。道光《云南通志稿·南蛮志》，"《新平县志》：'婚无媒妁，不论寒暑，晚则架柴火一炉，男妇围而卧之'"。山苏亦作车苏，盖名异而实同，为彝族之他称。

③ 侬人：道光《云南通志稿·南蛮志》，"《皇朝职贡图》：'侬人，其土酋侬姓，相传为侬智高之裔。宋时地曰特磨道，明改广南府。本朝平滇，设流官，仍授侬氏为土同知，今广南、广西、临安、开化有此种。喜楼居，脱展而登，坐卧无床榻。男子以青蓝布缠头，衣短衣，白布缠胫。妇束发裹头，短衣密纽，系细折桶裙，着绣花履。性悍好斗，出则携镖弩。其类与沙人相似，岁纳粮赋……'《广南府志》：'性好奢侈，妇勤耕织，惯挑棉锦。婚姻则以歌唱私合，始通父母议财礼。病不医药，惟知祷神。'《开化府志》：'亲死，索食麻衣，土巫卜期火葬，不拘日月远近，岁终服即除'"。侬人亦作龙人，为壮族中的布侬支系，有甲州、龙江、龙降、傲人等称呼。

④ 布席：布，设置铺陈也。布席即以席铺地。

⑤ 甘犬嗜鼠：以狗肉为美味，并喜嗜鼠肉。

沙　人

沙人①，俗同侬人，而剽劲过之②。地产老杉，生悬崖千丈间，伐之多无全材，坚逾蜀产，俗称沙木是也。

蒲　人

蒲人③即古百濮④，一名普蛮，一名朴子蛮。首裹青红布，系青绿绦，多者为贵。手镯耳圈，膝系黑藤。刀弩长牌，饰以丝漆。徒跣登山，疾逾飞鸟。妇女挽髻脑后，带青绿珠，肩披桫椤布，以花

---

①　沙人：道光《云南通志稿·南蛮志》，"《皇朝职贡图》'沙人，安南土酋沙氏之裔，明初隶广南、广西府，屡不靖，沐氏讨平之。后土官沙定洲据会城，为李定国所擒。本朝顺治十五年平滇，与迤东各郡同时归顺，岁输粮赋。散处广南、广西、曲靖、临安、开化等五府，其居多在高山深箐，名曰掌房，寝无衾枕，坐牛皮中，拥火达旦。以耕渔射猎为生。出入带刀弩，性狡而悍。男女衣饰，颇类齐民'。《罗平州志》：'器用木，婚丧以牛为礼，死用薄棺葬，女媳盛妆罗立，曰站场。毕，舁于野，焚而掩之。病不医药，惟事卜鬼，占吉凶，另有《卦书》'"。沙人为壮族中布衣，雅布衣支系。

②　剽劲：剽悍强劲。

③　蒲人：道光《云南通志稿·南蛮志》，"《皇朝职贡图》：'蒲人即蒲蛮，相传为百濮苗裔，宋以前不通中国。元泰定间始内附，以土酋猛氏为知府。明初因之，宣德间改土归流，今顺宁、澄江、镇沅、普洱、楚雄、永昌、景东七府有此种。居多傍水，不畏深渊，寝无衾榻，食惟荞麦。男子青布裹头，着青蓝布衣，披毡褐，佩刀跣足，妇青皮裹头，着花布短衣，长裙跣足。常负米入市，供赋税'。《顺宁郡志余钞》：'男子色黑貌丑，穿麻布衣，女子用青布裹头，戴篛帽，耳带大银环或铜圈。方音味喰，不解汉语。婚娶无礼文，惟长幼跳踏，吹芦笙，为孔雀舞。男以是迎，女以是送。到婚家，立标竿，竿上悬荷包锦囊，藏五谷银器，复取脂抹其竿使滑，令人难上，然后男女两家大小争止取之，得者为胜'"。蒲人即今之布朗族。

④　百濮：《左传》文公十六年，"麇人率百濮聚于选，将伐楚"。注云："百濮，夷也。"疏云："建宁郡南有濮夷，无君长总统，各以邑落自聚，故称百濮。"

布围腰为裙，系海贝十数。婚令女择配，葬用莎罗裹尸而焚之^①。不知荷担^②，以篓负土。或傍水居，不畏深渊，能浮以渡。见人不拜跪。寝榻，拳曲而卧。

古　宗

古宗^③，一作估宗，西番之别种，辫发百缕，披垂前后，经年不栉浴，栉必以牲祭^④。披长毡，织牦、羊尾毛为裳，妇人以青白磁珠与珓璔相杂悬于首^⑤。其食生肉、蔓菁、麳、稗^⑥。其在金沙江者辫发，杂以玛瑙、铜珠为缀^⑦。三年一栉，衣杂布革，束文花氎带^⑧，坡琵琶毡^⑨，富者至三四领，暑热不去。以板覆屋，俗尚勇力，善射，有番字经，以叶书之，祀神逐鬼，取而诵焉。性暴悍，

---

① 莎罗：即莎罗布。

② 荷担：以肩挑负物品。

③ 古宗：道光《云南通志稿·南蛮志》，"《皇朝职贡图》：'古宗乃古番别种，先为吐蕃部落，与滇西北接壤，流入鹤庆、丽江、景东三府。土流兼辖，与民杂居，男子戴红缨黄皮帽，耳缀银环，衣花褐，佩刀系囊，着皮靴，妇人辫发，以珊瑚、银豆为饰，着五色布衣裙，披花褐于背，足覆革靴。种青稞，牧牛马为生。颇知礼法，输赋惟谨'"。古宗即今之藏族。

④ 牲祭：杀牲祭神。

⑤ 磁珠：磁，同瓷。磁珠为烧磁如珠形的饰物。

⑥ 蔓菁：亦作芜菁。《新纂云南通志·物产考》："蔓菁属十字花科，一名芜菁，或云诸葛菜，《丽江府志》谓为复生菜，有红、白两种，今昆明市呼白者为小萝卜，红者为汉中萝卜，盖其形体与萝卜略同，惟供食之部乃其地下茎耳。"麳：大麦。

⑦ 玛瑙：《本草纲目·马脑》时珍曰，"按《增韵》云：'玉属也。'文理交错，有似马脑，因以名之"。《新纂云南通志·物产考》："玛瑙，色有各种，皆成缟状，常为葡萄形或乳房形。外部不透明，由乳石英、玉髓、碧玉混合而成，清溪河盛产之。鲁甸中区大杉背则产玛瑙珠，五色皆有。保山则有玛瑙岩，红白间杂。其化成碎块者，可供玩饰。"铜珠：铜制的圆珠。

⑧ 文花氎带：有花纹的细毛织带。

⑨ 琵琶毡：毛毡裁制为似琵琶形者，上窄下宽。

随畜迁徙。《余记》①："一妇妆饰值数百金。兄弟共妻，不共谓之不友，女家亦不许。习劳苦，善治生，以藏佛经为富。强悍难治，纠众互斗，喇嘛排解乃散"。

峨 昌

峨昌②，一名阿昌。性畏暑湿，好居高山，刀耕火种③。妇女以红藤为腰饰。祭以犬，占用竹，三十三茎，略如蓍④。嗜酒，负担，禽兽虫豸，皆生啖之。采野葛为衣⑤。无部长，杂居山谷，听土司役属。旧俗，父兄死则妻其母嫂，后罗板寨百夫长早正死⑥，其妻方艾⑦，自矢不失节，遂饿而死，其俗乃革。

———————————

① 余记：指清余庆远《维西闻见录》，原文云"妇辫发下垂，缀珊瑚、绿松石，杂以为饰，衣盖腹，百褶裙盖廉朒，俱采缯为之。裙或文罽，或采色布缯，袜单革软底，不着裤履。项挂色石数珠，富则三四串，自肩斜绕腋下，一妇妆饰有值数百金者。……交易皆与妇人议，妇人辨物高下为爽，持数珠会计极捷。……家以藏佛经为富，皆古宗字，来自西藏，曰《番藏部》，二百余函，多藏至三四部。皆缯帙锦缄，髹椟金饰。其学即习佛经，字如鸟篆，自左至右横书之"。

② 峨昌：道光《云南通志稿·南蛮志》，"《皇朝职贡图》：'峨昌以喇为姓，大理、永昌二府有此种。无部落，杂居山谷间，性畏暑湿。男子束发裹头，衣青蓝短衣，披布单。妇女裹头，长衣无襦，胫系花裙而跣足。刀耕火种，畜牧纺织为生。食用俭陋，得禽虫则生啖之。婚聘用牛马，祭以犬。占用竹三十枝，如蓍茎。然地产麻、葛。输税'"。峨昌今称阿昌族。

③ 刀耕火种：诸本"刀"均误作"力"，据康熙《云南通志》及各旧志改。

④ 蓍：《中广大辞典》，"蓍，植物名，菊科，多年生草本。高二三尺，叶互生，细长，羽状分裂如锯齿。秋月开花，白色或淡红，头状花序。古取其茎以为占筮之用"。

⑤ 野葛：《中文大辞典》"葛，植物名，豆科，多年生蔓草。茎长二三丈，缠绕他物上。叶为复叶，形大，互生。秋日叶腋开蝶形花。紫赤色，总状花序，实为扁荚，根可采淀粉，供食用，纤维可织布"。

⑥ 百夫长：古武职名。《尚书·牧誓》："千夫长、百夫长。"《蔡传》云："百夫长、统百人之帅也。"早正：人名。

⑦ 艾：《孟子·万章》，"知好色则慕少艾"。汉赵岐注云："艾，美好也。"

骠　人

骠人①，妇女以白布裹头，短衫露腹，以红藤缠之。莎罗布为裙，上短下长，男女同耕。

哈　喇

哈喇②，色深黑，不盥栉。男子花布套衣，妇红黑藤缠腰数十围。产子，竹兜盛之，负于背。又有古喇③，黑尤甚，其类略同。

哈　杜

哈杜④亦类哈喇。言语不通。略似人形耳。

---

① 骠人：道光《云南通志稿·南蛮志》，"《皇朝职贡图》：'缥人、骠人，在永昌府西南徼外，古朱波之裔。其先为金齿骠国，南诏常制之。元初内附，置宣抚使。洪武中置府，又置金齿卫、保山县。今县境有蒲缥寨，因蒲人、缥人流入得名，其地青甓为圜城，四隅作浮图。民居中，铅锡为瓦，荔枝为材。男子束发，衣青蓝布短衣裤，披毡片。妇人当顶作高髻，裹以白布，衣短衫，系长裙，其裙以莎罗布为之，缘锦缀珠为饰，俗奉佛，勤耕织。每织一梭，辄诵佛号。时负竹筐入市贸易，重约信，有赊货未尝逋负'"。骠人即骠国人，骠国为今缅甸北部。唐代曾为南诏统治。

② 哈喇：明谢肇淛《滇略·夷略》，"哈喇、男女色黑如漆，不知盥栉。男子以花布为套衣，妇人以红黑藤缠腰数十围。产子以竹兜盛之，负于背"。哈喇今称佤族。

③ 古喇：明钱古训《百夷传》，"古喇，男衣服装饰类哈喇"。明谢肇淛《滇略·夷略》："古喇，男女色黑尤甚，略同哈喇"。古喇亦为佤族之一部，类似哈喇而异名。

④ 哈杜：明谢肇淛《滇略·夷略》，"哈杜，稍类哈喇"。哈杜亦佤族之一种。

缅　人

缅人①，有数种：曰老缅，曰得楞子，曰阿瓦。性贪利好斗，食不用匙箸。长于鸟铳②，其火药必得麦面傅之③，迅速无声，其法秘不传人。俗好佛，男女俱以布盘其首，色黑，类哈喇、摆古，最远而强④。

结　些

结些⑤，珥大牙环至颊⑥，以红花布一丈许裹头，垂带于后，衣半身衫，袒其右肩。

---

　　① 缅人：道光《云南通志稿·南蛮志》，"《皇朝职贡图》：'缅甸，古朱波地，在永昌府腾越州天马、虎距诸关外，其酋居阿瓦城。元及明初，虽亦羁縻，时多反覆。……其夷官夷民服饰与南掌相似。其文字呈尊者用金叶书之，次用纸，次用槟榔叶。谓之缅书'"。缅人即今缅甸国人。

　　② 鸟铳：旧式火绳枪。

　　③ 傅：诸本俱误作"传"，据雍正《云南通志》及诸旧志改。傅，涂抹。《史记·佞倖列传》："傅脂粉。'

　　④ 强：强悍也。

　　⑤ 结些：亦作结薝。今景颇族之别称。

　　⑥ 珥：插戴。康熙《云南通志·种人》："结薝，以象牙为大环，从耳尖穿至颊。"

遮　些

遮些①，绾发为髻②，男女皆贯耳③、倾刀。性善华④，彩衣盘旋蔽体，饮食精洁。战斗长于弓矢，恃象、铳⑤，稍与缅同。

羯些子

羯些子⑥，环眼鸟啄⑦，耳戴大环。上裸，以布遮腹下。食生米肉，勇健善战，喊声如吠⑧。

地羊鬼

地羊鬼⑨，短发黄睛，性奸狡，嗜利，出没不常。与人仇，能

---

①　遮些：亦作遮夢。道光《云南通志稿·南蛮志》《伯麟图说》：'男女皆穿耳，性奢。彩衣盘旋，饮食必精洁。善用火器及弩。永昌府属有之。'"遮些为景颇族之一种。

②　绾：系也。全句意为把头发拴系成髻。

③　贯耳：穿耳。

④　华：华美，奢华。

⑤　恃象铳：依靠大象和火药枪作战斗。

⑥　羯些子：康熙《云南通志·种人》，"种出迤西孟养，流入腾越"。羯些子亦景颇族之一种。

⑦　鸟啄：啄，鸟嘴。鸟啄即鸟嘴。

⑧　吠：狗鸣为吠。

⑨　地羊鬼：各旧通志所载地羊鬼与本志所记略同。待考。

以木石易其脏府①，遂不救。又置蛊毒人。

喇　鲁

喇鲁②，性悍，穴居，衣麻，捕生为食，赋役俱无。

苗　人

苗人③，黔省最多，在滇亦有。类黑干夷④。

黑干夷

黑干夷，椎髻，头缠布，珥大铜圈垂至肩，布短衫，跣足。女衣套头，毛褐细带⑤，编如筛盘⑥，罩于首，饰以海贝、珠璱，衣领

---

①　脏腑：五脏六腑中医以心、肝、脾、肺、肾为五脏，三焦、大肠、小肠、胆、胃、膀胱为六腑。此处泛指内脏。

②　喇鲁：道光《云南通志稿·南蛮志》，"《伯麟图说》：'亦曰喇乌，楼居近水，牛羊豢其下。勤本业，遇人退让。其散处荒僻者食蜂、蛇。永昌府属有之'"。喇鲁为彝族之一支系。

③　苗人：道光《云南通志稿·南蛮志》，"《皇朝职贡图》：'苗人相传为槃瓠之种，楚、黔、粤皆有之。其在滇省者惟曲靖、东川、昭通等府花苗，随各所属土、流兼管。其人喜居水滨，耐寒暑。男子青布裹头，短衣跣足。性狡而懦，勤耕作。妇女束发，戴五色花冠，耳缀银环，着紫布短衣，系绣花布裙，跣足，能织苗锦，常携筐入市贸易，遇节序则击铜鼓吹角赛神。土宜杂粮，输税惟谨'"。苗人即今之苗族。

④　黑干夷：雍正《云南通志·种人》，"黑干夷，宣威有之"。黑干夷为彝族之一个支系。

⑤　毛褐：粗毛编织物。

⑥　筛盘：即筛子。以竹编成盘形，中有无数小孔，用以过物，去粗取精。

亦然，褶裙亦毛褐。居深山密箐，男吹笙，女弹口琴，唱和相调，悦而野合，归语父母，始用媒聘，迎妇归。死则裹毡，舁而焚诸野。此夷之最贱者。

仲 人

仲人①亦苗种也，俗俭约，男女耕作，短衣长裙。构楼而居，甘犬嗜鼠，病不服药，惟务祭鬼。

苦 葱

苦葱②，服饰如糯比而性俭③。崖居种荞。男女混杂，不知礼义。

---

① 仲人：道光《云南通志稿·南蛮志》，"《皇朝职贡图》：'仲人与黔省仲家苗同一族类，曲靖、昭通与黔接壤，故所属皆有之。在曲靖者宋时隶摩弥部，在昭通者唐以后均隶乌蒙部，本朝改设流官管辖。其人好楼居，男子缠头，短衣跣足。妇女以青布为额箍，如僧帽然。饰以海肥，耳缀大环，衣花布缘边衣裙，富者或以珠缀之。白布束胫，缠足著履。男女皆勤耕作，输赋税。嗜食犬、鼠，风俗朴陋'"。仲人今称壮族。

② 苦葱：道光《云南通志稿·南蛮志》，"《皇朝职贡图》：'苦葱，爨蛮之别种，自元时归附，今临安、元江、镇源、普洱四府有此种。居傍山谷，男子椎结，以蓝布裹头，着麻短衣，跣足，挟刀弩，猎禽兽为食。妇女短衣长裙，常负竹笼入山采药。土宜禾稻。岁输粮赋。其在三猛者，以六月二十四日为年，十二月二十四日为岁首。至期，烹羊豕祀先，醉饱歌舞'"。苦葱为今苦聪人，划入拉祜族。

③ 糯比：参见前文"窝泥"条。

喇 乌

喇乌[①]如摆夷。衣用棉布，女装如窝泥，短衣桶裙。山居种植，没水取鱼。

罗 缅

罗缅[②]，耕种山田，肩挑背负，采薪拣菌，贸易盐米。

卡 惰

卡惰[③]，顽钝，喜歌舞。男女苟合，婚通媒妁，聘至百金，累及子孙代偿。故俗重生女。生男则戚[④]。葬者火化。

---

① 喇乌：道光《云南通志稿·南蛮志》，"《开化府志》：'多居边地，性愚劣，自为耕织，男女蓬头跣足，面黧黑而身短小。议婚先定礼，银数两、耕牛一条，嫁无妆奁。父母兄弟之丧，吹角跳舞，宰牛以祭，无孝服，以木编床发尸火之'"。喇乌为今彝族的一种他称。

② 罗缅：康熙《武定府志》，"倮面，在和曲之铺西永兆，禄劝硝井等处为多"。今云南武定、禄劝的哈尼族自称和尼，他称罗缅。

③ 卡惰：道光《云南通志稿·南蛮志》，"《宁洱县采访》：'男穿黑衣，女穿杂色。曾务耕作，但嗜酒好逸，其名卡惰，即以此欤？'"卡惰是今哈尼族在清代的汉文名称之一。

④ 戚：忧愁。

黑　濮

黑濮①，其人多黑色。男女徒跣，不勤洗涤。力穑纺织，能作木器。辫发短衣，善操弩矢。女子单衣仅尺，前不扣合，以彩布为筒裙，蒙乳以下。珠贝为饰，耳环银铜，婚聘以牛，葬用木槽。

嫚　且

嫚且②，以丑月为正月③，好饮而荡，男妇作欢，鸣叶吹薪④，弹篾弄枯⑤。音节流畅，合夷曲而杂和之，喑咿可听。饮竟月忘返，不知节用。过此则终岁饥寒，惟寻野菜充腹而已。性亦疑畏⑥。

---

①　黑濮：雍正《云南通志·种人》，"黑濮所居多在威远、普洱江界之间，其人多黑色，男女皆徒跣，不勤洗涤。语言稍以西番。耕山力穑，颇知纺织。多作竹器，入市交易，男子制发为辫，短衣着裤，善操努矢。女子单衣仅长尺，前不扣合。以彩布为桶裙，其裙蒙乳以至下体。又用五色烧珠与海贝排串为饰，束于脐下。两耳穿孔，环以银、铜、锡。婚娉惟以牛、银，丧服白布，葬即除之。其丧皆用木槽"。黑濮即今布朗族。

②　嫚且：道光《云南通志稿·南蛮志》，"《皇朝职贡图》：'嫚且居姚安府。姚安，古百濮也。汉为弄栋、蜻蛉二县，梁末没于群蛮，至元始内附。蛮人居处，与民相杂。男妇皆缠头，衣麻布衣裤，披羊皮，跣足。喜歌嗜钦，男吹竹笙，女弹篾琴，谐婉可听。时携酒入山，竟日忘返，近亦颇知治生，耕山种荞，纳税惟谨'"。嫚且当是今彝族的一个支系。

③　丑月：农历十二月为丑月。

④　鸣叶吹薪：诸本皆同。雍正《云南通志》及诸旧志"薪"俱作"新"，意为新发的嫩叶。土人每取以含口中，吹出声调，滇中到处均有之，本书薪字疑误。

⑤　弹篾弄枯：篾，竹皮。枯，干也。意为取干竹皮弹弄成曲，即吹竹制口琴也，参见本书《志器》口琴条及注。

⑥　疑畏：怀疑畏惧。

云南文库·大家文丛

戛喇

戛喇①，耕种类阿昌，形状似倮㑩，凶悍善斗。妇女斜缠锦布于腰。居山巅，户不正出，迎屋山开门，迁徙无常，不留余粟。

卡瓦

卡瓦②，貌丑性恶，红藤束发缠腰，披麻布，持利刃、梭标、于要路窃伏，劫掠行商。然有生、熟二种，生者劫掠，熟者保路。

小列密

小列密③，刀耕火种，精于射猎，炮雀鼠而食④。

---

① 戛喇：雍正《云南通志·种人》，"戛喇，永昌、腾越内外境俱有之"。戛亦作古喇，今称佤族。

② 卡瓦：道光《云南通志稿·南蛮志》，"《他郎厅志》：'性情愚蠢，男穿青蓝布短衣裤，女穿背蓝布短衣裙，均以红藤缠腰。耕种杂粮之外，佩刀持枪，捕猎为食。在思茅者稀入城市，在宁洱者应役当差'"。卡瓦即今之佤族。

③ 小列密：雍正《云南通志·种人》，"小列密，云州有之。刀耕火种，精于射猎，遇雀鼠则以弩取而烙食之"。小列密为彝族之一支系。

④ 炮：连毛烧烤。

利　米

利米①，衣皂②，面黄黑，善弩猎，射雀生啖。女子分辫，赤足，出外常披花布蔽身。

俅　人

俅人③披树叶为衣，茹毛饮血。无屋宇，居山岩中。

大俫黑、小俫黑

大俫黑④，黑陋愚蠢。所食荞稗，即为上品。其余树皮、野菜、藤蔓及蛇、虫、蜂、蚁、蝉、鼠、禽鸟，遇之生啖。不葺庐

---

① 利米：道光《云南通志稿·南蛮志》，"《皇朝职贡图》：'利米蛮、状貌黝黑，颇类蒲蛮。宋以前不通中国，元泰定间始内附。聚处顺宁山箐中，男子戴竹丝帽，著麻布短衣，腰系绣裳。善踏弩，每射生，得之即啖，性愚朴，不娴跪拜礼。妇女青布裹头，短衣跣足，时出樵采，负薪而归。刀耕火种，土宜荞稗'"。利米为彝族之一支系。

② 衣皂：着黑色服。

③ 俅人：道光《云南通志稿·南蛮志》，"《皇朝职贡图》：'俅人居澜沧江大雪山外，系鹤庆、丽江西域外野夷，其居处结草为庐，或以树皮覆之。男子披发，著麻布短衣裤，跣足。妇耳缀大铜环，衣亦麻布。种黍稷，劚黄连为生。性柔懦，不通内地语言。无贡税。更有居山岩中者，衣木叶，茹毛饮血，宛然太古之民。俅人与怒人接壤，畏之，不敢越界'"。俅人为今独龙族之他称。

④ 大俫黑：道光《云南通志稿·南蛮志》，"《伯麟图说》：'性愚蠢，穴居野处，拾黄稗，不足，采瓜蔬、捕狙麋以佐食。顺宁府属有之'"。大俫黑即今之拉祜族。

舍，野处，与野人同类①。小倮黑②，其习与同，但形状差小耳。

野人、白人

野人③，露宿树巅，赤发黄睛，衣树皮，毛布掩其脐下，首带骨圈，插鸡尾，缠红藤。执勾刀大刃，采捕禽兽，茹毛饮血，食蛇鼠。性至凶悍，登高涉险如飞，逢人即杀。掠人暴于岩石上，或缚而鬻之。其他又有喇记、孔答、喇五、比苴、果葱、阿成之属④，皆五濮遗种⑤，随地异名也。

----

① 野人：见下文野人条。

② 小倮黑：道光《云南通志稿·南蛮志》，"《古今图书集成》：'小倮黑，顺宁府有之，习尚与大倮黑同，而形体差小'"。小倮黑亦拉祜族之一支系。

③ 野人：亦作野蛮。康熙《云南通志·种人》："（野人）在茶山、里麻之外，去腾越千余里，无约束。二长官为所戕贼，避之滇滩关内，旧志称寻甸岩谷野蛮，以木皮蔽其身，形貌丑恶，男少女多，持木弓以御侵暴，不事农亩，采山中草木及动物而食，无器皿，以芭燕叶藉之。"道光《云南通志稿·南蛮志》："《姚州志》：'化外野夷，不听教化。铁锁箐之稍近白井者，渐知居处，多以树皮障风雨。刘收毕，便徙去。取鱼则垂藤，人附以入江。最贫苦，畜牛一二头即称极富，饥亦远去劫掠，先世屡剿之，以恃地险，汉人至则避迹无影。盖因地在蜀之极边，与西番联姻戚，故习遂难遽革。'"历史上被诬称野人的即今景颇族。唐代称裸形蛮，元李京《云南志略》称野蛮，明、清旧志俱称野人。

④ 喇记、孔答、喇五、比苴、果葱、阿成之属：雍正《云南通志·种人》，"喇记，其类在开化府；孔答、喇五、比苴、果葱俱在新平县，阿成在王弄山。以上六种，系照旧志载入，其风俗种类俱无考"。

⑤ 五濮：木棉濮、文面濮、折腰濮、赤口濮、黑僰濮合称五濮。晋郭义恭《广志》："木棉濮，土有木棉树，多叶，又房甚繁，房中有绵，如蚕所作，其大如卷。文面濮，其俗剺面，而以青画之。折腰濮，其俗生子，皆折其腰。赤口濮，在永昌南，其俗折其齿，剺其唇使赤，又露身，无衣服。黑僰濮，在永昌西南，山居，耐勤苦。其衣服，妇人以一幅布为裙，或以贯头。丈夫以谷皮为衣。其境出白蹄牛、犀象、武魄、金铜、华布。"

维白人者①，古白国之支流②，习俗与华人不甚远，今谓之民家子。始白国之先西海阿育王，奉佛恶杀。不茹荤腥，称白饭王。王有三子：福邦、宏德、至德，争欲王之，神骥色如金者，王意欲与至德而患其争，以辔私授至德，纵骥东驰，曰："捕获者主之。"二子各部众追至滇池，不能获。惟至德追至东山松林，以辔邀而获焉。王遣舅氏神明统兵迎三子归，为哀牢所阻③，竟不返。既殁，福邦为碧鸡山神，宏德为岩头山神，至德为金马山神。阿育之后，传至仁果④，当汉元狩间⑤，武帝封为滇王，子孙仍遵阿育之法。十七世至龙佑那⑥，不变其旧。汉丞相亮复以故地封之⑦，号建宁国，治赵州之弥渡。丞相为作图谱，先画天、地、日、月、君长、城府，次画神龙、生夷及牛、马、羊，后画部主吏乘马⑧、幡盖⑨，巡行安恤⑩，又画牛羊负酒赍金宝诣之象以赐之，又与瑞锦、铁券⑪，白人宝之最至。其人大种曰昆，小种曰叟，桀黠能言曰耆

---

① 白人：康熙《云南通志·种人》，"白人，古白国之支流也。旧讹僰为白，遂称为一类，其实不相通。云南诸郡皆有之，习俗与华人不甚远"。今称白族。

② 白国：按万历《云南通志·羁縻志·白国始末》载，西海阿育王之后代在苍洱之间建立白国。详见该志。

③ 哀牢：哀牢夷即今之彝族。阻：阻隔。

④ 仁果：《新纂云南志通志·汉至元耆旧传》，"仁果，天竺白饭王之后，汉武帝时，滇王尝羌对汉使语不逊，武帝恶之，时仁果于白崖称白王，为众所戴，天子册为滇王，仍治白崖"。

⑤ 元狩：汉武帝年号，元狩共6年（公元前122至前117年）。

⑥ 龙佑那：即张佑那，《新纂云南通志·汉至元耆旧传》，"张祐那，仁果十五世孙，仁果王白崖，号白国，传至祐那，不变其旧。诸葛亮定南中，收用豪杰，以祐那能抚其民，赐姓张氏，号大白子国侯，仍以其地封之"。按祐那，诸书均作仁果十五世孙，本书谓仁果十七世传至祐那，疑误。

⑦ 汉丞相亮：即蜀汉丞相诸葛亮。

⑧ 部主吏：管理部族的负责官吏。

⑨ 幡盖：旗帜伞盖。

⑩ 安恤：安抚。

⑪ 瑞锦：美好的锦缎。铁券：铁契，古以颁赐臣下，作为誓物，以示相互信赖。

老^①。与夷为姓曰遑耶^②，诸姓为自有耶^③，至厚者谓之百世遑耶，恩若骨肉，为其逋逃之薮^④，故轻为祸变恃此也。有《夷经》，南中学者半引其语。尚巫好盟，拔石结草，官常以盟诅要之^⑤。龙佑那之后至张乐进求^⑥，当唐永徽中^⑦，让国于蒙氏而白民亡^⑧。今民家子，皆当时之部众也。夫乌蛮以汉而落于蛮，白民以羌而进于汉^⑨，故序种人而以此为起讫焉。

---

① 桀黠：本义为凶猛狡黠，此处意为聪明干练。
② 与夷为姓：随夷民的姓为姓者。
③ 诸姓：普通夷人。
④ 逋逃之薮；罪人逃亡的巢窟。
⑤ 盟诅：誓约。
⑥ 张乐进求：万历《云南通志·人物志》，"张乐进求，祐那十七世孙。知细奴逻有瑞应，不可以力争，遂逊国而隐"。
⑦ 永徽：唐高宗年号。永徽共6年（公元650至655年）。
⑧ 让国于蒙氏：《新纂云南通志·汉至元耆旧传》，"细奴逻，九隆兄牟苴笃三十七代孙。唐高祖时，遣使入朝，赐锦袍。贞观间，自永昌避难白崖，耕于巍山下，有神异，孳牧繁衍，遣子罗胜炎入朝，高宗授以巍峰刺史，徙居蒙舍。时大将军张乐进求以其地让之，遂为蒙舍诏云"。按万历《云南通志》叙细奴逻耕于巍山，受张乐进求让国事谓在"唐天宝以后"，时细奴罗已早卒。盖误。
⑨ 白民以羌而进于汉：意为白国之先属西羌部族。而其后仁果被封于滇，奄有全滇，是以羌而进于汉也。

附　　录

一、檀萃传记五篇

檀萃传

檀萃，字岂田，一字默斋，安徽望江人。乾隆辛巳进士，官云南禄劝知县。著有《滇南集》。严烺云："默斋以诗道教行于南方，始客岭南，士多从之。其序南园五先生诗及品论三家，摘录诸乡先辈隐文奥旨，与诸生言者，胥著于《楚庭稗珠录》，今天下多传其书。已而羁迹于滇，为邑侯，为山长，垂二十年，弟子尤甚，著录者不下数百人。"

载《国朝耆献文征·初编》

檀萃传

檀萃，字默斋，安徽望江人，乾隆二十六年进士，选贵州青溪知县。旋丁父忧，服阕，补云南禄劝县知县。兴学劝农，政声大著。以不阿罢吏议，罢官后，主云南五华书院讲席，滇人多师之。萃幼不敏，二十始知力学，博极群书，以渊雅称。其诗恣肆汪洋，近体尤为锤炼。所著有《大戴记注疏》《穆天子传注》

《逸周诗注》《俪藻外集》《楚庭稗珠录》《滇海虞衡志》《滇南诗话》《滇南文集》，又有武定州禄劝县、番禺县各志及《书法》十卷。

载《清史列传》卷七十二

按：檀萃主昆明育材书院讲席，此传作云南五华书院，误。《新纂云南通志·檀萃传》已辨正。

檀萃传

檀萃，字岂田，一字默斋，安徽望江人。乾隆二十六年进士，选贵州青溪知县，旋丁父忧。服阕，四十三年补云南禄劝知县，兴学劝农，政声大著，以不阿罕吏议罢官。后主育材书院讲席（原注：据《滇系》，萃长育材书院。《清史列传》作五华，误），滇人多师之。萃博极群书，以渊雅称。在滇二十年，弟子著录者，不下数百人。所著有《滇海虞衡志》《滇南诗话》《滇南文集》及《元谋县志》（原注：一名《华竹新编》，《清史列传》作《武定州志》，误）、《禄劝县志》（原注：一名《农部琐录》）等书。按檀萃宦滇，对于政治、文化均有关系，阮、岑、唐三《志》纪载简略，兹据《清史·列传》等书以增益之。

载《新纂云南通志·名宦传》

檀萃传

檀萃，字岂田，号默斋，江南望江人。乾隆辛巳进士，四十三年宰禄劝县事。性嗜学，爱民教士，谆谆不倦。尝仿古编龙祈雨，

雨大至。劝民务农树木，士民宗仰之。更以一身续修县志十四卷，
名曰《农部琐录》，考证详明，辞严义正，不屑拾人牙慧，自成一
家。后五十一年复任，民有竹马之迎。谨案默斋，江南名士，著作
等身，在滇著《滇海虞衡志》载全滇物产，以渊博称。宰元谋时，
著《华竹新编》，其他佳作颇多。

载民国《禄劝县志·循吏传》

记檀默斋

由云龙

　　默斋，安徽望江人。居滇数十年，以傲罢令，自号废翁，为
《农部琐录》《华竹新编》及腾越、蒙自、浪穹、顺宁、广南凡七
县志。所著录纯驳相间，要皆出自机杼，不肯寄人篱下。其《滇海
虞衡志》分上、下二卷，以配范石湖《桂海志》，标目悉仍石湖之
旧。滇之巨政，惟盐与铜，故所志为详。（原注：然偏重辞华，于盐铜
利弊，少所发挥，不过文人之文而已。后之学者，顾甚称之，实则于政治无补
焉。）默斋意甚得，谓师荔扉曰："有以三百金购是书者，子其许之
呼？"荔扉对之曰："果有三百金，翁可归矣。"后卒未如愿。嘉
庆辛酉，荔扉任望江知县，至甲子，始刻入《二余堂丛书》。又撰
《穆天子传》十四卷，疏中辨河源数万言，甚奇。又欲合注大、小
《戴记》，未脱稿。宋于庭从宦滇南，与之订忘年交，有《呈檀山
长莘》诗，是时方掌教育材书院也。

载《滇故琐录》

　　按：本文所叙以三百金购《滇海虞衡志》事，据师范《滇海虞
衡志序》系檀著《滇南山水纲目考》，实非本书。

二、《滇海虞衡志》跋文三篇

《滇海虞衡志》跋

胡思敬

默翁此志，翔实远胜石湖。金石、草木诸篇，尤关实用。非巧弄笔墨，好为藻饰以自矜者。惟《志蛮》采辑旧闻，多怪诞，不可尽信。余家藏《二余堂丛刻》本，编次不尽如法，欲求他本校之不可得，原书疑为师氏所乱，今悉正之。默翁好谈经济，在嘉庆时，颇负文才，别有《法书》十卷，南皮张相国《书目答问》收入儒家，盖亦唐铸万、贺子仪之流，放弃边隅，老而不用，迨此书成，旅食四方，年且八十矣。新昌胡思敬跋。

载《问影楼舆地丛书》本志后

《滇海虞衡志》概说

方国瑜

萃字岂田，号默斋，安徽望江人。乾隆四十三年，以任禄劝知县到滇，后掌会垣育材书院。居滇久，著述亦富。是书，有萃自序，言仿范成大之《桂海虞衡志》而作此书。惟成大多记见闻，萃多钞旧书，此其异，亦萃之不及成大也。萃作序于嘉庆己未（四年），谓"将梓行之"，未果，后二年殁。师荔扉得稿本，又三年嘉庆甲子（九年）刻之，收入《二余堂丛书》，后江西胡氏复收于

《问影楼舆地丛书》，《云南丛书》亦刊之，秦朴安之《续云南备征志》亦收此书，辗转翻版，足见世人重其书。惟萃虽勤于著述，未能征验。所录虽资博闻，而无条理，议论多谬说，考校滇事，不尽可信。是书分目：志岩洞、志金石、志香、志酒、志器、志禽、志兽、志虫鱼、志花、志果、志草木、杂志、志蛮，凡十三，各为一卷。又《昭代丛书》有檀萃《志蛮》一卷，《小方壶斋舆地丛钞》第一帙亦收之，即此书卷十兰《志蛮》单刻者。方国瑜识。

载云南大学《云南史料丛刊》第十七辑

《滇海虞衡志·永昌府事》钞跋

　　按檀萃精于经济词章，惟史地之学，非其所长。居滇数十年，撰《农部琐录》《华竹新编》，为滇中方志之著称者。余见《琐录》以文胜质，盖闭户成书，未留心地理也。《虞衡志》仿范成大书，成大多记见闻，而萃则汇录故书，此其异也，亦萃之不及成大也。萃殁后，师荔扉得稿本，刊入《二余堂丛书》，江西胡氏复收于《问影楼舆地丛书》，《云南丛书》亦刊之。近见秦朴安先生《续云南备征志》目录亦列。此书辗转翻印，足见世人重其书。惟萃勤于著述，未能征验，所录杂而无理，惟不失为博识，故钞有关于永府者。若曹树翘之《滇南杂志》诸书，尤为驳杂，不取也。萃官禄劝被革，长会城育材书院，闻尝从屠述濂至腾越，参修州志。惟是书所及永府事，无一语述其目睹者，抑又何耶？

载《永昌府文征》

三、校注参考引用书目

《新纂云南通志》　　龙云、周钟岳等纂修　　1949年排印本

《清史列传》　　中华书局铅印本

《清实录》　　日本东京大藏出版公司影印本

《资治通鉴》　　（宋）司马光撰　　中华书局点校本

《桂海虞衡志》　　（宋）范成大撰　　古今逸史本

《二余堂丛书》　　（清）师范辑，嘉庆刻本

《周礼》　　中华书局十三经注疏影印本

《水经注》　　（北魏）郦道光撰　　杨守敬注疏本

《隋书》　　（唐）魏徵撰　　中华书局点校本

《后汉书》　　（刘宋）范晔撰　　中华书局点校本

《建康实录》　　（唐）许嵩撰　　江宁甘氏校刊本

《左传》　　中华书局十三经注疏影印本

《滇南草堂诗话》　　（清）檀萃撰　　嘉庆刊本

《汉书》　　（东汉）班固撰　　中华书局点校本

《康熙云南通志》　　（清）范承勋等纂修　　康熙刊本

《雍正云南通志》　　（清）鄂尔泰等纂修　　乾隆刊本

《万历云南通志》　　（明）李元阳纂修　　万历刊本

《新元史》　　（清）柯劭忞撰　　开明书店二十五史本

《大明一统志》　　明天顺五年刻本

《读史方舆纪要》　　（明）顾祖禹撰　　清钞本

《续修禄劝县志》　　（清）檀萃纂修　　残钞本，云南省图书馆藏

《元谋县志》　　（清）檀萃纂修　　传钞乾隆四十六年刊本

《古今注》　　（晋）崔豹撰　　古今逸史本

《中华古今注》　　（后唐）马缟撰　　四部备要本

《四库全书总目提要》　　（清）纪昀撰　　万有文库本

《博物志》　　（晋）张华撰　　秘书二十一种本

《广博物志》　　（明）董斯张撰　　广州学海堂刊本

《太平寰宇记》　　（宋）乐史撰　　清乾隆五十八年刊本

《宋史》　　（元）脱脱等撰　　中华书局点校本

《华严经》　　（明）崇祯苏州刻本

《史记》　　（汉）司马迁撰　　中华书局点校本

《昭明文选》　　（梁）萧统纂　　清嘉庆胡克家刻本

《淮南子》　　（汉）刘安撰　　四部丛刊本

《江西通志》　　（清）刘坤一等修　　光绪七年刊本

《广州府志》　　传钞清初刻本

《海内十洲记》　　（汉）东方朔撰　　古今逸史本

《世说新语》　　（刘宋）刘义庆撰　　文学古籍刊行社影
印本

《尚友录》　　（明）廖用贤撰　　明万历四十五年刻本

《道光昆明县志》　　（清）戴絅孙纂　　光绪二十七年刊本

《国朝诗别裁集》　　（清）沈德潜编　　万有文库本

《本草纲目》　　（明）李时珍著　　万有文库本

《海录碎事》　　（宋）叶廷珪撰　　四库全书台湾影印本

《乾隆路南州志市》　　（清）史进爵等修　　传钞乾隆
二十二年刊本

《七修类稿》　　（明）郎瑛撰　　中华书局铅印标点本

《嘉庆阿迷州志》　　（清）张大鼎等修　　传钞嘉庆元年
刊本

《韵会》　　（晋）孟昶撰　　龙璋辑小学搜佚下篇本

《续博物志》　　（宋）李石撰　　秘书二十一种本

《滇考》　　（清）冯甦撰　　康熙刻本

《神仙传》　　（晋）葛洪撰　　汉魏丛书本

《光绪永昌府志》　　（清）刘毓珂等修　　光绪十一年刊本

《乾隆永昌府志》　　（清）宣世涛等修　　乾隆五十年刊本

《横戈集》　　（明）邓子龙撰　　卧云居道光刻本

《云笈七签》　　（宋）张君房撰　　四部丛刊本

《元和郡县志》　　（唐）李吉甫撰　　中华书局排印本

《铜政全书》　　（清）王昶撰　　传钞乾隆云南藩署稿本

《说文解字》　　（东汉）许慎撰　　四部丛刊本

《滇南矿产图略》　　（清）吴其浚撰　　道光刻本

《浪穹县志略》　　（清）周沆纂修　　光绪二十九年刊本

《格古要论》　　（明）曹昭撰　　元明善本丛书本

《道光云南通志稿》　　（清）阮元等修　　道光十五年刊本

《酉阳杂俎》　　（唐）段成式撰　　中华书局点校本

《南园漫录》　　（明）张志淳撰　　云南丛书初编本

《中文大辞典》　　台湾中国文化研究所初印本

《粤滇杂记》　　（清）赵巽撰　　小方壶斋舆地丛钞本

《滇略》　　（明）谢肇淛撰　　传钞天启间大理刊本

《天工开物》　　（明）宋应星撰　　清杨素卿刻本

《华阳国志》　　（晋）常璩撰　　国学基本丛书本

《说文通训定声》　　（清）朱骏声撰　　朱氏丛书本

《采铜炼铜记》　　（清）倪慎枢撰　　续云南备征志本

《辞海》　　中华书局重印本

《韩非子》　　（战国）韩非撰　　四部丛刊本

《尚书》　　中华书局十三经注疏影印本

《明史》　　（清）张廷玉等撰　　中华书局点校本

《乾隆腾越州志》　　（清）屠述濂修　　光绪二十三年刊本

《滇黔纪游》　　（清）陈鼎撰　　知不足斋丛书本

《缅述》　　（清）彭崧毓撰　　丛书集成本

《乾隆白盐井志》　　（清）郭存庄等修　　传钞乾隆二十三年刊本

《礼部志稿》　　（明）俞汝楫撰　　四库珍本丛书本

《逸周书》　　丛书集成本

《名医别录》　　（梁）陶弘景撰　　陈修园医书全集本

《异物志》　　（汉）杨孚撰　　丛书集成本

《尔雅巽》　　（宋）罗顾撰　　丛书集成本

《香谱》　　（宋）洪刍撰　　丛书集成本

《毛诗》　　中华书局十三经注疏本

《南史》　　（唐）李延寿撰　　中华书局点校本

《宣和书谱》　　（宋）徽宗敕撰　　丛书集成本

《景泰云南图经志书》　　（明）陈文等纂　　传钞景泰六年刊本

《蛮书》　　（唐）樊绰撰　　聚珍版丛书本

《新唐书》　　（宋）欧阳修撰　　中华书局点校本

《云南金石目略》　　李根源撰　　排印本

《岭表录异》　　（唐）刘恂撰　　丛书集成本

《礼记》　　中华书局十三经注疏本

《维西闻见录》　　（清）余庆远撰　　云南备征志本

《尔雅》　　中华书局十三经注疏本

《昌黎先生集》　　（唐）李汉辑　　四部丛刊本

《杜诗镜铨》　　（清）杨伦笺注　　中华书局1962年排印本

《东坡志林》　　（宋）苏轼撰　　丛书集成本

《群芳谱》　　（明）王象晋撰　　汲古阁本

《陔余丛考》　　（清）赵巽撰　　商务印书馆重印本

《孝经援神契》　　说郛本

《太平御览》　　（宋）李方等撰　　中华书局影印本

《义山杂纂》　　（唐）李商隐撰　　说郛本

《嘉庆黑盐井志》　　（清）王定柱修　　嘉庆刊本

《植物名实图考》　　（清）吴其浚撰　　光绪六年刊本

《正法念经》　　清光绪刻本

《丹铅总录》　　（明）杨慎撰　　嘉靖三十三年梁佐校刻本

《拾遗记》　　（前秦）王嘉撰　　中华书局齐治平校注本

《夔州图经》　　（明）吴潜纂修　　传钞正德八年刊本

《广志》　　（晋）郭义恭撰　　说郛本

《升庵文集》　　（明）杨慎撰　　万历刻本

《滇中琐记》　　（清）杨琼撰　　民国元年排印本

《黔书》　　（清）田雯撰　　黔南丛书本

《岭外代答》　　（宋）周去非撰　　丛书集成本

《文献通考》　　（元）马端临撰　　万有文库本

《续资治通鉴》　　（清）毕沅撰　　中华书局点校本

《孟襄阳集》　　（唐）孟浩然撰　　四部丛刊本

《山海经校注》　　袁珂撰　　排印本

《吕氏春秋》　　（秦）吕不韦撰　　四部丛刊本

《礼说》　　（清）惠士奇撰　　皇清经解道光九年刊本

《旧唐书》　　（后晋）刘昫撰　　中华书局点校本

《说文系传》　　（南唐）徐锴撰　　商务印书馆影印本

《六书故》　　（宋）戴侗撰　　清乾隆四十九年刊本

《广雅》　　（魏）张揖撰　　古今逸史

《篇海》　　（金）韩孝彦撰　　清乾隆刻本不

《搜神记》　　（晋）干宝撰　　丛书集成本

《唐宋传奇集》　　排印本

《腾冲物产报告》　　稿本，云南省图书馆藏

《麻栗坡物产报告》　　稿本，云南省图书馆藏

《大戴记》　　四部丛刊书

《康熙禄劝州志》　　（清）李廷宰等修　　传钞康熙四十五年刊本

《列子》　　（战国）列御寇撰　　扫叶山房排印本

《古今韵会》　　（元）黄公绍撰　　熊忠古今韵会举要刻本

《佩文韵府》　　万有文库本

《录异记》　　（前蜀）杜光庭撰　　津逮秘书本

《山海经》　　（晋）郭璞撰　　丛书集成本

《民国重修昆明县志》　　民国排印本

《尔雅义疏》　　（清）郝懿行撰　　中国书店影印本

《正字通》　　（明）张自烈撰　　清康熙二十四年刊本

《辍耕录》　　（明）陶宗义撰　　四部丛刊本

《神异经》　　（汉）东方朔撰　　汉魏丛书本

《齐东野语》　　（宋）周密撰　　丛书集成本

《三才图会》　　（明）王圻撰　　清乾隆间刊本

《金刚经》　　清顺治九年朱印本

《南诏野史》　　（明）阮元声撰　　云南备征志本

《札朴》　　（清）桂馥撰　　心矩斋丛书本

《乐府诗集》　　（宋）郭茂倩撰　　四部丛刊本

《骈雅》　　（明）朱谋㙔撰　　清光绪七年魏茂林骈雅训纂刊本

《岭南杂记》　　（清）吴震方撰　　丛书集成本

《康熙永昌府志》　　（清）罗纶等修　　传钞康熙四十九年刊本

《玉篇》　　（梁）顾野王撰　　中国书店影印本

《图书编》　　（明）章潢撰　　天启三年刻本

《续云南备征志》　　秦光玉纂辑　　云南省图书馆藏待印本

《增一阿含经》　　清光绪刻本

《事物异名录》　　（清）厉荃撰　　乾隆四十一年四明古欢堂刊本

《普洱茶记》　　（清）阮福撰　　道光云南通志稿引

《续文献通考》　　（明）王圻撰　　明万历三十一年刊

《柳南随笔》　　（清）王应奎撰　　丛书集成本

《徐霞客游记》　　（明）徐宏祖撰　　嘉庆水心斋叶氏刻本

《疹史》　　（清）吴沃尧撰　　上海风雨书屋排印本

《百夷传》　　（明）钱古训撰　　南京国学图书馆影印本

《南夷书》　　（明）张洪撰　　传钞天一阁抄本

《南越笔记》　　（清）李调元撰　　丛书集成本

《管子》　（春秋）管仲撰　　四部备要本

《大清一统志》　　清嘉庆刻本

《北梦琐言》　　（宋）孙光宪撰　　历代小史本

《通志》　（宋）郑樵撰　　万有文库本

《滇绎》　　袁嘉穀撰　　云南东陆大学油印本

《宋书》　（梁）沈约撰　　中华书局点校本所

《梁书》　（唐）姚思廉撰　　中华书局点校本

《风俗通》　　（东汉）应邵撰　　四部备要本

《通典》　（唐）杜佑撰　　万有文库本

《孟子》　　中华书局十三经注疏影印本